U0031940

前言。

護衛男孩的情感世界！

丹·金德倫（Dan Kindlon, Ph.D.）
麥可·湯普森（Michael Thompson, Ph.D.）

我們兩位是男性心理學家，專長為男童治療，在此領域共同執業已經約有三十五年的歷史。在我們早期的經驗中，我們曾經接觸過：憤怒的男孩、老愛打架的男孩，以及一些都不說話的男孩。我們與這些病人一起打球，並將這個過程稱為「治療」；我們跟著這些男孩一起玩樂高積木，並藉機與他們進行交談；我們與孩子們一〔起〕排起玩具士兵、進行一場戰爭，一邊與他們談起關於家庭的問〔題〕〔：〕我們曾經在飢腸轆轆時到對街買垃圾食物，而後匆匆回到辦公〔室〕〔繼〕續討論進行個人接觸的價值；在劍橋的街道上、在披薩屋、在〔桌〕上、甚至在車子裡，我們互相討論蘇格蘭威士忌的優缺點，〔拉〕近彼此的距離。來我們辦公室裡的男孩子，經常在沙發上跳〔動〕〔，〕使得樓下的其他同事們抱怨不已，他們受不了在治療期間〔的〕巨大噪音。對於這一切，我們深感抱歉，真的！治療應該〔是安靜〕的，應該只是交談，應該不會有任何的跑跑跳跳、打打〔鬧鬧。這〕裡，我們想說的是，我們的病人可是小男孩！

PROTECTING THE EMOTIONAL
LIFE OF BOYS

RAISING CAIN

該隱的封印

揭開男孩世界的殘酷文化

DAN KINDLON
MICHAEL THOMPSON

丹‧金德倫、麥可‧湯普森——著

吳書榆——譯

室繼齋

晚餐拉

試著

上跳下，

所產生的

是安安靜靜

鬧鬧，但在

2

我們難免要常常跑到男校，我們曾經拜訪過兩所聲譽卓著的學校，在那裡，男孩子們獲得充分的關懷，並接受完善的教育，然而，我們仍然看到一些充滿敵意、不滿的男孩，經由學院院長的命令，走進我們的辦公室；校隊的教練們也曾帶來一些男孩子，要求給予治療，而這些教練本身看來就是非常不安，無法在辦公室裡多停留一會兒或進行交談。其他的老師們也會帶著一些不快樂的學生來找我們，我們必須與老師談論孩子不快樂的原因，這些孩子無法用口語表達他的痛苦，只是靜靜地坐在一旁。在我們的執業生涯中，曾經見過一些與家人前來的男孩，他們不是脾氣暴怒就是沈默不語；有時，我們甚至必須到停車場去跟孩子交談，因為他不肯走出車外，加入家庭會談。

簡而言之，我們奮鬥了許多年，透過不同的方法，協助憂傷的、焦慮的以及憤怒的男孩，讓他們能自由訴說自己內在的世界。在每次五十分鐘的會談中，我們必須非常有耐心地等候，才能得到孩子五分鐘的簡短回應，像是：「爸爸總是批評我，像這次考試我有二科由C進步到B，但他卻只看到我退步的科目。為什麼一個作父親的總是要對孩子說出那些令人傷心的話？」有時，為了等待他們開口，我們甚至要花上幾個星期或幾個月的時間，才能讓他們吐露自己的憂傷與為難，而這些真實的情緒，之前一直被沈默與憤怒所隱藏。

基於自身的經驗以及對男孩們的關心與擔憂，我們興起寫書的念頭。我們期盼能協助那些深愛男孩的人（包括父母、老師以及其他願做良師益友的人），能夠穿透晦暗的表面，直探男孩的內心，

真正看到他們的歡欣與掙扎。親愛的讀者，我們深切地期盼，能夠了解男孩子們的苦處，以及這些苦難與傷痛的根源。雖然在我們努力的過程中，他們總是憤怒地堅持原有的想法，但父母與老師必須拋開表面的價值，不要以表相來論斷孩子們；父母與老師們經常告訴我們關於孩子們的需求，簡單的包括：忍者龜（Ninja Turtles）、耐吉（Nike）運動鞋、刺激的電動玩具卡帶或是其他運動輔助器材。聽起來，好像每一個男孩的心願都是「能成為麥可·喬登」。但事實並非如此，男孩子們的希望是非常多樣、複雜，甚至有時是互相矛盾的。有的希望成為威廉（莎士比亞），有的熱切期待成為比爾（蓋茲）或是埃爾（愛因斯坦），也有人想要做瓦特（惠特曼）。如果我們對於男孩內心世界的認知是如此膚淺，將何以回應他們如此多樣的需求？

如果，真如詩中所說的：「孩子是成人的父親」那麼，探索男孩的真實內在就變得非常重要──凝視他們未帶有文化偏見的雙眸，以開放的心靈，傾聽他們的聲音。因為我們必能從中學得一件事：除非今日我們能提供男孩們其他的選擇，否則，今日的憂傷男孩，將會變成明日的孤獨、苦澀男人。

我們共同寫作此書的原因是，我們兩人都體認到男孩們命運的危機與急迫。雖然之前我們所受的專業訓練不盡相同，但我們在各自的研究過程中，卻都發現了我們的文化是如何地忽略了男孩們的疏離、害羞與憤怒。本書中主要要討論的基本問題有兩個：男孩要如何才能成為情緒完整的人？在一個強調壓抑感情的文化中，男孩們要付出什麼樣的代價？

　　本書大多時候以第一人稱、複數的「我們」作為敘述者，但在說明特殊的案例時，我們有時會用單數的「我」，到時會再區別到底哪一個是案例中所稱的「我」。

　　在以「我們」的角色做導覽，引導讀者進入男孩們的內在生活之前，我們將先做一個簡單的自我介紹——關於我們以前是怎樣的男孩？我們又長成了什麼樣的男人？

作者序。 | 憂傷的青春期

麥可・湯普森（Michael Thompson, Ph.D.）

　　我所擁有關於男孩的知識，是從在學校裡與私人診療中的工作所累積而來。三十年前我從大學畢業後，便陸續擔任公立中學老師、私立高中老師與學校的顧問，最後在芝加哥南方（South Side of Chicago）與麻州的劍橋成為臨床心理學家。透過這些專業的訓練與經驗，使我對於男孩少年時期的特質有所認知；同時，我對男孩的了解，也建築在我本身是由一個男孩蛻變為男人。

　　我的少年時代經驗有時使我很難去談論所謂「普通的少年經驗」，因為我的經驗並不普遍。我的家在紐約市的上東方（Upper East Side），父親生於富裕之家，年紀稍長就擁有兩匹小馬。我從小就進入貴族學校，與一些所謂成功人士的公子為伍。大人們經常帶我到百老匯去看音樂劇、歌劇，或者到卡內基廳（Carnegie Hall）聆賞專為少年演出的伯恩思坦（Leonard. Bernstein）音樂會。

　　六年級時，我跟一個好友湯尼跑到他位於十二層樓高的家中，俯瞰公園大道，屋內牆壁四周掛的全是他父母收藏的畢卡索畫作，

那可能是全世界最大規模的畢卡索私人收藏。當時我們想：如果將衛生紙沾濕，丟到窗外來往的計程車擋風玻璃上，一定很有趣。於是我們拿來整捲的衛生紙與水，完成了好幾個完美的丟擲。當時，我們並沒有想到，對於計程車司機與車上的乘客而言，這種舉動有多危險！但當時的確引來注意，一位警察停在窗戶下面，走進樓梯，並要求樓下的管理員，讓他進入湯尼的家。在那一個宛如美術館的房子裡，警察逮到我們，他安安靜靜地走了進來，按住了我們的肩膀。這一幕歷歷在目，我常常想起那種懼怕與羞辱的感覺。

我的父親主導性強、野心勃勃，他是成功的建築師與工程師，一生都是以「en charrette」方式過日子——在法國的建築界，意思是指「總是在辦公室狼吞虎嚥垃圾食物，不斷跟最後期限賽跑」。雖然事業成功，但父親的私生活卻是困擾重重、麻木不仁。九歲時，父親失去了他的父親與最親密的兄弟，對他而言，這是一次難以言喻的傷痛。父親一直畏懼強烈的情感，他無法與他人維持親密關係；當我們兄弟逐漸長大，父親對於心思複雜的兒子感到手足無措。當我十三歲時，我開始覺得，在情感的發展上，我已超越父親許多。

雖是這樣——雖然我從不曾跟父親一起玩過接球的遊戲（我也不認為父親曾經玩過棒球或籃球），雖然我們經常使彼此狼狽不堪，或激怒對方——但他給了我許多珍貴的禮物，使我成為一個充滿愛的男人。這些禮物是什麼？是他開玩笑的方式？是他喜歡做怪形怪狀的煎餅？喜歡填字或玩猜謎遊戲嗎？還是……當其他的父親去喝酒或是看報紙時，他寧願陪著孩子到游泳池或玩遊戲？

　　我的母親是我所知道的人當中感情最深沈、最憂傷的人，她總是說：「我一定要讓麥可和他父親分開，他們兩個總是不停地爭吵。」我一直希望，她不是用這種方法來介入我與父親之間的關係。她不了解父子之間的競爭、衝突與對彼此的需要。我們一直試著建立親密的關係，一直到父親過世後才停止。在我著手寫這本書的時候，我總是想起沃爾夫（Geoffrey Wolff）在《詐騙公爵》(The Duke of Deception)一書中所說的：「在我心裡，父親從不曾真的離開過。」

　　我有一個哥哥，叫做彼得（Peter），在我的生命裡，他總顯得那麼巨大，而我們也不斷地進行激烈的競爭。在我的記憶中，他總是鞭策我長大；當他十六歲、我十四歲時，有一次，我們兩個人憤怒到幾乎要殺了對方才罷手；我手中拿了一個大玻璃煙灰缸，而他則拿著威士忌酒瓶。我從沒忘記，當我十七歲時終於了解到我比他大，那一刻我的心裡有多滿足！現在，他是我最要好的朋友之一，我們會在網球場上發洩我們的「該隱式」的衝動，效果還挺不錯！

　　現在，我已是擁有十三歲女孩和一個八歲男孩的父親，我深深覺得生活是一種巧妙的平衡。我常常擔心我的兒子威爾，他與一般男孩子不太一樣，老是躲避體育活動而寧願去堆樂高；此外，我常覺得自己像是一個偽君子，我花很多時間在工作上，在國內飛來飛去，拚命地告訴父母親要多花一些時間陪陪他們的孩子！有時，我帶著謙卑、但無所恐懼的心情，回首檢視自己的生活，發現自己與父親一樣地埋首工作！

　　如果，我能夠藉著寫這本書達成我的目的，我希望能利用我身為男人的經驗、我曾為男孩的記憶、以及我從事男孩與男性治療的專業，幫助所有為人父母者更了解他們的男孩。我願意敞開辦公室的大門，揭露青春期的男孩子是如何與憂傷奮戰，以及他們是如何將憂傷轉化為對自我和他人的憎恨。最重要的是，我希望能為父母親解釋男孩的內在世界，讓他們不再與孩子們漸行漸遠，不再因為他們不了解的變化而受傷、受挫。我希望讓父母親了解，如何建立起一套男孩所喜歡的、深切的、親密的情感語言，築起溝通的管道，協助男孩們順利度過青春期的狂風暴雨。

作者序。

勇敢的假象

丹·金德倫（Dan Kindlon, Ph.D.）

在我的專業生涯中，大多時候都是在哈佛大學的公共衛生學院度過；身為一個教授或是研究員，我長期研究孩童與青少年行為問題，特別是打架與暴力。就像是證券交易所的經紀人一般，我看著數字，探究其後隱藏的訊息，包括人際上的暴力、自殺以及其他的暴力行為；在這些數字背後都是活生生的孩子，而且大部分都是男孩子。

不過，光靠統計數字，我們是無法知道這些孩子的內心究竟發生了什麼事？根據我在學校與男孩們一同工作的經驗，我知道在主流傳播媒體的推波助瀾之下，他們不自覺地去擁抱冷靜、雄壯的男性形象，這已經變成了一個樣板，在男孩的同儕團體中牢不可破。男孩們被引導著必須在心理上自我防衛，他們認為自己必須被敬重並努力工作，以維持一個強人的形象，所以他們竭力保有自我的防衛領域，抵禦任何的恐懼入侵他們孤寂的要塞。對於我們這些經常與男孩們一起工作的人而言，這種令人擔憂的現象清楚地呈現在眼

前，但是那些最應該了解他們的父母與老師，卻不一定看得見。他們看到的，只是孩子們所表現出來的憤怒，卻完全不了解這些憤怒的根源是來自於恐懼與脆弱。

　　在我的臨床經驗中，我常常在想，時間總是會改變一切。改變的確發生了，但還不夠。愈來愈多的成年男子願意承認自身的脆弱，享受作父親的滋味，並許下一個身為男性的願景，希望讓力量與關懷同時並存。然而，在學校裡或是辦公室中，我仍然看到男孩們藉著蠻勇的行為或是性別優勢，營造出勇敢的假象，藉以遮蓋他們的恐懼。當我再看看這些孩子們的同儕時，我知道這些接受治療的孩子並非少數。我看過太多男孩獨自忍受煎熬，看過那些無法與別人做有意義溝通的男孩，因為他們不斷地被告知，感情等於懦弱，他們也不曾學過其他的思考或行為方式。同時，我也看過許多男人無法成為他們心目中理想的父親形象，這些男人通常都充滿敵意，不停地責難他們自己的兒子（雖然，他們也希望有不同的行為模式），將他們的男孩一步一步地推往深淵，讓他們承受過多的期待，而且拒絕任何的情感。

　　我試著找出男孩們的感情工具箱中所缺少的工具，最後發現是彈性。青春期是一個快速變遷的時期，而彈性是輔助成長最好的工具。許多男孩被傳統的男性形象所束縛，使他們無法享受身為男孩時的樂趣。我回頭看看自己的少年時代，這樣的彈性為我帶來了好處。

　　我們家中共有三個男孩，小時候經常玩一些屬於男孩的遊戲，大部分是戶外運動，像是騎馬打仗或是棒球。但我同時也對於閱讀

十分感興趣，常常讀一些關於戰爭或棒球的書籍，或者是關於科學家、物理學家或探險家的故事。直到如今，我仍保有少年時代的興趣。在我的床頭上散落著二十多本書，其中三本書名有《蓋茲堡》（Gettysburg）字眼，有六本是關於其他戰役或戰爭的。

我之所以對於戰爭史著迷，有部分原因是因為我的父親是二次大戰的退役軍人。當我還是小孩子時，我就對軍隊非常著迷，經常纏著父親問問題，像是：德國軍人是怎樣的？坐坦克的滋味如何？……等等。為了親眼目睹他的彪炳功勳，我經常偷偷潛進他的臥室，打開他藏在衣櫃抽屜裡那個裝滿勳章的盒子。我直覺地知道，那些對父親而言是非常重要的物品，是他身為男人的私密證據。

如果，你問當時六歲的我將來要做什麼？答案中絕對會有「士兵」這一項。但當我漸漸長大，真正面臨戰爭，也就是越戰時，我看到的是一個完全不同的世界。我不是在考慮應該加入陸軍或海軍，相反的，當時我所想的是，我能否誠實地回答徵召令上的問題，同時保有良知上的客觀地位？當時我已經無法認同父親所說的美國有責任抵抗對抗共產黨，我們之間的對話也開始充滿火藥味。

身為一位心理學家，我不禁在想：我最近所讀的書與我一直在奮力抵抗那個因越戰與我父親而引起的爭論之間，到底有什麼樣的關連？當我繼續思索著關於男性彼此爭戰的論述時，我在想，我是不是試圖要穿透對於戰爭的迷思，並重回到與父親有深切共鳴的時刻。

父親也養成了我另一項少年時期的嗜好——棒球，對我而言，舉行芝加哥少年棒球聯盟的天主教堂，比起我們每個星期去做禮拜

的教堂更神聖。就像麥可一樣，我也有一個哥哥提姆（Tim），他一直是我的仿效和競爭對象。他早年非常喜歡棒球，而我雖然年紀輕、體型小、也沒他聰明，但我仍然樂意跟隨著他，並將自己的角色扮演得恰如其分。在即將邁入四十五歲之際，我仍然在一個軟式棒球聯盟中打球。我真心希望，這本書所帶來的經濟利益，能讓我在後院裝一台餵球機。

戰爭與棒球，幾乎是每個男孩少年時代的最愛。而我要感謝我的母親，因為有她，讓我有機會脫離傳統男人模式的束縛，得以接觸其他事物。我有許多愉快的經驗是與母親一同烹飪，以及跟著母親學做縫紉（現在我仍喜歡下廚，但已經很少做女紅了）。或許，最重要的是，我與母親共度了這些平淡無奇的日常生活，讓我在家與女性相處時總是覺得很輕鬆。從那些在廚房打轉的時刻開始，我就在學著如何與女性交談並做一個好的傾聽者。

因為從小就接觸了不同的角色模範，使我在長大成人、面對充滿變異的現實世界時，能擁有更多的彈性。童年的經驗也使我能成為一個稱職的青少年心理治療者，因為我可以輕易地跳脫出成人的框架，融入不同青少年的身分認同，無論我所面對的孩子是愛出風頭的或是不受歡迎的、聰明的或有學習障礙的、乖孩子或是麻煩製造者。我深刻體會情感彈性的重要性，所以我一直試著鼓勵男孩們學習培養這種彈性，悠遊地進入自己的內在情感世界，更誠實地面對自己的感覺，並找出感覺的根源。

現在的我是一個父親，有兩個可愛的小女兒。我常常在想，我的女孩們將會認識什麼樣的男孩？什麼樣的男人？對我而言，探究

男孩的情感發展已經不再只是一份專業責任。我不希望我的女兒遇到一個總是以憤怒與防衛來自我保護的男孩；我不希望我的女兒愛上一個無法信任他人、無法建立親密關係的男孩；我也不希望她們將真心交給一個只會靠著喝酒來排解情感苦痛的男孩。我希望，走進我女兒生命中的男孩與男人，是一個情感完全、善於表達，而且足以信賴的夥伴。我盼望女兒們所遇到的，是一個永保赤子心、卻又不會犧牲情感生活的男孩。

　　我們相信，從很早開始，男孩們已經被有系統地引導脫離情感世界，轉向沈默、疏離以及不信任，這些正是本書所要探討的主題。我們要強調的是，這不是一本關於如何對抗女孩、或是強調男孩優於女孩的書，也不是要把男孩變成女孩，我們唯一的目的是希望他們擁有更平衡的感情生活。如果男孩們能夠被了解，如果他們更善於表達自己的情感，對於兩性而言都是一件好事。

　　《該隱的封印》是一本關於男孩的書，我們希望是一本內容豐富的實用書。如果，您在尋找一個簡單的答案，要回答類似「是什麼原因造成男孩子變成今天這個樣子？」這一類的問題，恐怕您要失望了。這本書所提供的只是一個新的觀點，引導您從一個過去未曾採取的角度，重新看待男孩。身為心理治療者，我們透過專業知識，帶領您一探男孩的內在生活，看看他們如何與身為男人的「不可能任務」奮戰；如今，我們已是成年男子，回首過去，我們也是這樣一路跌跌撞撞地走過來。

　　一開始，我們希望能提供一些關於如何成為好父母的建議；但最後發現，我們所能提供的最佳建議，就是讓大家了解男孩們真實

的一面，而不是他們所表現出來的外表，或是我們希望他們變成的樣子。我們真摯希望，能拉開男孩們的布簾，真實地描述他們，讓您可以貼近他們的內在心靈。如果我們成功了，我們希望您可以更清楚地看到，我們的文化是以一種何等殘酷的共犯角色，限制與殘害男孩們的感情生活。我們期待您對男孩有更多的了解，甚至能更喜愛他們。在我們從事治療的生涯當中，我們非常高興能與各式各樣的男孩相處，我們曾為他們的活力感到目眩神迷，對他們的不擅辭令印象深刻，為他們的困惑而憂傷，有時候更為了他們能輕易地打破性別刻板印象而感到慚愧，他們告訴了我們身為人應該有的樣子，當然，還有男孩的真實面貌。

該隱的封印。
Raising Cain

揭開男孩世界的殘忍文化

Protecting the Emotional Life of Boys

目錄。

不該走的路：
男孩與其內在生活的疏離

年輕男子是如此健壯、如此瘋狂、如此堅定，卻又如此迷惘。他擁有一切，卻無法使用這一切。——湯瑪斯‧沃爾夫 Thomas Wolfe，《光陰流水》*Of Time and the River*

盧克，十三歲，站在辦公室門口，反覆思索到底要把棒球帽戴著，還是脫掉好。他最後把帽子一把抓了下來，走進辦公室，這是學校心理諮詢辦公室。

「盧克，請進。你就坐那張大椅子吧！」

一張過大的、古老的、棕色的皮沙發靜靜地擺在辦公室一角，剎時使得學校裡最偉大的運動員變得渺小許多。有些男孩選擇將身子整個陷在沙發裡，看起來像是希望能與探查的眼光保持一些距離；有些則斜坐在一旁，很明顯地對於被叫進這間辦公室顯得非常不安。不管在學校裡或是私人辦公室，在我們的職業生涯中，總不時看到類似的肢體語言。男孩們貼近情緒時總是帶有一些不自在，他們寧願選擇將自己深深地藏起，或是在一旁冷眼旁觀自己的情緒，因為「感覺」讓他們深受威脅，像是要滅頂。

盧克是一個所謂的「乖孩子」，在學校的樂隊擔任鼓手，功課中上，但目前有退步的現象。在學校裡，他不是鋒頭很健的人物，但是他有自己的朋友。他也不是那些帶頭鬧事群中的一員，相反的，總是離他們遠遠的。那到底是什麼原因讓他到這裡報到？過去幾個月以來，盧克在與父親相處時變得尖酸、抑鬱，並經常發生爭辯。幾天前，由於考慮到盧克的成績一直退步，盧克的父母禁止他參加放學後的課外活動，盧克為此大發了一頓脾氣，像是暴風雨一樣搞亂整個房間，重重地摔上了房門，並不停地踢著牆壁。他的母親嚇呆了，父親氣得臉色發青，但他們決定不去管他，讓他自己冷靜下來。第二天一早父親就上班去了，盧

克因為頭痛，向學校請了一天假。盧克的母親很擔心，特地打了個電話到學校，想知道到底盧克怎麼了，而盧克的導師建議他到諮詢室來。

現在，我們都坐下來了，盧克看來既緊張又憤怒，他不想談論發生的事情，尤其是他自己的感覺。他往後移，斜坐一旁，盡量將自己的距離拉遠；他所發出試圖保持距離的信號非常明顯。

學校功課退步，在家中表現出敵意（特別是那天突如其來的爆發），對每個人而言都是一個警訊，但盧克並不以為然。「我很好。」他說，帶有反抗的敵意。對於被送到這裡，盧克的眼裡充滿了憤怒。

在我們開始交談後，話題漸漸帶入他的日常生活，關於他的學業表現、音樂愛好、朋友與家庭等等。他的答案非常簡短、謹慎，甚至是非常吝嗇的。盧克常常用聳肩作為回答，並強烈地表現出避免對話更深入的企圖。對於近來的表現，盧克沒有任何解釋。雖然，他不得已地同意說出感覺可能會好一些，但總是閃避。「我只要再用功一點就好了。」他這樣說，把重點拉到分數上。「我不需要協助，我沒有瘋！我的父母才有問題。」

而我們在此要討論的是盧克自己的感覺。對於家庭與學校，他一向是用率直、敷衍的態度去面對。盧克有一個姊姊讀八年級，人不太聰明；哥哥是個混蛋。他的父親是個生意人，在家的時間不長，每天早出晚歸；母親當他是個小男孩，總是不斷地拿些小事來煩他。而且，雖然盧克在學校裡有朋友，也有一些老師喜歡他，但整體而言，學校是一個很無趣的地方。

「說說那天晚上的事吧！就是你發脾氣、踢打牆壁那天。你一定很

生氣自己發那麼大的脾氣吧？」

盧克看起來很奇怪，甚至是有一點驚嚇的表情。他還是一樣地聳聳肩。

「你看起來很難過。你覺得很不好過嗎？」

他很快地低頭，看著地板，接著，他的眼淚開始在眼眶裡打轉。很明顯的，他受傷了，但他仍然用強悍的聲音武裝起來，告訴我們：「我不知道。或許吧！我想。」

「來，看看我們能不能找出來什麼原因讓你不好過。」

每一個有麻煩的男孩都有不同的故事，但他們的故事卻有一個共同的主題，那就是情感上的忽略與疏離。每天，我們都試著與像盧克這樣的男孩溝通，他們不擅於使用精巧的感情語言，也無法表達出情感的複雜性對他們所造成的威脅。當我們希望他們打開心房時，大部份的孩子和盧克一樣，所採取的都是「對抗或逃離」的反應。看過許多因家庭不合而受傷的孩子，他們所體驗的情緒，不是排山倒海的憤怒，就是被激怒到希望所有人都「給我滾得遠遠的！」由於為了學業問題感到羞辱或被批評所刺傷，許多孩子都選擇逃離感覺。

男孩的世界是充滿衝突的。父母常不知如何找出最佳的辦法，來協助這些男孩。一個母親問起，要如何才能給八歲大的兒子提供最好的建議；如果她的建議是以「說」的形式、而不是具體的方式來表達時，只會引起他的嘲弄以及他同儕的羞辱。另一個母親，則想了解當她的十一歲男孩拒絕溝通時，她要如何打開對話的空間。「現在家裡每一個人都

在爭辯，吵架多於對話。即使我知道他有事煩心，但他不肯告訴我他的感覺，就像我丈夫一樣！」另外一位父親問，當他的青春期男孩「不聽話」或是公開挑釁時，要如何協助他？

當一個男孩覺得他需要從情境中抽離時，同時，他也渴望溝通，這就是情感分歧的開端。在溝通的需要與自主的需求之間苦苦掙扎，使男孩在成長的經歷中很難去表達需求。而在不考慮年紀的狀況下，我們可以發現，事實上大部份的男性都沒能準備好成為一個情感健全的成人。在區隔男性與女性的情感表達方式上，不論先天的影響有多大，環境的因素影響更大；一個鼓勵女孩、阻礙男孩發展情感的文化會加重性別的歧異。刻板印象中，男性是堅強的，這阻止了男孩承認本身的情緒，也妨礙了男孩的情感發展。對於這樣一個引導男孩遠離自我內心的過程，我們稱之為男孩的錯誤情感教育（emotional miseducation of boys）。這是一種訓練，使男孩們遠離健康的溝通、情感的認知及表達。即使是年紀很小的男孩，因為學習快速，也深受影響；舉例來說，他必須將害怕的感覺隱藏起來，以沈默對之。在有限的情感模式下，小男孩必須學著去應付生活中的衝突、分歧以及變化。如果你的工具箱中只有一把槌子，只要機器運作情況良好，或是所有維修工作只是敲敲打打，一切都不會有問題，但一旦工作變得更複雜，就可以清楚看出限制了。

●情感表達能力：教育與無知

如果問一個男孩：「什麼原因讓你有這種感覺？」他多半不知如何

反應，而只是談他做過什麼，或是計畫要為問題做什麼。許多男孩無法使用如悲傷、憤怒或是羞愧等描述情感的字眼。在我們的工作內容中，有一大部份是在協助男孩與男人了解自己的情感世界，並發展出情感語言。一開始，我們協助他們釐清自己的感覺，並承認感覺、說明感覺，以及找出這些感覺從何而來。我們試著教導他們情感的表達方式，建立探知與了解情緒的能力，包括對自我與他人。

這個過程聽起來像是閱讀訓練。一開始，我們教字母跟發音，之後才教片語跟造句。一旦我們開始了解、並喜歡較複雜的思考時，就可以用更有效的方法與人進行溝通。最後，閱讀能力為我們開展更寬廣的視野，超脫我們個人自身、經驗與想法的限制。

同樣的，學習語言表達方式也包含認知、觀察與感覺情緒，之後利用這些習得的技巧，使我們更了解自己與他人。我們學習欣賞情緒的複雜性，這可以增進我們的能力與人際關係，同時，加強我們與外界的連結，豐富我們的生命。

在發展情感表達能力時，首先，必須要先能區辨情緒、說出情緒；第二，要體認情緒的內容，以及它所呈現出來的形式或是肢體語言。第三，要了解產生某種情緒狀態的情境或是反應❶；也就是說，要將失落與悲傷、沮喪與憤怒、威脅與驕傲、或是自我尊嚴與恐懼相連。在我們進行家庭訪談的經驗發現，許多女孩在早期就被鼓勵發展情感的表達能力，被鼓勵盡量表達自己的感覺，並對別人的感覺做出回應。大部份的男孩並沒有這種機會，在年紀很小時，他們所表現出的情感表達就是忽略他人，不管是在家、在學校或是在遊戲場。母親常會被小男孩所表現

出的暴怒所震驚，在四歲或五歲時，這些小男孩就會當著母親的面大吼大叫、直呼母親的名字，或是毆打母親。

大家最常抱怨的男孩行為是「一點都不在乎別人」，從一些資深教師的口中，我們聽過太多次，他們總是這樣描述班上那些易怒的、吵鬧的男孩們。對於類似的行為，我們常用的解釋是無傷的「不成熟」，聽起來好像是總有一天他們會自動成熟，轉化男孩的情感生活。如果採取這種忽略與迴避自覺的態度，對於男孩而言並無益處。男孩情感的忽略無疑地會影響他人，但他們自己也會受傷，必須以自己作為代價。由於缺乏情感教育，男孩們在青春期遇到壓力或是遇到殘酷的同儕文化時，他所能習得與採取的反應──他也知道這是社會普遍認同的方式──也就是所謂「男人」的方式，包括憤怒、激動以及情緒的抽離。

當我們開始工作、討論關於男孩的感情時，我們絕大部份的任務，是說服那些帶著懷疑的父母與教育工作者，告知他們我們從治療經驗裡所探究出的事實：男孩們的苦苦掙扎，是因為我們的文化一直從事著破壞情緒的訓練，並將這些訓練強加諸於男孩身上；許多男孩面臨危機，極需要協助。或許，因為男性在社會中總是享有權力與權利，男孩被視為理所當然會是未來的成功者，而幼年時期所遭受的問題微不足道。這種態度假設每一個男孩都是自尊的、自信的、成功的，沒有情感與需求。人們經常看到的男孩形象，是他們充滿力量的樣子，經常忽略許多顯示男孩們已經受傷的證據。

統計數字所提供的是粗略的印象。約有九十五％的少年殺人犯是男

孩,在少年法庭中每五個罪犯中有四個是男孩;在十個煙毒犯或是因酒鬧事的青少年中,有九個是男孩。在青春期的中、後期的男孩中,自殺是第二大主要死因(意外死亡與被殺分居第一、三位)。在試圖自殺者中,成功的大部份是男孩。與同齡的女孩相較,十五歲男孩自殺率多出七倍。

雖然謀殺是一種非常極端的男性作風,大部份的男孩即使感到憤怒或痛苦,也不會輕易殺戮。大部份的男孩,是安安靜靜承受情緒折磨的學生。他們需要父母與同儕的愛、接納與讚賞,他們奮力地尋找自尊;他們容易衝動,而且被他們所不了解、所不知道的情緒引導行為。男孩們經常以殘酷地對待其他人或女孩,來學習忽略情緒。他們內在的風暴會表現在學業成績不佳、沮喪、藥物上癮、酒癮、混亂的關係,甚至是犯罪上。

在一個中學為父母舉辦的指導會上,校長要求為人父母者扮演積極的角色,盡量不要鼓勵女孩們之間結黨結派、或是在社交活動上競爭。相反的,在為男孩所舉辦的指導會上,校長卻豎起了大拇指說:「我們不擔心這個年紀的男孩,因為他們充滿彈性與力量,足以應付一切。他們可能玩瘋了,在河邊的微風中互相推擠嬉鬧,但也就只有這樣了。他們不會產生怨恨或嫉妒。」

但是,男孩們同樣地在失敗與拒絕的情緒中掙扎,就像女孩們所遭遇的一般;只是,當他們不能再承受苦痛的時候,男孩們會展開行動。不管在任何年紀,男孩常被迫從有意義的關係中抽離,因而錯過了情感成長的重要時機。許多因素使我們必須關心男孩的情緒發展,因為一個

困惑的男孩會長成一個憤怒、情感上孤立的少年。可以預期的，他會變成一個孤獨的中年男子，不斷承受沮喪的風險。

為什麼男孩需要學習情感的表達？答案很清楚。一個男孩學會情感語言後，才能擴展能力，更清楚地表現自己的感覺，而不是只有憤怒與激進等有限的選擇。他們需要在家裡與學校練習，並受到鼓勵使用情感語言，就像他們在發展良知、道德觀時一般。對於情感上的連結，男孩的需要並不比女孩來得少。終其一生，特別是在青春期，他們需要親密、支持的關係，使他們可以免於成為混亂、沮喪情緒的犧牲者。最重要的是，一個男孩需要一個具備豐富情緒生活的男性，作為他的角色模範（role model）。從父親或是其他的男性的身上，他必須學得感情表達的方法，就像他在母親與其他女性身上習得的一般；將來，他必須建立起自己的感情生活與語言，並以男性的身分進行溝通。他必須要看到、並且相信，在男性的生命中，情緒的確占有一席之地。

丹與馬利歐、羅比、傑克和其他朋友

我坐在一個小房間裡，跟八個七年級的男孩一起。他們唯一相似的地方是年紀，各人有不同的特色。其中的一位名叫馬利歐，個子很高，身材發育得很好，看來青春期發展得不錯。他的頭髮又直又黑，剪成噴射狀，有幾撮垂在額頭上。在我年輕的時候，這種髮型一定會被人當作是剪壞了，但對馬利歐而言，這是流行的象徵。相較之下，他的朋友傑克看起來就像個孩子。傑克有一頭柔軟、漂亮的金髮，藍色的眼睛活靈

活現，看起來特別的天真無辜。傑克牙尖嘴利，一副很聰明的樣子，在團體中居於主導地位。馬利歐經常與傑克競爭，要搶下他的寶座，卻經常變成了傑克的侍從。第三個男孩叫羅比，他的經驗是今天討論的重心，他帶了一個背包，就放在傑克與馬利歐之間。羅比看起來有點胖，不像其他男孩那麼喜歡運動，但是事實上除了馬利歐之外，他比誰都高。他的頭髮是棕色的，髮型看起來是漫不經心、隨機剪的，而他的衣服看起來像是昨晚穿著睡覺的衣服。

這些男孩聚在一起，並不是為了要進行團體治療，至少不是傳統意義的治療。他們之中，沒有一個被診斷出有特殊的情緒問題，也沒有誰是特別惡劣、家境貧窮或是麻煩學生，成績也都還不錯。事實上，他們沒有一點不尋常，而這也是他們為什麼會在這兒的原因。他們代表各班，由校長挑選，來跟我談一般關於「惡意嘲弄」（cruel testing）的問題。在這個學校中經常發生，看來沒什麼值得大書特書的。

在這碼戲中，他們每一個人都扮演不同的角色。傑克經常是發動攻擊的人，如果他找到了別人的瑕疵或缺點，無論真實或想像，他都會直接說出並變成綽號，一有機會就拿來取笑別人，並以此為樂。馬利歐經常助紂為虐，因為他的身材與傑克的機巧，使他們所向無敵。班上的男孩經常發現自己很難保持中立；有時候，他們是目標，有時，卻又變成加害者。這就像是在叢林裡討生活，只有強者才得以生存。羅比經常變成箭靶，有一天，當他在數學課上做不出習題時，他又成為嘲弄的目標。而羅比終於忍不住哭了起來，並跑出教室。

我試著與他們討論嘲弄所帶來的傷害，一開始我直接先問羅比跟他

的朋友爾司脫。

「嘲弄別人好玩嗎？」

羅比：「沒什麼不好啊！我經常笑爾司脫，他也會笑我，但我們仍是好朋友。」

「你們怎麼嘲笑對方的呢？」

羅比：「我不知道。我常嘲笑他的鞋子（大家看看爾司脫那雙舊的不成樣的鞋，忍不住也笑了。顯然，他們對這個把戲非常熟悉。隨著大家的笑聲，羅比說得更起勁兒了。）你看，那麼舊了，而且他的鞋子還是家裡做的喔！他爸爸做給他的。他們全家都有自製的鞋子，包括他妹妹。」

「爾司脫，如果羅比像這樣笑你，你會很不舒服嗎？」

爾司脫：「我的鞋子才不是自製的呢！我很喜歡我的鞋。」

羅比：「對啊，你的鞋子看起來像是木製的。」

爾司脫：「金德倫博士，你知道羅比的媽媽每天都幫他帶起司三明治嗎？那是因為這是他家僅有的起司，而她就拿這個給他當午餐。他妹妹每天都吃麥當勞，但每天都把起司留給他。」

「好了。大家對這些有什麼感想？朋友之間這樣嘲弄彼此對嗎？」

傑克：「很好啊！只是好玩嘛！又沒有人真的介意。」

「什麼時候會變得過分？你怎麼知道你是否已經傷害別人了？怎樣是太過分了？」

接下來是一陣的沈默，他們彼此乾瞪著眼。雖然我知道這是比較好的狀況，但我對於這些孩子完全不知他們的言語或行動會產生什麼影

響，感到非常驚訝。

「你們的嘲弄曾經傷害過別人嗎？」

有些男孩說是。

「那你怎樣才能分辨出已經傷害別人了？就拿羅比來說吧！那天大家都在教室裡，你們覺得如何？」

更多人沈默不語。他們沒有假裝看起來很酷或很堅強，他們不知道如何去體會羅比的感覺，甚至，他們根本不覺得應該了解他的感覺。另一個在中間手足無措的男孩，朗狄，終於有了回應，而這個行為似乎讓他成為團體中最深沈的情緒思考者；但是他為自己的直覺似乎反應沒有任何的信心。他反問道：「當有人開始哭的時候，我們就應該知道太過分了嗎？」

「是的。但如果我們在有人開始哭泣之前就能停止，那不是更好嗎？難道一定要用眼淚，你才了解傷害別人了嗎？你還能從哪一方面知道別人不高興？」

仍舊沈默。或許，即使對於最常在課堂上回答問題的學生而言，這個問題都太難了吧！他們顯得侷促不安，想要說些什麼來結束討論，但沒用，他們被困住了。

如果，這樣年紀的男孩還無法辨別字母或是閱讀能力低落，每一個成人都能意識到：這個孩子需要協助。但男孩們情感表達能力的不足隨處可見，直到發生戲劇性的轉變之前，都沒有人意識到！必須因為學校槍擊事件、酒醉駕車被捕獲自殺等事件發生後，才能引起人們的注意，

發現男孩們需要感情上的協助。對於成人而言,問題可能是:「那個男孩為什麼哭(為什麼跑開、或撞車、或殺人、或自殺)?這是因為我們不覺得有什麼事情不對勁,也無法理解他們可能受到了傷害。」

但,是否有人想過,為什麼這麼多男孩的情感遭到剝奪或限制?他們如何能輕易遺忘別人的感覺?到底是什麼原因,使男孩無法進入感情的世界?

●男孩生來具有情感潛能

我們最常聽見的一種說法是,當母親在抱怨兒子時說:「我知道我兒子很敏感,但是……」這句話的引伸意義是,大多數的男孩都不敏感,但因為他是她的兒子,所以他是不同於其他人,他是敏感的。這也是文化要我們相信,但這並非事實。所有的男孩都有感覺,但別人對待他們,像是他們自己沒有感覺;而他們行動的方式,也像是沒有感覺。然而,所有男孩生來都被賦予情感潛能,足以發展出完整的情緒經驗。

當研究者試圖比較男人與女人、男孩與女孩在情感知覺、了解與表達的差異時,男性都遠遠落後。如果將同一系列的圖片分別拿給男孩和女孩看,並要求他們表達當中的情緒時,男孩比較無法精確地表達。在從事治療時,我們常聽到女人抱怨男人,說他們總是能輕易地遺忘對他人的傷害、憤怒以及需要。許多男人已經體會到這是事實,所以他們寧願逃避充滿情緒的人物或情境。但這並不表示,男人生來缺少「天線」來探知或發射情緒。平均而言,新生男嬰的情感互動程度要高過女嬰,

比方說，當男嬰覺得沮喪或憂傷時，他們哭的頻率高於女嬰。

雖然出生時男嬰較擅於表達，但整體的發展卻是，當男孩漸漸長大，他們所表達出的情緒成分愈少。不管在自然的狀態下觀察男孩，或是在當他們看電影時觀察，以上的論點都成立。來斯理‧布拉迪（Leslie Brody）是性別差異研究的領導權威，他說：「發展的變化，使男性隨著年紀增長愈來愈少有臉部情緒的表達，而女性則有相反的發展方向。」❷

因此，男孩很少表現出自身的情緒。這是否表示，他們實際感覺到的部份也比較少？根據研究顯示，事實上，他們所感覺的部份更多。在測量因情緒所引起的心跳或皮膚導電係數的變化時，男孩與女孩的反應並無明顯的差異。研究結果顯示，男孩的反應可更大或更小，沒有一定。另一項研究發現，當男孩被情緒所困時，他們比較無法處理好自己的感情。在一項由印第安那大學的李察‧菲柏斯（Richard Fabes）與南西‧艾司柏格（Nancy Eisenberg）所主持的研究中，研究者將嬰兒哭聲的錄音帶放給幼稚園與二年級的男孩及女孩聽，並觀察他們的心理與行為反應❸。他們想要觀察孩子們是否會關掉擴音器，來消除噪音，還是他們會用從大人身上習得的方法，安撫孩子，對擴音器說話，讓他安靜下來。

結果如何？女孩比較不受哭聲的打擾，她們會試著安撫嬰兒，比較少直接關掉擴音器。男孩們的心跳變快，顯示哭聲帶來壓力，而他們會很快地選擇關掉擴音器。這些受到壓力的男孩也比較激動，對嬰兒（擴音器）採取較激烈的行為，如直接大叫「閉嘴！」心跳較慢的男孩比較

會選擇安撫嬰兒。研究者因此假定了一個理論，較容易受到情緒干擾的人，較會選擇逃避。換句話說，男孩之所以無法善加管理自己的情緒，可能的原因是太在乎別人的反應。但對於男孩為何會從充滿情緒潛能發展為有限的情緒反應模式，這項理論卻無法提供解釋。

●男童心理學：沒有簡單的答案

一九九八年阿肯色州發生少年持槍掃射校園的事件，記者曾經問我們，這是一個「先天還是後天的問題」？這個男孩的暴力行為，到底是因為基因遺傳還是他成長的方式？問題當中隱含了一個假設，她（記者）假設男孩們的暴力傾向是來自於天性。確實，這個男孩有著男性賀爾蒙，但是每一個男孩都有。但當我們愈深入討論生物力量所扮演的角色時，我們會發現，探討男孩們所生長的文化背景會更有意義，而且更重要。我們用一段來路不明的傳聞回答了這個記者，這是關於一個心理學教授，他說在他從事多年研究、飽讀各界經書之後，結論是先天的力量比較人，作用的比例是五三：四七。當我們這樣回答時，記者笑了，她看到了當中的幽默與事實——當我們在從事任何行為時，都同時受先天與後天因素的影響。之後我們反問她，為什麼總是要找出這種排他的、獨斷的答案？她停了一下，然後說：「因為人們只要一個簡單的答案就好。」

複雜的人類行為絕無單純的答案。但答案中唯一清楚的部份，是所有的行為都受多重因素的影響，包括先天的與環境的。我們要做的不是

挑起兩方的爭端，而是要連結糾結不清的兩方，將生物因素與經驗相互結合，並承認環境因素將會影響我們大腦的結構❹。一個極端的例子，創傷病患會長期釋放壓力腺素，使得部分大腦結構受損，進而影響到他的行為模式。此外，大腦的功能可以透過不斷的學習來加強，學習經驗改變大腦結構，發展出新的神經，一個孩子可能具備他出生時完全沒有的能力。這告訴我們生物的底線：遺傳不必然是宿命。

雖則如此，我們仍然能在生物學上找出二項性別差異，對於男性與女性發展與行為造成顯著的影響❺。第一點我們在第二章時會再詳加討論。平均而言，女性的口語能力較男孩早熟。女孩比男孩更早學會說話，也說得更流利。男孩要在稍後才會迎頭趕上，但女孩早期在成績上的良好表現非常明顯，而父母、老師以及研究者也很早就注意到。第二項差異是，男孩的會比較偏向體力活動，行動較快，也可以維持較長的時間。我們必須了解，這種活動的傾向與其所造成的結果，會形成男孩的經驗，同時也會造成他人看待男孩的印象。

除此之外，生物造成的性別差異可以說是非常微不足道。即使男孩子在於所謂「男性工作」上的表現普遍較好，也無法單純地歸因為生物因素。許多性別差異的研究發現，在數學表現上，平均而言，女孩的成績較好❻。如果真的有研究發現大腦神經或生物化學系統會因性別而有差異，我們會非常歡迎。比方說，如果從事神經視覺研究的專家發現，在玩押韻遊戲時，男性與女性的大腦有不同的反應，這項發現一定會變成頭條！但如果一項研究宣稱沒有性別差異時，多半沒有人有興趣報導，因為這並非新聞。近來性別差異的研究大興，卻常使我們的觀點偏

離了現實。如果要用簡單的結論來說明性別差異，那應該是說，在生物上男性與女性的差異沒有他們的相似之處來得多。

研究讓我們能看到科學上男孩與女孩之間的不同，但資訊卻常常被錯誤的傳播或過分的簡化，最後，大眾所接受到有關於男孩的訊息往往是錯誤的。

例如，睪丸酮（testosterone）就變成男性研究的專用字，專門用來解釋男孩的行為。一個母親告訴我們，她的二個兒子「經常打架」，但她覺得干涉是不對的，因為「這一定是睪丸酮激素在作怪。」當一位教師說到她在健身房中打鬧的學生，也是說：「他們只是一群睪丸酮激素過濃的瘋子。」

但是在科學上，睪丸酮根本不足以解釋行為發生的原因。近來關於少年前期與少年期的男童研究達成一個結論，認為「沒有證據顯示睪丸酮與激進的行為有關連。」❼另一個例子，一項在紐約布拉克司兒童精神科中心（Bronx Children's Psychiatric Center）所進行的研究，針對中心內有暴力傾向的男孩測量睪丸酮濃度❽。研究者發現，沒有任何男孩血液中所含的睪丸酮濃度高於正常水準；而與無暴力傾向、同年齡、同種族的對照組相比，也沒有明顯的差異。

雖然，科學家至今尚未發現在出生前睪丸酮對於大腦的發展有何影響，但我們知道，在青春期之前與之後，血液中的睪丸酮濃度都不會引發激烈的行為。例如，所有正常的男孩在少年期早期都會經歷睪丸酮濃度激素的激增，但他們之中並非每一個人都會產生暴力行為。早從出生後十八個月到幼年期的早期，我們都可以發現性別差異，但在十歲之

前，男孩與女孩身上的睪丸酮濃度幾乎是相等的。

血液中的睪丸酮濃度並不穩定。雖然每一個男性體內都有基本的睪丸酮激素，但濃度並不固定，因為時間不同會有差異。更重要的是，睪丸酮濃度會因為個人所面臨的情境不同而有差異。例如，研究者發現，如果某人贏得網球比賽或下棋比賽時，他的睪丸酮濃度會升高，並在一段時間內都維持上升的趨勢。失敗者呢？情況則完全相反，睪丸酮濃度會下降。這是賀爾蒙典型的反應，會隨著環境的變化而變化，睪丸酮激素本身不是造成差異的原因。許多情形下，當研究員測量到睪丸酮濃度上升，這是因為暴力的行為而引起，而不是反過來引發行為。

對於用睪丸酮來解釋暴力行為的不可行，人類學家提出了進一步的解釋❾。馬來西亞的西摩亞（Semoi）是人類社會中最和平的社會之一，男人不會與他人動手，丈夫不會毆打妻子，父母不會責打孩子；而且，即使是小孩子間也絕少有打架的情形。在這個社會中，人們不知道什麼叫做襲擊、強暴或謀殺。西摩亞人相信，激烈的行為是不好的，激烈或不友善的思想會使人們招致疾病與痛苦。因此，從很小開始，西摩亞的孩子學會以非暴力的方式來對待整個世界。

在北美洲，有許多文化社區，如其中一個稱為胡伯社區（Hutterite Brrethren），這是美國一個最大、最成功的基督徒社區；或者，像是艾密許農場（Amish Farm；編注：基督教派分支安曼派教徒共同經營的農場，在農場過著自給自足的共產生活）等，這些都是非常平和的社區，或許比任何人類學家所知的都還平靜。例如，三百五十年以來，沒有任何胡伯社區的成員殘害過社區內的其他人。

激烈的行為不是天生的，是後來造成的。社會中暴怒的衝動可以被自由地控制，如果我們做出選擇，我們可以讓男孩們在一個非暴力的環境下成長。

●與家更親密：訓練男孩對抗困難

雖然，近年來「新好男人」的呼聲逐漸興起，「感性男人」（sensitive male）的時代似乎逐漸來臨，但事實上，男性的刻板印象仍無所不在。過去，男孩們模仿約翰・韋恩（John Wayne）或是詹姆士・狄恩（James Dean；現在這看起來是一種奇特的比較），今日的男孩仍然看著電影上、電視上、電腦遊樂器中所呈現的剛毅、暴力與擁有超能力的誇大男性形象。媒體將暴力職業摔角手捧成角色模範，曲棍球手隨時準備挑釁，丟擲球棒，痛毆對手。難以數計的職業運動員訴訟纏身，卻不斷要求球迷與媒體的「尊重」，到處都有憤怒、嗑藥與患有厭女症的搖滾明星。

即使無法觀看暴力電影或被禁止玩暴力電玩，透過電視的運動節目以及永不疲倦的商業廣告，男孩們所得到的訊息是，除非很強悍，或開著大卡車，或大杯喝啤酒，否則永遠成不了男人。對於成年人如何頌讚感情的回溯與共鳴，則少有描寫。當學校老師或家長發現行為偏差或出現問題時，常請我們到學校去演講。有一次，在一個男校中的講題是關於飲酒，這個話題是這些高中生在週末時最重要的談話內容。他們公開地談論打架、酒後駕車以及隨意的性行為，看起來，這些行為對他們而

言稀鬆平常。在說到他們的酒量時，各個更是驕傲得不得了。

我們的文化加重了男性所擁有的特質，包括體力、粗魯、好奇與行動取向，使他們對於男人身分的認同產生扭曲，對男子氣概作出具懲罰性而危險的定義。

男孩的行為是一扇窗，讓我們看到對於男性形象錯誤描述的證據。在全國性少年期男性調查中，研究者選出大批具代表性的十五到十九歲美國男孩，進行訪談❿。男孩們必須回答一些問題，如：是否使用保險套等。為了解男孩對於「男性意識」（masculinity idology）的相信程度，看看有多少男孩認為成年男子的基本特質是強壯、堅毅、勇敢、掌控女性的，研究員問男孩們是否同意以下的敘述：

- 對於男人而言，受人尊重是很重要的。
- 如果談論自己的難題，男人將會失去他人的尊敬。
- 即使身材不高大，年輕男性必須具備過人的體力。
- 丈夫不做家務事。

根據調查結果，對於這些「男性意識」同意程度愈高的男孩，愈容易將這些意識當成是自己的觀點，這些男孩也愈容易去喝酒、抽煙、從事沒有保護措施的性行為、被退學、引誘或強迫他人進行性行為。事實上，最容易使男孩在沒有保護措施狀態下進行性行為的因素，正是他們對於這些「男性意識」的深信不疑。不論這些男孩的種族、膚色、住家區域或是家庭經濟狀況為何，這種「心靈的符咒」都會對男孩們造成困擾。

大眾文化對男孩的生活扮演著破壞的角色，但，男孩們所受的錯誤情感教育，卻早在他們接觸大眾文化之前就已經開始了，而且大部份發生在家中。圍繞在男孩身邊的大部份成人，像是父母、教師、長輩及其他人等，教育著男孩如何與世界以及其他人相處；然而，當我們自以為是在教孩子如何發展關係，我們所表現出的行為卻是相反的，甚至是在殘害他們的情緒潛能。當我們在回應男孩、或者是教導他們如何回應他人時，性別的刻板印象無時不在。有意無意之間，我們常在阻止男孩們對於情緒的覺醒。科學家在研究父母如何回應孩子時發現，即使是面對嬰兒，父母的行動中已經隱含著先入為主的性別刻板印象⓫（就像一個我們所認識的父親，他最驕傲的事，是當他在家時他的兒子都不敢哭。）。因為這個緣故，我們可以說，父母對於男孩所提供的情感教育是完全不同於女孩的。

心理學的研究也顯示，在許多方面，以上這項論述都為真⓬。作母親的較常對女兒談起悲傷或是沮喪的情緒，對兒子談起憤怒的感覺。另一項關於學齡前孩子說話內容的研究，發現女孩使用「愛」（love）的頻率較男孩高六倍，使用「悲傷」（sad）的頻率高二倍，而使用「瘋狂」（mad）的頻率則是不相上下。我們知道，如果作母親的會向學齡前的孩子解釋她們的情緒反應，並且當孩子顯現出憂傷、害怕或憤怒時表現出負面的反應，可以協助孩子對於情感有更豐富的認知⓭。研究指出，當男孩子的情緒反應偏離傳統時，父親的反應會比母親嚴厲。如果家中有較年長的兄姐，也會模仿父母的行為模式，較會對小妹妹表達出情緒反應，而不是對弟弟。

　　從以下的例子，我們可以看到性別社會化（gender socialization）
最溫和、最普遍的進行方式：布萊德今年四歲，正是對一切都很好奇的
年紀。他的母親常試著跟他一起找答案，因為她與布萊德的相處時間遠
多於他父親；即使當全家人在一起時，母親也是比較多話的一方。一般
而言，她比較樂於給布萊德口語反應。對於每一個問題，她都給予相同
的關注，但她並沒有意識到，她其實與許多父母相同，在無形中限定小
男孩只能詢問某些特定的問題。

　　「媽咪，為什麼我要坐在安全椅中，而妳不必？」小男孩問。媽媽
回答是關於安全椅所帶來的保障，以及說明如果小孩不坐在安全椅中，
是犯法的。因為媽媽對他的問題給予關注和解答，這使得小布萊德覺得
受到回饋，這會激勵他下次再做同樣的行為。

　　但場景換到公園裡。當布萊德指著一個哭泣的小男孩，並問媽媽他
為什麼哭時，她比較可能給的是一個簡短的答案，不像之前那麼生動，
而是像：「布萊德，我不知道，反正他就是哭了。我們走吧，這樣瞪著
別人很不禮貌。」

　　事實上，布萊德的媽媽可能真的不知道小男孩為什麼哭，而當她叫
布萊德不要瞪著人家看時，是在教他禮節。然而，她的簡答卻較不生
動、資訊較少、而且對布萊德的問題提供較少的回饋。在微妙的情境
下，阻止布萊德進一步思考為什麼有人會哭，或是這個特定的男孩為什
麼會掉眼淚。她的快速解答，同時也傳遞了作母親本身對於這個主題的
不安，像這樣的訊息，男孩經常在父親試圖逃開關於情緒的問題或情境
時聽到。

我們知道，如果母親願意多對學齡前的幼兒多解釋自己的情緒，如果她們在幼兒表露情緒時不會有負面反應，她們的孩子會對情緒有更豐富的認知。另外，關於父母與孩子之間的互動研究顯示，當一個女孩問到有關情緒的問題時，她的母親會給予較多的解釋。母親很可能會和女兒一起猜想情緒背後所隱藏的原因，或是加強女兒的觀察，如：「是啊，親愛的，他看起來真的很難過。他可能是跌倒了，或是玩具掉了。」對於小女孩來說，所得到的訊息是：關心別人的感覺是一件好事。自然而然，她的關心與同理心就獲得強化。

男孩的經歷，則是使他們與情緒漸行漸遠。

六歲大的傑克與全家人一起搬到新房子裡去，因為樓上的房間不夠，三個孩子中必須有一個睡樓下的房間，而家中其他人的房間都在二樓。不是傑克七歲大的姊姊凱，也不是四歲的妹妹愛美，而是傑克要自己睡樓下。當傑克對於要自己睡在樓下表現出一點點害怕的神情時，爸爸說：「你是大男孩了，絕對沒問題。你的姊妹都很害怕自己睡。」

當男孩表現出普通程度的憤怒、激烈行為、武斷或是沈默時，他們的行為會被接受，大家覺得沒什麼大不了。反之，一旦男孩表現出一般程度的懼怕、焦慮或是悲傷時，大家會認為情緒應該是女性才具備的特質，因此周圍的成人會對男孩說，這是不正常的。

●該隱的故事：可能有不同的結局嗎？

該隱（Cain）與亞伯（Abel）是聖經上的故事，充滿嫉妒的該隱殺

死了弟弟亞伯，這雖是一個兄弟鬩牆的故事，但背後隱含的意義遠多於此❶。該隱的故事反映出現代男孩的感情生活，包括男孩對於被愛與被尊重的想望，以及他們傾向於用憤怒與暴力回應羞愧與憤怒，而不是用反應或溝通。

　　這個聖經故事的開頭很簡單，這二位兄弟，該隱與亞伯，都非常樂於取悅上帝。該隱用果園中的水果作為奉獻，而亞伯則是用羔羊。上帝對於亞伯的奉獻感到非常滿意，但不太喜歡該隱的祭品。聖經上沒有說明為什麼上帝有如此不同的反應，但該隱深覺被羞辱。故事中，該隱的沮喪其實非常地明顯：「他的臉一下子垮了下來。」但對於自己的感覺，該隱沒有透露半個字。

　　「為什麼你如此沮喪，臉色如此陰沈？」在聖經上，上帝是如此尖銳地對待該隱的反應。換句話說，就是叫該隱要「讓它過去」。之後，上帝給了該隱一次嚴厲的教誨，並教導他做正確的事，調整心情。上帝提醒他：「罪愆已經逼近門外，將逐漸攻占你，但你可以成為它的主宰。」沒有任何進一步的討論，而該隱仍繼續保持沈默，但是他已被這樣的非難所刺傷。而當他被憤怒沖昏了頭，將弟弟拖出去殘殺時，他內心必定是百感交集的。當上帝知道該隱犯下謀殺的時候，問該隱，亞伯到那兒去了，該隱的回答是：「我怎麼知道？我又不是他的看守人。」

　　上帝戳破他的謊言，並將該隱流放孤島，遠離家園。當他面對因行動所引起的、不可改變的結果，該隱曾滿懷憤懣地大喊：「我的處罰太重，我無法承受！」雖然，當該隱被流放時上帝也曾施予保護，讓他不致受到傷害，然而，因為與家人的分離與弒親之罪，使得該隱終身背負

著枷鎖。

故事裡一直沒有出現這兩兄弟的雙親（生理上的）——亞當和夏娃。該隱應該可以跟他們談論自己的感覺，並從他們的身上找到撫慰。就像艾禮‧威爾索（Elie Wiesel）在《上帝的信使》（Messengers of God）中說的：「他們可以（為這兩兄弟）找出原因，冷靜而堅定地說出生活——尤其是集體生活——的意義嗎？」

該隱的故事說明每一個男孩都有取悅他人的欲望，特別是對於父親，但由於錯誤的情緒管理，往往造成悲劇。在現代的男孩身上，我們不難找到當被父親拒絕之後，與該隱相同的失望與羞愧，因不被尊重而引起的憤怒、因為情緒混亂而形成的沈默、同理心與情緒反省的缺乏，以及憤怒所造成的衝動行為。

當我們看著男孩們與自己的感覺保持距離、對別人的感受反應遲鈍、因為情感生活的貧乏而受苦時，我們總是會想起該隱的故事。

在該隱殺死他的弟弟之前，上帝曾經提醒他：「罪愆已經逼近門外，將逐漸攻佔你，但你可以成為它的主宰。」如果，該隱真的能夠找到內在的感情源頭，能夠體察自我的情緒，有同理心，具備道德勇氣主導當時的情況，或許故事會有不同的結局。但該隱已經錯失了接受情感教育的機會，而今天我們周遭的男孩仍繼續面臨相同的迷失。

●護衛男孩的情感生活

在我們的工作經驗中，看過非常多的男孩遭受極大的情緒苦痛，可

能是因為父母、親人的過世，或是遭遇嚴重的傷害或災難，但許多人都奮力掙扎，為自己重新贏回生命與未來。我們看到過許多情況，真的了解什麼叫做厄運。有些男孩能夠克服一切，有些則投降，造成這當中差異的因素，往往來自於他們採取何種態度面對情緒的挑戰。

男孩們經常會在老師或其他可敬的長輩身上尋找情感導師，而男孩們對於自身的看法，以及是否願意學習感情語言與表達方式，父母具有關鍵性的影響。父母可以建立起感情連結的模式，培養同理心；在傾聽男孩們訴說感覺時，不要批評；關注他們的問題，但不用提供獨斷的答案。我們必須謹記一項事實：每一個男孩都有自己的內在生活，他們的內心充滿著情感。每一個男孩都是敏感的，而每一個男孩也都會受苦。對於許多成人而言，這種說法有些令人吃驚，因為在有意無意間，他們都不承認男孩情緒的脆弱！但一旦了解之後，身為男孩們的父母或導師的我們，必須善加利用這項認知，來加強情感教育，為孩子點起一盞燈，驅走生命中的陰影。

如果我們能夠教會孩子們真誠對待並珍惜自己的情感生活，如果我們能夠教給男孩們更多情感並鼓勵他們使用，他們將會敞開心房。

玫瑰叢中的尖刺：
男孩在早期教育階段的掙扎

我喜愛所有的小孩，但是男孩子除外。──路易斯‧卡洛爾
Lowis Carroll

場景是早上的幼稚園裡，教室中一個安適的角落裡，十五個孩子圍坐在地毯上，六個男孩九個女孩，等著老師艾太太開始說故事。

圈圈的一邊全是女孩，小女孩們肩併著肩挨著，豐腴的小胖腿交疊著，有些女孩手拉手。有些靜靜地坐著，有些女孩子快樂地彼此交談，期待著故事的開始。女孩圈旁邊坐的是個小男孩丹尼爾，和其他的小女孩一樣，他的神態同樣也是很輕鬆的、充滿期待的。丹尼爾是班上最好的朗讀者，不管是在家中或在學校，他都會在閱讀上花許多工夫。對他來說，說故事時間是一天中最美好的時刻了！有個女孩這樣告訴來訪的來賓，她說：「我們班上每一個女孩都會讀故事，但是除了丹尼爾之外，沒有一個男孩會朗讀！」

距離丹尼爾有幾吋遠處坐著四個男孩子，他們是跟丹尼爾個性完全相反的學生。賈斯汀斜斜地靠近威爾的胸前，威爾靠向巴夏的肩頭，巴夏整個人壓在萊恩身上，而萊恩盡量撐起大家，讓這些男孩不至於跌倒。很奇怪的是，這個看起來歪歪斜斜的排列真的沒有任何要跌倒的跡象，反而像是雕塑般地凝立在整個空間中。這些男孩很安靜，一直維持著這種姿態，等著艾老師說故事。他們已經盡量在遵守班級秩序了，艾老師也很清楚這一點。然而，他們必須等克理斯多福進教室，然後才能開始說故事。

當艾老師打上課鐘要大家進教室、準備說故事時，克理斯多福仍在外面玩著七巧板。在他要把七巧板收回原位的途中，他又停了一下，順手拿起粉筆，在黑板上留下一條完美的綠線。在賈斯汀準備走向大家圍

坐的圈圈時，克理斯多福從後方一把撞向他，之後克理斯多福也沒有加入大家，而是逕自走向辦家家酒放置廚房用具的地方，拿起塑膠的梨子和番茄開始玩弄起來。現在，他站在廚架前面，開始移動塑膠製的廚具，看起來有點失神。

「克理斯，你要加入我們嗎？」艾老師問他。這個問題引起了小克理斯多福的注意，他轉過頭，但仍站著不動。

「克理斯，我們在等你。」艾老師以堅定的語氣重複一遍，克理斯多福猶豫著，然後，他放下手邊的廚具，開始跑過整間教室。就在這個時候，那些像骨牌排列著的男孩一下子都倒了，賈斯汀倒在威爾的身上，威爾試著推開他，使賈斯汀跌到了地上。

「威爾，不要推賈斯汀！」艾老師說。

「但是他壓在我身上啊！」威爾嘟起嘴，抱怨著。

「賈斯汀，坐起來！在你們兩個之間留一點空間。威爾，不要推他了，讓他自己坐！」她說。然後，對著克理斯多福：「克理斯多福，大家都在等著聽故事，你趕快過來，好嗎？」

克理斯多福在圈圈外不遠處坐了下來；巴夏現在決定躺下來，變成只有鞋子和膝蓋還在圈子裡，然後瞪著天花板。「巴夏，你可不可以像大家一樣坐起來？」巴夏終於坐好，而艾老師也鬆了一口氣，說：「現在我們開始來說故事。」

要讓所有男孩子安安靜靜坐好，整個程序前後只不過二、三分鐘，但在這短短的二、三分鐘之間，很少不受到克理斯或是賈斯汀的打擾；每一天，他們都讓大家浪費了許多上課時間。課堂中的性別區別非常明

確：女孩們總是為整個班級帶來活力與精神，但她們總是習於遵守規則；男孩們則很難安安靜靜坐下來。男孩們的騷動對於女孩們有什麼影響？對於丹尼爾，這個總是跟著女孩們一起，與其他同性孩子有明顯區隔的小男孩而言，這些騷動有什麼意義？對於那些總是喜歡衝撞、推擠的男孩來說、或者是對於總是分神的克里斯多福來說，他們又學到了什麼？作母親的在回憶起兒子在學校中的表現時常常會說：「他的表現很好，只是常常會被叫到訓導處或是校長室去聽訓。」男孩們到底是怎麼一回事？這個問題一直是老師以及家長們心中長久以來的疑惑。

近年來，大家在討論學校教育的公平性時，大部份將焦點放在女學生所受到的不公待遇上，強調在偏袒男性的教育下，女學生常被忽略。當我們用這種眼光來討論問題時，其實已經落入一個陷阱，認為男孩子的存在威脅到女生的公平待遇。這種理論背後有一個無可撼動的假設，認為女孩在學校中受苦，男孩則否。然而，根據研究者、相關統計數據以及我們身為男性研究（研究對象包括男孩與男人）領域心理學家與治療者的經驗，事實與假設有很大的出入。

從幼稚園開始到小學六年級為止，每一個男孩一年要在學校度過約一千個小時，他們與學校老師、其他成人之間的互動經驗和態度逐漸成形。平均而言，在兒童時期，男孩的認知能力（包括小學教育所重視的閱讀、寫作以及口語能力）發展較女孩緩慢，這使得男孩在設法達成學業要求時格外辛苦。當然，有一些男孩的發展會高於女孩，有一些女孩的發展也會落在男孩之後，但我們在此所討論的是平均的狀況。平均而言，男孩的發育較遲，這使得一般的男孩在早期學校教育中居不利的地

位。

　　小學可以說是一個以女性為主的環境，大部份的教師或是校方的權威人士多為女性，對男孩子來說會造成一定的衝突，因為這與一般男孩高活動力、低度衝動控制的性格不同。有一位一年級的小男孩在結束第一天的校園生活後很失望，他說：「在學校裡你什麼都不能做！」問題當然不是出在他真的不能做「任何事」，而是不能做「任何他想做的事」，像是跑、跳、丟擲或攀爬等，都是教室裡所不允許的行為。經由這種早期校園經驗，男孩的地位有如玫瑰叢中的尖刺：他瞭解自己存在是不同的、不重要的、有時甚至是令人皺眉的，而男孩非常清楚這項事實。

　　我們曾與一位教三年級的女老師聊天。在我們看來，這位老師對男孩很有辦法，男孩們很喜歡和她一起；我們很想知道她是如何看待班上這些男孩。當我們談到小學可以算是一個以女性為主的社會時，她的反應開始帶有防禦的意味：「學校不是一個女性社會，它是一個人類社會，一個文明社會！」她說：「只是，女孩子們比較容易適應學校環境。」

　　這位女老師認為，學校（尤其是小學）是一個充滿指引與期待的場所，為女孩與男孩創造出相等的成功機會，只不過，實際上女孩比男孩更容易適應環境，而這些都反映在女孩的能力與敏感度的表現上。

　　基於這個原因，紐約市的艾倫‧史蒂文生男校（Allen Stevenson School）的校長曾說：「如果男孩們真的需要在單性的環境下接受保護，那必然是在小學時期，因為此時的發展差異非常明顯。」

我們的意思並非說男孩們都是好的，學校是不好的，或者是老師不關心男孩們；相反的，我們要說的是，藉由一些犧牲奉獻、富有創造力、堅持面對挑戰、與學校的男孩們站在一起的老師身上，我們一次又一次確認男孩們在學校遇到相當的問題。當然，我們也了解一些男孩因為特質與才智的關係，可以免除遭遇類似的問題，但我們在此要說的是，男孩們的感情世界如何因為生活經驗而變得複雜，或是必須接受妥協。我們討論的重點，在於早期學校經驗所造成的隱性傷痛，許多男孩因為這樣的傷痛痛苦多年。

根據許多追蹤幼兒發展的研究指出，孩子的學習型態約在小學三年級之前就已經發展完成了，這也使得他（她）的校園生涯成就逐漸定型❶。對於男孩來說，因為相對的不成熟以及不適應，使得他們在學習過程最重要的前幾年相對落後，這注定了他們的失敗。許多男孩因為早年經歷過學業方面的挫折，終其一生再未能找到任何動機讓自己成為成功的學習者。即使有些男孩長大後勵精圖治，成年後在學業上獲得成就，但早期挫折所造成的恐懼情緒卻從未消失。

卡爾很少在他兩個兒子的懇親會或其他學校場合中出現。他是一個成功的企業顧問，很難得能在傍晚的時候提早離開辦公室，參加男孩們的活動，更不要說是要他請假了。雖然學校裡的老師願意盡力配合卡爾的時間來安排懇親會，但他總是缺席。

卡爾心中希望能作個好爸爸，成為一個稱職的父親，然而，他在學校的場合中就是無法放輕鬆。在太太一再的施壓下，卡爾屈服了，抱著盡義務的心態到學校，但他所表現出的明顯敵意卻讓老師很不舒服，

也影響了集會進行的氣氛。最後，他的太太終於順應他不需要參加學校活動，也不甚在意他的缺席；話雖如此，她的不滿卻十分清楚地寫在臉上。

卡爾事後回憶，在某一次熱烈的交談之後，他十分訝異妻子竟會指控他不關心兒子們的教育，而卡爾自己的反應也讓他超乎想像。一聽到妻子的指控，他的反應不是想到工作、辦公室，甚至也不是孩子的教育狀況，他的反應是所有感覺一擁而上，包括羞愧、不滿與憤怒，這些情緒在他的心裡已經堆積了有四十年之久。

「當我走進學校的建築物時，胸口就開始緊張起來。」卡爾解釋，「學校是一個很不好的地方。當我還是個小男孩時，在學校過得十分不愉快，那些事是我一點都沒辦法控制的。從學校裡我只學到什麼是其他人所在乎的、而我卻做不到的。對於現在的我而言，校園後面的世界仍是一個讓孩子們受苦的地方，我痛恨我自己要裝成不是這麼一回事，坐在那兒，跟屬於共犯結構之一的老師交談。老師都是自鳴得意的、小心眼的，以及一群毫無彈性可言的人，坐在教室裡，自以為有資格去評斷孩子們，以及評斷像我一樣的父母。我了解他們不夠格，這整件事就是一場騙局！」

整件事無關卡爾的孩子與老師，他的兩個兒子非常聰明，在學業上成就非凡，而他們所遇到的老師也都極富教育熱忱。經過這些年，時間並未沖淡卡爾所受的傷害與憤怒，當他走進學校時，已經由四十歲的中年男子變成了八歲的小男孩。

無論是已經在生活上成就非凡，或是仍汲汲營營求溫飽，許多成年

的男子都有與卡爾相同的故事。從這些在學校中承受過難以忍受試煉的男子口中，我們聽到相似的情節已不下千百次。

類似的掙扎，我們經常在小男孩，尤其是三年級之前的孩子身上看到。他們已經耗盡心力，再也無法承擔學校裡交付的功課，與學校漸行漸遠，最後認定學校是一個讓他們什麼都做不成的地方。其他能達成要求的男孩，也往往有相似的感受，他們將所有的心力花在做功課以及求得好成績上，對學習感受不到任何的興趣，逐漸的，就喪失了生命中最好的一段學習時光。

兩千多年前，一位希伯來的哲人希勒爾（Hillel；編注：猶太教聖經注釋家，活動時期約在西元一世紀左右）曾經提出忠告，認為「容易對於羞愧感到焦慮的人，往往無法學得好。」現代，許多小男生在每天的校園生活中，不斷地面臨羞愧與焦慮，類似的經驗只教會他們厭惡自己，並對引發這種感覺的地方深惡痛絕。情感上的疏離使男孩逃避校園生活，在開始學習拼字之前，這些男孩的學習歷程已經是問題重重。

●麥可與愛倫：從小男孩的觀點看學校及老師

愛倫的媽媽打電話給我，要談談六年級的愛倫所遭遇的難題。他對好幾位老師都表現出相當的不滿；另外，雖然他的智商很高，但他的成績卻一落千丈，最近更跌到了谷底，從A到B，再落到C。更嚴重的是，他已經有一整年都沈浸在對學校的「痛恨」中，自從幼稚園之後，他未曾表現出如此強烈不快樂的情緒。由於他是那麼的不滿，又幾乎要

被退學了，學校的行政人員就建議愛倫先進行心理測試，如有必要，也需要進行相關的治療。這位行政人員給愛倫的母親相關的建議，並說他十分擔心愛倫所表現出的沮喪。愛倫的母親要求我做出較客觀、獨立的評估，並對愛倫的情況發表意見。因為愛倫住的地方離波士頓有段距離，我無法擔任他的私人治療，但我可以先看看愛倫的記錄，跟他談談，並聽聽他的意見。

雖然我們見面時他沒將不滿表現出來，但我一下子就知道，愛倫並不想跟我談。這位十二歲的男孩帶著陽光般的笑容，滿臉的雀斑，身材像是個運動員，看起來是學校裡帶頭發言的人物。他表現得很有禮貌，也反應良好。但從一開始，只要是關於學校的問題，他就開始顧左右而言他，不肯好好回答。既然，老師是讓他不快樂的主要原因，我決定就從這裡切入，於是，我開始問哪些是他喜歡的老師？哪些是他所不喜歡的？

他記得四年級時的導師，他回憶著：「她人不錯，很有幽默感，也不會大吼大叫。」他說他不喜歡今年教社會的女老師，因為她老愛生氣。他是這樣說的：「她總是為了小事跟我發脾氣。」

「像是……」

「很多啊！像是我沒帶鉛筆，或是……我們在做田野調查的時候沒先讀指定的書，還有就是在參觀美術館的時候，我們在外面的噴水池邊，然後我的書掉進去。就像這一類的事情。」

「她會對班上其他的人發脾氣嗎？」

「嗯，我想她對男生比較嚴屬，男生的一舉一動她都不喜歡。我覺

得她從來不曾喜歡我，我們相處得很不愉快。」

愛倫開始回憶起那些不喜歡他的老師們，二年級時的老師也在他的名單上。這一年，他的拼字學得不太好，這位老師不准他寫詩，除非他把拼字學好。

「你怎麼知道哪一個老師是喜歡你的？」

「嗯，喜歡我的老師不會隨便跟我生氣，而且他們也都很隨和，很容易相處，就像克拉森老師一樣。他很關心大家，不管你想學什麼，他總是能教你更多，學都學不完。」

於是，我們開始討論愛倫希望從那些老師身上學到什麼，以及為什麼愛倫會喜歡這些老師。對於這個話題，愛倫的回應並不太熱烈。為了要讓話題更深入，我將問題稍做調整，不再追問愛倫自己的感覺，轉而問他關於老師與男孩的一般看法。

「如果老師全是女老師，對於男學生來說會不會有問題？」

「我們都習慣了。」

「如果男生給男老師教的話，會不會好一點？」

「嗯。他們應該比較了解我們，比較知道我們想說什麼。」

「為什麼女老師不太了解男生？」

「因為她們不想發脾氣。」

愛倫的觀點很簡單——男孩們不想總是被罵，雖然，旁人的大吼大叫在他們的生命中總是變成不可或缺的一部份。

我想起一位有感而發的圖書館員（是位女性），她說：「大人經常覺得對男孩大吼大叫是應該的，因為他們總是這麼『壞』。」

吼叫的背後，是假設責罵會改善整個情境，特別是能向男孩們充分表達不滿；而且，男孩子比較粗線條，不像女孩子容易因為被罵而受到傷害。然而，這與我的經驗不符。男生被罵時雖不會表現出難過或是在乎的樣子，但這是因為他們認為身為一個男孩，不應有懦弱的表現，事實上，這些男孩仍是傷痕累累。

我問愛倫，學校生活有哪一個部份最讓他滿意？他的回答是運動，我毫不意外。

「我知道這個問題可能很笨，但是我還是想知道，為什麼你覺得運動比其他事情來得有趣？」

「因為運動很有意思，而且你可以透過努力來表現得更好。……其實我也不是很清楚啦！我覺得運動讓你具備某種專長，你可以只專注在一個特別的領域，比方說曲棍球。或者，如果你真的很喜歡足球，你一定可以玩得很好。我每天都期待上體育課，體育課像是做完一大堆功課後的休息時間。」

「你在學校也學會其他很有趣的事，不是嗎？」

「是啊。但是可以跑跑跳跳比一直坐著好。早上我所有的課都是室內課，要坐一個早上。下午上美術和自然科學的時候，又要站半天。」

他開始談論更多關於他喜歡的課程（雖然不太多），以及那些他不喜歡的課。很明顯地，不管學校裡的課表安排得有多精緻，從愛倫的觀點來看，區分「好」課程與「壞」課程的標準，在於上課時是否可以隨意走動。

從愛倫認為學校生活是沈悶無比的觀點出發，我們可以看到許多男

孩共同遭遇的問題。他們仍在課堂裡坐一早上，仍然跟著上課的進度，也不能把書丟到水溝裡；但當他們不能隨意移動時，男孩們深覺得被困住了，常常無法跟上老師上課所教的內容。

根據我之前在芝加哥南方的校園工作經驗，我看到許多已經讀到二年級的男孩仍對校園生活懷有恐懼，害怕他們在學校裡要做的事，長大後則害怕生活中要做的事，因為身邊總是有人隨時準備好要大吼大叫。如果學校不是這樣，不再讓孩子們的生活造成緊張，學校就可以變成一個「中立」的地方，會使孩子們感受到自我的成功。更進一步來看，如果學校是一個充滿成就、支持的場所，孩子們必定樂於上學，學校也可以變成重要的生命補給線。

還有一項有趣的事實，就是即使對於出身富有、教養良好的家庭的孩子而言，上述關於學校的原則也同樣適用。如果學校是一個充滿負面控制的環境，孩子會愈來愈不喜歡上學，因為在那兒，他的個人成就並不受重視。男孩們的校園生活經驗常常像是玫瑰花叢中的尖刺，讓他們看到自己是不同的、不重要的、甚至是令人不悅的存在體。愛倫現在就站在這十字路口，他承擔著極大的人生風險，很有可能，他的生命將與學校、學習的距離愈來愈遠。

●男孩們的「不同」：當資產變成負債

珍是一位教五年級的老師，對於班上學生在工藝課上所表現出的性別差異，她深感興趣。每一年，她都會要求學生選擇完成一座模型橋或

彈弓，當作是學期中的一項作業。一般而言，女學生會選擇做模型橋，並會組成一個工作小組，先傾聽大家的意見，畫出草圖，然後一起動手完成整個模型。男生則多會選擇做彈弓，但一開始幾乎都不會出現合作的方式。每一個男孩都想盡辦法表達自認為最好的意見，而不會與他人分享或傾聽其他的建議。上課時，他們會在地板以及桌椅上爬來爬去，猛烈地戳刺材料，被鉛筆戳到時大叫，或者是被橡皮筋的後座力彈傷。他們在匆忙之間做出來的彈弓多半無法使用，但最後的挫折看來對他們並不造成困擾。經歷一連串的失敗後，競爭中會出現功能較好的成品，這時男孩們也會開始結合，每一個男孩都會從別人的錯誤中得到教訓，最後在齊心努力之下，男孩們做出了一個最棒的彈弓。

從男孩們開頭的莽撞與錯誤中，我們可以預測最後他們終將失敗，如果將他們與冷靜、有效率的女孩們相較，會讓他們羞愧得無地自容。然而，珍所看到、所做的，卻遠多於此。除了女生們組織良好、規劃詳盡的工作模式外，她也體察到了男生願意承擔風險的精力與熱忱。對於班級經營而言，這是更有價值的。

大部份的教育者可能都像是幼稚園的艾老師，希望男、女生都能以相同方式成長，成為一個負責任、能體貼的個體以及一個有熱忱的學習者。但是，許多時候，即使是像艾老師如此體貼、如此相信班上每一個男孩都有潛力的老師，都會希望男孩子不要這麼不一樣，許多時候，只有女兒的家庭也會有相同的希望。更多時候，家裡面同時有男孩與女孩的父母會互相感嘆：「你知道的，他們就是不一樣。」

男孩的「不一樣」並不是說他們天生就壞，但「不一樣」確實為老

師、學校以及男孩本身帶來相當的困擾。

　　一般說來，男孩子是充滿活動力、甚至是衝動的。他們的精力充滿著感染力，尤其是在男孩群中更是明顯；而生理上的精力經常被解讀為心智上的駑鈍，也就是所謂的「頭腦簡單，四肢發達」。他們經常是風險承擔者，表面上看起來很容易遺忘傷痛或是責備的傷害。男孩經常在想到後果之前就已經有了行動，不管他們最後的決定是什麼，堅持勇敢或是毫不在意都是一時衝動的結果。

　　男生很直接，他們的行動或是語言都是以簡單的形式來表達。男孩們的語言技能發展較遲緩，這一點，從他們經常表現出令人哭笑不得的幽默，或是他們較習慣採取行動而非協調（比方說，在扮家家酒時會搶走廚具箱，而不會說好輪流玩）等特性中可以看出。因為男孩在情感上的不成熟，使他們可以在誇讚自己時毫不臉紅，也可以利用誇張、裝模作樣以及喧鬧等來引起別人的注意，他們不在意是否能討好別人，就像童話「國王的新衣」裡面的小男孩，可以直言無諱地說出國王其實沒有穿衣服；他在說這話時，完完全全表現出一種男孩子特有的坦白。

　　男孩子需要覺得自己是能幹的與是被充分授權的，因為這種需求，使得男孩經常以力量為基礎、以行動為導向來表達他們對於正義、公平與善惡的感受。蜘蛛人、蝙蝠俠以及忍者龜等英雄人物在男孩的世界有著重要的地位，因為他們自己也熱切地期待成為英雄的一員：是強大非幼小的；在世上擁有主宰的力量，而非是個軟弱的孩子；成為善惡的仲裁者，而非協調者或觀察者。

　　男孩與女孩都擁有活力，充滿好奇心，並期待他們的校園生活非常

適意。但就如同老師與父母親們經常告訴我們的，男孩與女孩之間與生俱來的性別差異，是非常明顯的。舉例來說，有多少活潑的、富想像力的女孩會將她們的精力放在利用樹枝做出一把玩具槍？又有多少同樣精力旺盛的男孩，會去想像自己是一匹美麗、狂野的駿馬馳騁過原野？

男孩天生的特質是活動力高、易衝動與強調身體力量，而這些特質是否有價值，則取決於老師、男孩本身以及當時所處的情境。因為有這些特質，使男孩子在運動場或遊戲場中有較好的表現；男孩們行動與衝動的特性，在這類的場合中完全被允許，甚至是被強化的。而課室的環境則是比較靜態，與其他較守規則、肯合作以及多才多藝的女同學相較之下，這些男孩特質便由資產變成了負債。許多老師都認為，即使是那些從不惹麻煩的男孩，都必須克服這些男孩特有的活動力、行為與態度等天性，才能在學業上有所成就。

●性別差異：一間教室，兩個世界

關於為何小學階段的男生在功課以及其他總體表現上較遜於女生，可以用兩項發展上的重要差異來說明。第一，男孩的成熟期比女孩稍晚。第二，男孩的活動力較高，且對於衝動的控制發展較緩。這種發展過程是生物性的，父母與師長的教育方式雖然會有所影響，但極其有限，只提供輔助或阻礙的功能。現代科學家在討論先天與後天的問題時，經常強調生物力量與經驗之間的關係十分緊密，無法清楚區辨❷。對於丟球或攀爬等活動，男孩較容易在一開始時覺得樂趣無窮，但之後

因為受到鼓勵，會逐漸培養出興趣，並發展出更高超的技巧。同樣的，因為受到神經優勢的影響，女孩較容易對於閱讀與語言發生興趣，而當她受到鼓勵時，這方面的能力就會逐漸增強。影響發展的因素包括生物的以及文化的，兩方面的影響互相融合，成就了孩子的發展歷程。先天與後天的力量是無法分開的。

因為女孩成熟較早，讓她們較早完成認知技巧的發展❸。她們學習事物的名稱（如顏色的名稱）較快，也知道如何做簡單的運算。因此，在剛進入一年級、老師們準備開始要施行一系列閱讀教學時，比起男生，女孩們的準備更為充分。在這些為發展日後閱讀所需的技巧訓練中，許多男孩在一開始就落後女孩許多，使得這些男孩在低年級時經常被錯誤歸類，被認定有學習上的障礙。

許多相關的研究指出，以活動力的高低而言，學齡前的性別差異並不大。在此，我們所謂的活動力是指原發的活動力，也就是當人在跑、跳時的生理活動程度。換句話說，也就是當孩子愈逼近學齡時，生理活動程度的差異性才開始增加。近來的研究發現，之所以會造成差異，主要的原因是來自於社會互動的影響。當一群男孩子在一起的時候，行為型態與只有一個男孩的情境下十分不同。男孩子們會互相模仿，尤其是在他人展現具有挑釁意味的行動時。當然，這項結果的特性與其他的性別差異相同，也有許多女孩會比男孩更有活力；但平均而言，在教室中，一個男孩的活動力會大於四分之三的女孩，而且班上最好動的孩子大部份是男孩❹。而即使是最活潑的女孩，也較不會肆無忌憚地放縱，而這是男孩子常表現出的行為。

如果討論的是活動力的極端現象，例如過動兒，兩性之間的差異更為明顯❺。大部份的研究都發現，在被診斷患有「專注力缺失過動症」（attention deficit hyperactivity disorder, ADHD）的孩子中，男孩是女孩的二到四倍。田納西州有一項針對八千二百五十八名孩童所做的研究，對象從幼稚園到小學五年級，所有的學生分別就讀於同一郡中的六個學校。約有四％的男孩被診斷出患有過動症，但只有少於一％的女孩有相同的問題。以這項研究為例，在一個約為二十五人的班級中，就會有一名患有過動症的男孩。

所有讀過小學的人幾乎都會有一種印象，就是有學習障礙的幾乎都是男孩。一個二年級的小女孩有一天用憐憫的語氣問道：「為什麼壞學生都是男生？」根據我們自己的經驗，男生被叫到心理輔導室的次數約是女生的四倍。

有一些研究者提出，如果將八歲的男生與六歲的女生一起學習，大部份被認為有學習障礙的男生會不藥而癒（約有六○％到八○％的學習障礙者是男性），因為學習障礙的診斷是以閱讀能力與同年齡的智商做比較（智商可以利用測試得出）。在過去數十年來，紐約的道德文化學園（Ethical Culture School）接受五歲大的女孩入學，但男孩必須等到六歲；最大的原因，即在於考慮男女在發展上的差異。但後來有家長持反對意見，因為有些家庭中有五歲大可以進學校的男孩，而且家長堅持早期發展的必要，使學校最後放棄這項作法。

在美國，至少在某些華德福學校（Waldorf School）中，就嘗試設計以藝術為基礎的課表，使用圖像式的教學法來訓練閱讀能力，以取代

傳統的教學法。有一次，一位學校的行政人員對我們說：「如果太早開始教讀、寫的話，幾乎所有的男孩子都有學習障礙。」

簡而言之，女孩在適應早期的讀寫教育上較有優勢，而男孩則是處於一個不利的地位，這導致小學男生在學習主要的科目時遭遇挫折，覺得自己不如女同學們一樣能幹或一樣有價值。在從事治療時，即使我們所面對的男孩在閱讀能力的發展歷程上十分正常（對於男孩而言），我們卻常聽到他說自己是個失敗者，更不要說那些真正苦於學習障礙的孩子，在學業成就上遭遇到多大的障礙！他們作為一個學生時所遭遇的沮喪與掙扎常延伸至生活中，讓他們在作為一個男孩時，也有相同的經歷。

●丹與喬：被報告牽著走的孩子

在電話中，喬的母親就不停地訴說她與他的丈夫有多擔心喬。喬在學校有麻煩，而且很不快樂。每天早上，喬都會說他胃痛，要請假在家休息。喬今年六歲，我見到他的時候是四月，再沒有多久學期即將結束，喬也要準備升二年級了。在通過電話之後約一個小時，我要與喬見面。在這之前，我先打開他的檔案，一邊吃午餐一邊讀。檔案夾中有好幾份老師寫的報告，有些是現在的導師，有些是來自於幼稚園裡的老師，還有一份他父母寄回來的問卷。這些資訊都與喬的治療史相關，我會在我的神經心理學報告中做出一個結論，提出應採取的行動建議。我發現，當我在一邊讀這些資料時，心裡已經一邊在寫報告了。

喬是個足月的孩子，出生時重七磅七盎司，五分鐘阿氏指標（APGAR；編注：指對新生兒的心跳節奏等的評分，以表示身體的健康程度）是九。在他的醫療史上，較值得注意的是在六個月到十八個月大時經常有耳朵感染的情形，必須使用預防性的抗生素。

從他父母寄回來的問卷中，我看到了一些喬在學校與家中的早期發展與行為。這些文件中包含了相當多的資訊，每當我在讀資料時，總是會想起猜謎遊戲。這些文件、報告各有不同的來源，來自父母、老師以及小兒科醫生，而每一份單獨報告所提供的資訊到底有多重要？我不太清楚。有時候，男孩所遭遇的問題很直接，在我真正開始動手分析之前，就已經看到了輪廓，也很清楚要將個別的資訊放在什麼樣的位置。但喬的問題就像是其他許多男孩一般，我還不知道問題究竟會是什麼。

根據喬的母親所提供的資訊看來，喬許多方面的發展都有落後的現象。雖然他很早就學會走路，但一直要到兩歲，他才開口說話，據說這一點對喬造成很大的挫折。在學齡前的時期，喬很黏母親，不容易將他跟媽媽分開。

當我讀著老師門所寫的報告時，我發現，他們都喜愛喬。他念的學校我很熟悉，對於學校中的老師也印象深刻，也因此就特別注意喬的老師所提出的報告。當晚，我撥了電話給喬現在的老師。就診斷的觀點看

來，一位好老師所提出的觀察是極具參考價值的。

　　由老師的報告中來看，喬很難獨立完成工作。關於喬在功課能力方面的評估，老師的描述是「多變的」，數學方面的能力比閱讀技巧發展得早。從二月開始，喬加入了一個語言技巧小組，開始學習如何將字母跟發音連在一起。對於喬而言，這件工作可不輕鬆，但在經過一段時間後，他也有進步。在社交方面，喬傾向於自己玩，或只跟一小群朋友在一起。

　　雖然我還沒有見到喬，但我所做出的預診已經不太樂觀了。我自己非常清楚，我的悲觀有一部分是來自於之前與亞登會面的結果。亞登是一個十五歲的男孩子，半小時之前才離開我的辦公室。亞登被學校留級了，在我們的會面中，亞登談了很多關於他自己的事。

　　從六歲開始，亞登每三年都要接受一次評估，因此，在他的檔案夾中有一大疊的報告、智商測驗結果、閱讀能力測驗等。因為職責所在，我也在他的檔案中加註意見，這是我的工作。老師、家長以及特教專家常常都想知道各種測驗的分數，彷彿看到分數的結果，就可以知道孩子發生的什麼事。

　　而上個星期我跟一位同事談天，那段對話也讓我的心情更加灰暗。當時我們在討論各自的忙碌工作，並說每天都有寫不完的報告。我問他，當他在閱讀所謂的「背景資料與治療史」時，到底有多詳細？如果孩子的檔案夾很厚，讀起來是很花時間的，更別提還要作分析或寫報告

了。他的方式跟我很像，也是盡其可能地完整。但之後他說了一件事，雖然有些言不由衷，但其中卻包含了許多事實。他說：「我們不應該在報告上花太多時間，因為檔案裡所有報告所揭露的幾乎是相同的事情：『這個孩子在一年級時就有學習的問題，而後開始痛恨上學，漸漸喪失了自信。當他長成青少年時，就開始喝酒或吸毒。』」這就是我們看到的報告，幾乎千篇一律。

小喬在幾分鐘之內就會到我的辦公室，在這之前，我必須從悲觀的情緒中抽離出來。我希望在跟他會面時，能跳脫出此時像是世界末日的情境。與我的同事一樣，我常常要讀一些厚重的檔案，檔案中的孩子看起來都是一個模樣，而這也是為什麼我一直試著跟老師或家長溝通、一直試著要強調、不厭其煩地寫下我的報告的理由。

我們要謹記最重要的指導原則，就是讓孩子在校園生活中仍保有自尊，自尊是決定孩子的成敗與心理健康最重要的因素。如果孩子的問題只是在八歲之前不會寫或讀，長大後他自有辦法找到安頓自己的方法；但是，如果孩子因為功課不好而開始痛恨自己，他就會掉入一個痛苦的深淵，終其一生掙扎著要抽離。

●野獸與王子：不當的男孩原型

「我們對男孩期待太多，但同時我們又期待太少。」一個教二年級的老師這樣說，反映出我們的文化在看待男孩時常常混淆了從父母或雙

親處得來的資訊,而產生了扭曲、不一致的觀點。「一方面,我們希望
看到成熟的男孩,期待他們能完成某些還在發展中的能力;當他們還是
個小男孩、還需要擁抱或撫慰時,我們就希望他們行為像個堅毅的『小
男人』。另一方面,當他們表現出粗魯或不體貼的行為時,就允許他們
是個孩子,說:『男孩子就是男孩子!』默許他們可以不尊重或關心其
他人。」

老師與家長所扮演的是一個支持者的角色,希望協助男孩們達成學
業上的成就,但他們只有當孩子們有需要時,才會積極採取行動。除了
這種有意識的行動,成人經常在面對男孩時採取另一種無意識假設
(unconscious assumptions)。我們稱這些無意識的假設形象為原型
(archetypes),與大眾文化中對於男孩所產生的更有意識、更易辨認的
刻板印象(stereotypes)有所不同。因為心中存有預設的原型,使我們
對於男孩的瞭解受到限制。即使是社會中充滿智識或是善意的人,也難
免陷入這種原型印象的桎梏。

預設的原型中有兩種最常見的型態,其中一種我們稱之為野獸
(wild animal),認為男孩天生就是無法控制的,也無法表現出負責任的
行為或是知性的思考。另外一類則稱為王子(prince),認為男孩子無須
如其他人一般,受到道德標準的規範。柏拉圖(Plato),這位古希臘的
哲人就稱男孩為「野性難馴的猛獸,難以相處」。至今,他的男孩觀點
仍普遍流傳。如果老師帶著這種觀點看待男孩的精力與活動力,覺得男
孩們的行動是狂野、甚至是有威脅性的,因此採用嚴峻的行動來回應男
孩們就有了正當性與合法性。他們認為男孩們需要導正與責罰,或者更

進一步透過控制與決心，來「使他們定型」。但是，男孩們對於控制手段的反應通常是採取對抗或挑釁的態度。

當我們用「王子」觀點來對待男孩時，我們假設因為性別或天賦差異，使得男孩子命定成為未來的領袖，必然擁有力量與成功。不論男孩表現如何粗野，我們都會為他找出理由，解釋他是在為未來的人生做準備；我們維護他，讓他可以不需為惡劣行為負責，以不同的、較低的道德標準來看待他們的行為。

成人的回應方式會因心中所存有的原型形象而遭到扭曲，孩子則因為扭曲的反應而受害。如果，學校老師在與孩子的互動中表現出大家是畏懼他、因為他的存在而困擾、不舒服時，他就會假設自己是令人害怕的、行為不佳的或是不可愛的。如果，我們為孩子找理由，因為他是一個正在成長的男人，不需受罰，免於符合合理的期待，他將無法學會何謂同理心或可信賴，缺乏責任感。在學校充滿恐懼、無用或過度自我膨脹感覺的男孩，往往是受到情感上的孤立所苦，而情感的孤立又往往加深了他們的害怕、毫無價值與自大的感受。

期待所造成的影響常遭到忽略。一九六○年代哈佛的心理學家羅伯‧羅森豪（Robert Rosenthal）與同事進行過一項實驗，證明期待在學校的影響力。實驗中，老師告訴某些學生，說在經過某項測驗後，發現他們是明日之星，在未來的學年中，他們必然有良好的學業表現。所謂的測驗其實並不存在，而這些被告知的學生是隨機抽樣選出的。話雖如此，在學年終了時，這些「明日之星」的表現真的較那些「非明日之星」的同學高出許多。當老師面對這些「明日之星」時，時時都傳遞出期待

與對於他們能力的信賴，而這些學生最後也真能達成期待。

　　不幸的是，現今社會中的刻板印象或原型印象都未發揮正面影響，而是阻礙了大家看待男孩的眼光，讓老師與其他成人遠離男孩的內心世界。不管是男孩子生活的哪一個部份，原型印象的不良影響都或多或少存在，但在學校中尤其嚴重，因為男孩的校園經驗是由與老師的互動關係而形成。

●男孩行為的錯誤解讀與管理

　　新學年開始三個星期，波士頓近郊一所男女合校的私立小學頻頻發出危機訊號。絕望的校長說：「幫幫我吧！今年的四年級是有史以來最糟糕的一班！」她開始喋喋不休地叨唸著擔憂的事情。這是一所小型學校，每個年級只有一班。在我們跟老師們談過後，才知道因為連續幾個舊生轉出、新生轉入，使得男孩人數大增，共有十二名，而女孩只有六名。班級氣氛變得有些挑釁，真是前所未見。有時候，甚至無法控制場面。一個老師說：「情況真是糟透了！」

　　非常明顯地，對老師們而言，這是他們有史以來教過最壞的一班四年級生。但問題是，這真的是一班壞學生嗎？還是只是他們跟其他的學生不一樣？在我們深究其中的原因之後，發現所謂「壞」的意思，這個班級非常男孩子氣。班上同學的行為並不特別極端，沒有任何威脅或恐嚇，也沒有拳打腳踢或蓄意破壞。他們的行為，就像一般十歲、精力充沛男孩的表現；只是，與同年紀的女孩相較，他們的活動力顯得旺盛了

些。這就是問題的癥結。這個男生占多數的班級讓老師們體驗到了不同的班級氣氛，因此感到極為不安。學生們察覺到成人的不安，並將不安反應到對待別人的行為表現上，而使班上的氣氛顯得有些緊張。

學校裡當然要維持秩序，男孩們也的確常常帶來麻煩。這種狀況或許會造成問題，但每位教育工作者都必須以尊重為基礎，為這種由男孩們所引起的干擾或混亂找出合理的解釋。在面對男孩們的好動或是干擾時，老師們先不要一味地將他們的行為解讀為惡意或野性難馴，因為這些行為可能是男孩們表達情緒的方式，是他們情感流洩的出口，特別是他們的語言表達或其他能力遠遠落後於情感感受。

樂器室的混亂

在東北部有一所小型、男女混合的私立小學，之前一直只招收女生，在開放為男女合校的第一年時，我們到那兒跟老師以及行政人員一起工作，讓大家早點適應改變。

在過去，午餐時間女孩們都坐在室內用餐，之後就在寬闊的餐廳裡談天說笑；男孩子進來以後情形有所改變，他們會在十分鐘內草草用完中餐，之後立刻跑到室外去玩。秋季裡天氣不錯，適合戶外活動，午餐時間的管理人員也忙得過來，照顧室外的孩子。但是，一旦冬天來臨，男孩就不能到外面去玩，只能與管理人員一起到體育館去。但最近體育館的管理人員要在中午的時候出公差，將體育館鎖起來，男孩們就無法進去了。

幾天後，有一些男孩在沒有許可之下偷偷跑進去，並損壞了樂器室中的樂器。

在跟這些男孩見面並查清真實的損壞情形之前，我們聽到兩種不同版本的故事。其中一版來自於體育館的員工，他們對於學校開放男孩入學非常不滿意。另一種說法來自於其他支持男女合校的老師們。

支持第一種說法的大多是不喜歡男女合校的老師，他們認為這些男孩有意要破壞樂器室，並蓄意打壞價值二千美元的樂器。

第二種說法稍有不同，說是約在午餐後不久，男孩很自然地玩起了捉迷藏，在樂器室裡跑來跑去，所以不小心撞倒了樂器。抱持這種看法的老師認為學校關閉體育館是不對的，是剝奪了男孩們活動的空間。男孩們在教室坐了一個早上之後，非常需要活動空間來消耗他們過剩的精力。

在與男孩們實際談過後，我們認為第二種說法更接近真實。當然，男孩們的行為是不被允許的，他們必須承擔後果，但這個後果並非起源於男孩們的蓄意破壞。類似的行為並非不正常或是反社會，也沒有潛藏著任何暴力的跡象。

由此我們很容易看清一件事實，就是男孩的野獸原型印象無所不在，使得許多人在觀察男孩們在學校的行為時傾向做出負面的評斷。每一天，在不同的學校中幾乎都有同樣的劇情上演，也許並非如此戲劇化，但男孩的動機卻一再受到誤解。

當男孩子感受到羞愧、憤怒或是悲傷等情緒風暴，而又無法以言語表達時，他們很可能轉化為極端的行動或衝動。一個一直表現不錯的三

年級男生在說他有一天被老師責罰的事，起因是在他的球隊輸球之後，他爬到了場外的欄杆上去。稍後，老師要這個孩子坐下來，談談整個事件所造成的結果。這個男孩子尷尬地承認，當時他已經熱淚滿眶了，但又不想在同伴面前流淚，所以就衝出去，並爬到欄杆上。

　　一個現在已經四十三歲的朋友回憶起小時候，他說自己一直有習慣計算每一個字包含幾個字母，並用字母數把字分類，他的老師、同學以及雙親對於這項怪癖都難以領教。他從未對他們說明自己這麼做只是分散注意力，避免難過時在同學面前哭出聲來。我們看到一個小男孩在運用文字方面有特殊的能力，可以將自我隱藏在這些文字背後，但很可惜的，他不是用文字來表達感情上的挫折或要求心靈上的撫慰。當行為被誤解為激進或野蠻時，孩子所受的傷害是雙重的。第一次是因為「野蠻」的行為而遭到懲罰，而且當時的他也喪失了觀照自我情緒的機會。在我們的校園工作經驗中，我們經常扮演「臥底」的角色，協助老師與男孩之間構築出一條溝通的管道，以避免不必要的誤解。

●麥可與約翰、諾曼：否定只是表象

　　當我擔任學校顧問時，總是盡量避免與那些在校園中苦苦掙扎的孩子見面，而比較喜歡跟老師或家長進行晤談，協助他們瞭解孩子，而不要讓孩子被貼上「病人」或「問題學生」的標籤。對於男孩子來說，不管我的表現有多和善，跟我見面其實代表著一種警告，有時也會讓他覺得自己是有問題的。這是一種「貼標籤」（labeling）效應，專攻心理健

康的專家早已經認知到，在治療的場合與孩子會面會產生潛在的負面影響。在現代，因為有愈來愈多的孩子接受過晤談與測試，讓這種效應有逐漸消散的趨勢，然而，對於一個孩子來說，一定會因為要去看心理醫生而感到害怕。

　　新學年剛開始，一位二年級的導師就告訴我她遇到了麻煩，感覺到班上一個學生有問題。約翰對於上學這件事一直很排拒，在他第一次跟老師對話時，他就已經很明確地陳述自己的立場：「我不喜歡上學！沒人要跟我玩，也沒有人喜歡我。」他說。他表現出成人般的行為機制，一味的反抗和過於早熟，不屑、反諷、試圖否定事情或是聳肩表示不在乎等的行為，都使他的老師深覺為難。有一次，約翰說他班上的一個同學是「豬頭」，老師把他叫到大廳去，進行一次私下的對話。

　　「他是個豬頭。」他對著老師哼了一聲，很無禮的。「你認為他每天到學校來有帶腦袋嗎？」在約翰一連串挑釁的字眼裡，老師看到了一個害怕的小男孩，站在大廳，與她對抗。

　　在跟老師一起探究約翰的資料時，我發現這個男孩的閱讀能力非常貧乏。在開始讀一年級時，他幾乎是什麼都不會讀，到現在二年級了，他仍是班上閱讀能力最差的孩子。無疑地，學校生活為小約翰的生命帶來了一連串的創傷，每一天他的自尊都不斷地遭受打擊。

　　約翰的狀況需要策略性的改變才能解決。他並沒有學習障礙，只是因為發展較晚讓他總是落後。而他與群體的關係十分疏遠，老師不願意單獨或特意讚美他，讓他更為疏離。當約翰在閱讀上發生困難時，他會對自己生氣，並將這種氣憤轉化成惡意的批評或無禮的行為。老師跟我

一起做了個決定，決定讓約翰知道，老師瞭解他的努力，並要給他許多正面的回應。她的行動結果很快有了回報，當她讚美約翰為增進閱讀能力所做的努力時，約翰笑了，而且否定的表現也隨之消失。在這之後，我也由諮詢者的身分中退了出來。約翰根本不需跟心理學家進行晤談，任何的晤談只會使他原本已經混亂的感覺更為複雜。

約翰的閱讀能力進展緩慢，但行為的改善卻十分明顯。他已經可以接受自己讀得慢的事實，但不再認為自己是個失敗者。透過老師的協助，他開始感覺自己能勝任、能與人競爭（雖然只是在玩遊戲方面），也建立起更正面的生活態度。他愈有自信能夠成功，就愈不會受到其他同學已經達成的成就所困擾。

諾曼是另一個諮詢個案，我也從未與他見面。諾曼二年級，在班上不斷出現負面與喧鬧的行為。舉例來說，如果有個同學說到某個海灘去度假，他就會大叫說：「你胡說，那個海灘早就沒了。」老師們都領教過他的敏感易怒、自我中心以及毫不為人設想的態度，這個小男孩總是想要主導一切。諾曼的行為很難獲得他人的同情，但我建議老師們不要將諾曼視為問題學生，而試著協助諾曼將負面性「外部化」，也就是把負面的事物與諾曼本身分開，並鼓勵諾曼去克服自己的負面行為。

這是古典敘事治療法（classic narrative therapy），這種方法不是將問題加諸於男孩的本身，而是將人與問題抽離出來，把問題放在男孩的肩膀上；成人的角色是作為孩子的盟友，與他共同奮戰。例如，當諾曼採取負面態度時，我請他的老師對他說：「看來，今天壞心情纏了你一

整天。」或者，當他一整天表現都不錯時，對他說：「今天你是如何對抗壞心情，讓它一整天都無法破壞你美好的校園生活？你一定有魔法吧？你怎麼做到的？」

每一個男孩都希望對自己與生活感到滿意，但當一些負面情緒來襲時，他們常常覺得無力抗拒。敘事治療法協助他從不同的角度觀照自己，看到自己在對抗敵軍，也就是情緒。每一個男孩都願意對抗敵人，也都願意感覺到自己有盟友。老師避免落入與諾曼形成敵對的陷阱，也不把他當作「王子」，一整年任由他破壞班級氣氛。這是男孩特有的負面行為。在面對表現負面行為的孩子時應採取哪種適當與精巧的反應？對於每一位老師而言，實在是一項艱鉅的挑戰。

雖然，由於生物因素的影響，使現實中低年級的男生比女生更活潑、更衝動，但我們必須銘記，活力與衝動不僅來自天性，也同時會受其他因素影響。我們都曾經歷過非常焦慮的狀態，像等待醫療報告結果時的擔憂、在親人的手術室外的焦急、站在大批觀眾前面演說時的緊張、或是與非常重要的人物進行第一次會面時的忐忑等。我們會將焦慮的情緒轉化成神經過敏、踱步或是胡言亂語。或者，試著想想一個啼哭的嬰兒，他（她）也總是手腳跟著揮舞。嬰兒時期的情緒中心與控制行動的大腦中心（皮質層）直接連結，這也就是為什麼從嬰兒的動作中我們可以查探出情緒❻。

同樣的原則對我們也都適用。我們知道透過言語表達、瞭解情緒可以加強對衝動的控制，而自我情緒的認知與找出情緒根源也可達成同樣的效果。但一旦喪失了語言表達能力，很自然地，所有的情緒將會以行

動的方式呈現。

因為缺乏表達能力的發展，再加上文化不鼓勵關於情緒的討論，使男孩的情緒經常直接轉成動作。在他們高興或興奮時，常常會喧鬧或從事體力活動；他們大叫、奔跑或跳躍，他們或推或拉，或抱起別人轉圈圈，如此才能使狂喜的情緒平靜下來。一旦情緒是充滿傷痛的，單單只是奔跑、跳躍已不足夠。因為身體活動可以減輕情緒的溫度，但無法消弭來源；不論原因是什麼，只透過體力活動，不管是瘋狂的跑操場或是搥打牆壁，其實都無濟於事。體力活動消耗情緒所產生的精力，但無法消除感覺本身；只是讓蒸氣換個方向，卻無法熄滅情緒壓力鍋下的熊熊火焰。

如果社會環境不適合男孩的存在，而他所表現出精力與行動不斷地受到來自於老師與同學的負面回應，就很容易沈溺在失敗的感受中，沈溺在悲傷、羞愧、憤怒之中。這些都隱藏在孩子無禮行為的外在表象下，很難被察覺到。因為無法跳脫出情緒的壓力，男孩子會用口語或身體的暴力來表達情緒，並築成一道高牆，與他人遠遠隔離，遠離那些讓他受傷的環境或人們。而當一個男孩所表現出的行為舉止越惡劣時，通常只會遭到他人更多的負面回應。

●男童期的治療：一個關於文化與哲學的問題

多年來，活動力非常特出或是極度無法專心的男孩都受到成人世界嚴厲的控訴，老師與家長不斷地給這些孩子貼上「叛逆」、「懶鬼」或

是「道德缺陷」的標籤。所幸醫學發達，使我們能更有效的診斷出「專注力缺失症」與「專注力缺失過動症」，才讓我們能用更寬大的態度，來瞭解那些必須費盡心思才能集中注意力或安安靜靜坐下來的孩子。

多年來，我們與許多患有「專注力缺失症」或「專注力缺失過動症」的男孩一起工作，看著他們接受中樞興奮劑「利他能」（Ritalin）或其他藥物的治療，生命因此有所轉機。在美國，服用利他能的人數從一九九〇年到一九九五年之間增加了三倍，現在約有一百萬人接受這種治療。在這趨勢下，我們開始擔心一種瘋狂的觀點開始發酵，成人任意將男孩視為需要「修理」的病患❼。如果一味以「治療」觀點來看待男孩問題，任何一個注意力不集中、活力無窮的男孩（有時，甚至是成人也一樣）都只有一種解釋，那就是專注力缺失症／專注力缺失過動症；而不好的男孩是需要治療，不僅要讓他的狀況更好，更要將他全面改造，變成一個更好的男孩。他們希望孩子們在成績上表現更優異，專心思考如何建構自己的未來，而不是在午後輕率地跑跳、追逐。他們希望男孩們遵從成人的指導，將告誡謹記在心，而不是忘記。

許多體貼的父母經常懷著疑慮，擔心自己的兒子是否患有專注力缺失症。他們問：「要如何才能診斷出專注力缺失症？」之所以會有類似的疑惑，最主要的原因，是因為專注力缺失症／專注力缺失過動症的特徵經常與家長的抱怨內容不謀而合，像是「沈不住氣，坐著的時候也動來動去。總是丟三落四，別人說話時也不聽，經常打斷或干擾別人的對話，永遠沒辦法安安靜靜地玩耍。」❽這個問題沒有簡單的答案，甚至這個問題也不應該這樣問。注意力的問題有很多類型，並沒有一個所謂

典型的狀況。專注力缺失症不像是出水痘,不是「有或沒有」這麼簡單。專注力缺失症有程度上的不同,而其他因素如孩子本身的個性、智力能力以及環境等,也會決定專注力缺失症對個別孩子所產生的影響程度。二個男孩可能患有相同程度的專注力缺失症,但每個人所受的影響可能天差地遠。

不專心、衝動以及過動等就像是光譜,每一個男孩在某種程度上都會具備這些特質。由於與女孩相較之下,男孩顯得比較吵鬧與衝動,使得男孩子看起來患有專注力缺失過動症的比例比女孩高。

到底,哪些男孩的表現只是因為「他是男孩」,而哪些又是真的受專注力缺失過動症之苦?這個問題我們先暫予保留。根據我們多年在學校以及家庭諮商的經驗,我們認為因為專注力缺失症/專注力缺失過動症,讓成人傾向將問題簡化,使用藥物治療的方來快速改善孩子的行為,忽略了男孩了的情感生活、親子關係與教育方式其實是一項相當複雜的課題。專注力缺失症/專注力缺失過動症提供成人另一個機會,誤導男孩們與自己的內心情感世界疏遠。

父母、老師以及教育工作者常會落入陷阱而不自知,就像伊文的雙親。他們認為八歲大的伊文很「衝動」,因為當他在下棋時,有時無法詳細思考下一步該怎麼走,之後就悔棋。問題是,不是每一個八歲大的男孩都能安安靜靜坐下來下完一盤棋。比較典型的例子,是一位母親因為兒子拿檯燈丟她,因而認為男孩患有專注力缺失過動症。當問起她到底做了什麼才引起這次事件,問題就變得很清楚。她什麼也沒做,更明確的說,是她從未為她的孩子設定行為規範,說明什麼該做,什麼不

該。如果父母對於孩子的管教態度不改變，我們很難判定孩子是否患有專注力缺失症。

　　馬克，十六歲，他的父母要求我們進行專注力缺失症的治療，原因是馬克的成績一落千丈，讓雙親很擔憂他的「組織技巧」有問題。馬克是一個學習動機很強的孩子。他很用功，有時甚至熬夜做功課。他希望在體育方面也有所表現，所以，他常常在下課後或是週末練球。他是一個很棒的吉他手，最近才剛剛跟朋友組了一個樂團。我們可以想像，在活動安排的這麼密集的情形下，馬克睡得很少。因此，當他的雙親要求我們進行專注力缺失症的評估時，我們只建議他們陪著馬克重新安排時間，做好時間管理，讓他能一天睡足八小時。

　　最後，我們要討論的是有許多孩子被誤診，他們有其他的心理問題，但被認為是患有專注力缺失症。我們看過許多案例，許多父母或老師因為孩子無法集中注意力，要求我們進行專注力缺失症測試，但我們到最後卻發現有其他不同的原因影響了孩子的思路。舉例來說，可能是孩子最要好的朋友最近被測出HIV陽性反應；可能孩子的父親死於癌症，而這種癌症有遺傳性的因素，讓孩子感到恐懼；也可能是孩子剛到新學校適應不良。這些都是很極端的例子，但是，透過這些案例讓我們瞭解到，當我們把男孩的行為與專注力缺失症相連結時，必須先思考：「就年紀而言，我們對於這個男孩的期待是什麼？對於他的行為，還有哪些非醫學的解釋？」可能的解釋包括家庭或父母問題或是學校方面的適應問題，例如可能是不適應某一位老師，不習慣校園文化或是無法承擔過高的期待等。

米區‧威廉斯（Mitch Williams）是前美國職棒大聯盟的球員，他有一個很可愛的綽號叫「野東西」（wild thing）。有一次接受體育記者訪問時，他說自己小時候被父母當成是過動兒，患有專注力缺失症。記者接著問：「他們有帶你就醫嗎？」威廉斯回答：「沒有，但我爸爸因此買下了一塊農場。」威廉斯的父親是非常有遠見的，他為孩子提供一個良好的環境，讓威廉斯的活潑好動在那兒不致成為問題。

我們並不建議所有家中有活潑男孩的家庭都搬到鄉下去，但很重要的是，在面對精力太旺盛的孩子時，必須要連帶考慮孩子的個性與所處的環境。在不同的環境中，一個在學校活潑好動的男孩也可以表現出高度的忍耐力，而真正患有專注力缺失症的男孩們則因為有組織與注意力的問題，即使是在一個「開放」的課室環境中，他們也無法過得很好。充滿活力的孩子需要成人為他們規劃更有組織的生活結構，當他們清楚知道別人的期待時，他們可以表現得更好。我們經常看到，一個一向被認為是「壞」孩子的男孩可能會突然之間變「好」，原因是他碰上了一個並不認為他是有意為惡的老師；一個在功課壓力繁重環境下的孩子轉學後，在一夕之間變回「正常」，因為課業要求的壓力解除。

這並不是說我們認為醫療是無用的，相反的，對於患病的孩子以及他們的父母來說，利他能的發現無疑是救命仙丹。但根據我們的經驗，在一些情況比較不明的孩子身上，大部份現在被認為是專注力缺失症的特徵，十五年、二十年之後的眼光來看未必如此，其中大部分的舉動是正常男孩應有的行動範圍。很重要的，我們希望大家在將孩子送去做專注力缺失症診斷之前先靜下來想一想，思考男孩所處的環境與他的行為

之間的關連。

　　另一項挑戰是，針對專注力缺失症／專注力缺失過動症，必須結合學校課程與整體環境、父母的支持、組織和醫療力量，共同解決。對於所有男孩來說，特別是那些明顯落於女同學之後的男孩，那些無法適應學校對於空間秩序或專注要求的男孩而言，要適當的整合適合自己的支援、同理心、生活結構以及期待等，這是一項更艱鉅的任務。

●我為學校，學校為我

　　如果，學校的空間、學程、課室以及指導風格都設計得宜，適合正常男孩的活動力以及發展型態，則「男孩問題」將不再出現。如果，男孩對於學校的歸屬感遠超過疏離感，則羞辱、不當行為以及憤怒也會隨之消失無蹤，而男孩也得以在自由的空氣下學習。

　　學校的表現與屬性無關，不管是男校或男女合校，都可能會出現成功與失敗的例子。

　　如果，我們將學校視為教育者的實驗室，是為了找出策略，來為男孩規劃出合宜的發展與學習機會，我們發現：當學校的安排支持學生的參與時，男孩們很樂於參與所有的學業、體能與課外活動，就像是我們在男校中所看到的一樣，男校中男孩子可以一手包辦所有的角色，像是藝術家、演員、體育家、編劇、廚師、啦啦隊長以及大提琴手等。一些在男女合校中由女生擅長的領域，男校中男孩做來也游刃有餘。

　　如果學校能容許他們擁有適度的生理活動自由，男孩們可以展現較

高的自我控制與更好的紀律。所以高行為標準著稱的男校校長指出,他們學校的學生在下課時間喜歡跑步、摔角、比腕力以及其他能顯現男孩活力的體能活動,尤其是在靜態課程之間,學校中更是活力處處。當然,不是每個男孩都喜歡如摔角或比腕力等的激烈活動,但對於男孩們而言,這代表校方將他們的活動視為正常的、可接受的,因此開創了讓男孩們感到自己是被接受的環境,有助於男孩們更自由的學習。

學校中男性教職員的存在有利於男孩們發展,不管這些成年男性所扮演的領導角色是在學業、專業、道德、體育、或是情緒方面的模範,都可使男孩們受益。當男孩們覺得被完全接受,了解到自己目前正在發展中的狀態與行為都是「正常」的,而學校中的成人也以相同的眼光來看待他們,他們會更積極地參與學習。

男校中的特色,是學校中的教職員中男性占多數,而且所設計出的課程與活動也都以男孩為中心,這無疑地將可使男孩的學習環境更有效率。但一個適合男孩的校園環境並非男校的專利,只要教育人員有心,一樣也能創造出相同的環境。來自男校與男女合校的老師與校長們與我們分享許多成功的故事,說明了即使學校體制的小小改變也足以發揮強大力量,使男孩們能好好安頓下來,也因此成功地改變了男孩們的經驗與行為。

一個男校提供給學生的上午點心是牛奶配巧克力餅乾,並且是在戶外,讓孩子有一個開闊的空間得跑跳、衝撞的負面效果能降到最低。

一位來自男女兼收的幼稚園的老師告訴我們,她有一個簡單的妙方可以制住那些「脫韁野馬」每天早上在班上造成的混亂。一大早,在早

操之後，他會將孩子們帶到外面先玩一玩，然後才叫他們回教室坐好。在發洩過多的精力之後，小男孩們比較容易安安靜靜進行其他的工作，班上的小男孩與小女孩也都很喜歡每天早上的跑跳時間。

其他老師也說，他們會重新安排學校空間，以滿足男孩的活動需求，或是在不適合跑跳的地方用桌椅做障礙，來降低學生們的奔跑追逐，而不是一味的採取警告的方式。

一個教三年級的老師說，她會請明顯看來不安的學生出一趟公差，並且讓最需要與她親近的孩子坐在最靠近自己的地方。

一個幼稚園的老師則說，她每天用擁抱來歡迎孩子上學的效果很好，尤其是對班上那些最麻煩、調皮的孩子，更有安穩的效果。她解釋著：「擁抱是一種溝通，告訴孩子他是重要的。孩子跟大人一樣，會知道你對他們有什麼感覺。如果他覺得被尊重、被愛與被關懷，這些看來調皮搗蛋的孩子也會對你服服貼貼。這些冷酷、憤怒的孩子在你手臂的溫暖中融化，因為你給了他們最需要的愛、關懷與尊重。男孩和女孩一樣，也有人性最基本的需求。」

●挑戰：滿足男孩的精力與潛力

在歷史上，多得是偉人無法適應學校的例子。在《甘地的生與死》（The Life and Death of Mahatma Gandhi）一書中，作者羅伯・佩尼（Robert Payne）曾提到甘地在學校中經常是一個「活潑」的孩子，學校生活是「甘地生命中最悲慘的歲月」，並說甘地「連一個中上的學生都

稱不上」……而且不適合上學，也不曾得老師稱讚過……甘地沒有學習的天分，如果他不去上學，說不定表現得更好。

男孩們有各自的潛力，會以他們自己的方式發展成為一個高尚、富有關懷以及成功的男人，我們如何在給他們自由的發展空間、尊重他們本身的前提下，對一個男孩「要求多一點」或「要求少一點」呢？這是學校所面對的難題，是校方每天都要解決的問題。這個錯綜複雜的問題無法用簡單的道德爭辯來求解，不能只是說男孩比女孩「壞」，或者只是因為男孩是充滿野性的，所以學校必須訓練他們走向文明。

我們住家附近有座溜冰場，大孩小孩都可以進去玩，無論你是生手或是高手，都受到大家的歡迎。每到星期六的晚上，那兒總是一片生氣蓬勃。在那裡，男孩子最喜歡的遊戲之一──冰上接龍是被禁止的。這是一條很棒的規定，因為如果可以玩這種遊戲的話，許多技術不好的孩子，就只能在邊邊角角的地方玩，場中的大部份地方都會被其他會玩的孩子占去，只有他們能在整個場子中呼嘯而過。

為了確定規定徹底執行，場上會有監視者，相當於溜冰場的警衛，時時察看著場子裡的活動，不要讓不守規矩的行為發生，同時也避免溜冰場中發生其他的暴力事件。但是，男孩子都喜歡玩接龍的遊戲，規定只是讓他們多了一個挑戰的目標，他們想要看看破壞規定會不會被抓到。偶爾會有女孩加入，但大部份時候都是一長串踩著溜冰鞋的男孩，從其他的溜冰者身邊呼嘯而過，快快樂樂地進行他們的遊行。有些孩子無可避免的會被捉到，然後會被溜冰場上的監視者送交父母，讓他們好一陣子不能再回來，但，更無可避免的是，他們總有一天又會再出現，

讓其他技術不純熟的、速度不夠快的人逐漸失去了來這溜冰的勇氣。

在學校的安排上也是一樣的,我們很難接受類似的行為,很難將它「合理化」,但這些行為背後所代表的過剩精力確是無法否認的。如果我們從不曾經驗過這種活力,也許就會有所誤解。如果,要求每一個人都只能沿著場子同一個方向溜冰,或者只允許那些藝高人膽大的場中穿梭,這會變成一個逐漸退化的世界。在溜冰場上、在學校中、在我們的生活中,我們需要可以搗亂的時段,需要讓靈魂獲得暫時的解放,不只為了男孩們,也是為了我們自己。

斯巴達式教育的代價

無心或有意的虐待所造成的差別，就像被棍棒打到或被毒箭射中的差別一樣。——山謬・強生 Samuel Johnson

馬特的房間裡空空蕩蕩，只剩下十三歲男孩的必需品，一張床以及桌椅。他最心愛的海報已經不在牆上，他的音響、電子遊樂器、漫畫書與雜誌、飛鏢靶以及門板上的迷你籃框也都被拿走了。隨之而去的，還有他一個月前仍享有的權利，包括：課後與同學玩耍的時間、晚上可以看電視的時間、電視遊樂器時間以及講電話的時間。現在，馬特在自己的家裡被關禁閉。在家裡的溝通也只剩生活的基本必需，像是：

「你功課做完了嗎？」

「沒。」

「那你什麼時候要做功課？」

「我會做，你不要煩我。可不可以請你不要在背後監視我？」

雖然不樂意，但馬特家最後仍求助於專業諮商，全家人包括父母、馬特以及大姐瑪麗都一起來了。

「我們幾乎把他房間裡能拿走的東西都拿走了，但事情只是愈來愈糟糕。」他的母親說著，聲音裡明顯地透露出擔心與疲累。她看看馬特，這個男孩雙臂緊緊環抱，整個頭都埋在胸口，不是看著天花板就盯著地板。在實行嚴格教育失敗之後，這一家人開始尋求家庭治療，希望突破目前的困境。但在多次的嘗試中，馬特根本不願意參與，沒有一次的諮商能夠使他有所反應，或讓他願意提供任何資訊；他一直在抵制，內心情感的大門早已關上，他決定保持沈默，以熬過這次的苦難。

他的父親很生氣地發言：「我受夠了，治療根本一點用處也沒有。

他的成績仍是一落千丈，不管在學校或在家裡，他都是一個不知自尊、自重而且頑固的傢伙！現在我們還發現他蹺課，在外面跟些狐群狗黨不知道在搞些什麼，一天到晚惹麻煩，說不定還吸毒！」

馬特怒視著父親，父親關於他朋友的說法激怒了馬特：「你根本就不了解他們！」他的話從齒縫間迸出。

「我知道的夠多了！就是他們把你帶壞的！」爸爸哼了一聲。

「你根本什麼都不知道！」馬特說，他的音調揚了起來。「你總是不在家，媽媽比你好，至少她知道發生了什麼事。你只是把我的東西通通都拿走！你以為很了不起嗎？我才不在乎！你把所有東西都拿走啊！房間裡還有床，你也一起拿走啊！我可以睡地板。」

瑪麗跳出來捍衛父親：「馬特，你怎麼可以說這種話？爸爸很關心你的。你怎麼可以這麼無理取鬧？」

「好啊！完美小姐，妳什麼都對，只可惜妳沒有朋友。妳每天都只能唸書，工作狂，像老爸一樣！」

馬特父母掉進了一個常見的陷阱，他們試著用獨裁或特權來控制孩子的行為，但這只會招來孩子憤怒的反抗，並使得孩子愈來愈不願意回家。

在這次的治療過程中，只有馬特的母親沒有捲入衝突。雖然她也表現出憤怒與沮喪，但大部份時候她說的是：「我們真的很難過，他不快樂，我們也都很不好受。但我還是不會放棄他。我感覺到他認為自己是個失敗者，我們所做的每一次努力都讓他更覺得自己沒用。有時候雖然次數不多，他還是會跟我說說話，我可以感受到他的感覺有多糟。」說

著說著，她哭了起來，瑪麗起身擁抱她。

馬特從椅子上站起來，開始在室內奔跑。很明顯的，如果馬特不動一動，他也會哭出來。「你知道變成家裡唯一的失敗者有多糟糕嗎？」他說。「天啊！家裡每一個人都很完美，沒有一個在學校有過麻煩。」

最後，我們終於有了開端。現在每一個人都看到馬特隱藏在憤怒之後的傷心，大家都看到了他對自己的感覺有多糟，而他又是如何的被傷害。很清楚的，單純地只是懲罰馬特並不能讓他融入家中，也無法讓他重建自尊。他是一個充滿危機的男孩，他需要非常密集的觀察以及一點點的限制，以確保他不會上毒癮，遠離麻煩。馬特的雙親需要更努力從之前的觀點跳脫出來，不要用權力來控制他的行為。對於這個男孩而言，處罰絕對不是答案。

粗暴的管教（harsh discipline），不管是身體的處罰或是言語威脅，都帶有輕視、詆毀、找人代罪或是威脅的成分，絕對不適合任何一個孩子。男孩的敏感，比起女孩更是有過之而無不及。許多為人父母者也體認到，他們對於兒子的教育方式是比對女兒來得更加粗暴。在第二章中我們提過，學校中的老師比較容易被男生激怒，因此，對他們的態度通常就比對女生來得粗暴。老師與父母多半不願意對女孩太過嚴厲，即使有，在行動的同時常會伴隨著傳遞出遺憾的訊息，或者表現出十分關心的態度，認為對於「敏感的」女孩不應該「太過分」。

粗暴的管教被假定是讓男孩成為男人的工具：男孩需要嚴格的管教，以鞭策他成長。背後的假設，是認為男孩對於建議無動於衷，但會

全力抵抗責備與施暴。這種性別分歧反映出文化的觀點，認為男性與女性是「用不同物質所組成的」。但是，當我們在討論人對於憤怒與傷害的容忍度時，這個假設就非常滑稽。不管男孩或女孩，當他（她）遭受來自身體或言語的過度尖刻的、不公的對待時，他（她）不是發展出強力的、憤怒的防衛機制來抵制這種對待，就是變得傷痕累累。許多在幼年時期遭受打擊、羞辱或侮辱的男孩，在長大後也會以同樣的方式對待別人。

●男孩永遠處在懲罰文化的接受端

美國原住民印地安人包尼（Pawnee）族有一項成年的儀式，當男孩要長成男人時，必須在清早把他們叫醒，然後丟到雪地裡一整天。現代，雖然不再有雪地的儀式，但我們仍然使用嚴厲的紀律、嚴格的期待以及拒絕、威脅，來訓練男孩成為男人。

對於男孩與男人，我們要求他們奉行「鐵的紀律」。不管身為男孩在文化上有任何其他的意義，在「鐵的紀律」中，身為男人，就表示他的行動更容易因為帶有威脅、不服從而受到誤解，表示你比女孩更容易被處罰或被嚴格對待。在一個男孩的生命中，先不論是否肇因於男孩有違抗的天性，男孩子總是比女孩更容易遭受立即、粗暴的對待，有時候粗暴的程度甚至於遠遠超越過行為所應付出的代價。

如果男性與女性同時犯下相同的罪行，男性所受到的徒刑懲罰遠比女性嚴厲。根據法務部的統計資料顯示，同樣是犯下謀殺罪行，男性被

宣判死刑的比率為女性的二十倍。一般而言，即使背後的犯罪原因與情境相似，男性的徒刑刑期也會長於女性❶。

即便所犯下的罪過相同，法官判男孩進入少年監獄的比例遠高於女孩。例如，煙毒犯是最容易被判進入少年監獄的罪行，同樣是煙毒犯，男孩被判進入少年監獄的比例為女性的一・五倍❷。

很有趣的是，在研究公立學校對於男女的懲罰差異時，雖然發現懲罰帶有種族歧視，但其中的性別差異仍非常明顯。在最近一項針對代表美國二百五十萬公立學校學生的行政人員調查中，研究人員發現非裔男孩是學校中最容易被處罰的族群；如果以相同的族群來做比較，男孩比女孩更易受到粗暴的對待。非裔男孩被打的比例為非裔女孩的三・一倍；白人男孩被打的比率是白人女孩的六倍；亞裔男孩則是亞裔女孩的八倍❸。

研究者同時指出「將身體的處罰當作必須的手段是一種錯誤的觀念，甚至是打屁股都不應該。」根據國家校園體罰與替代方案研究中心（National Center for the Study of Corporal Punishment and Alternatives in Schools）的統計，在超過三分之一的州境內，體罰是合法的，內容包括：搥打、打耳光、捏孩子的手臂、用孩子的頭撞桌子、把孩子推去撞置物櫃或牆壁、踢打以及搖晃等。所使用的工具包括藤條、橡皮管、皮鞭或皮帶、針、塑膠球棒、箭、書本及筆記夾等。

在家庭中，男孩所遭遇的粗暴對待也屢見不鮮。研究者認為，在家中，男孩比女孩更常被處以體罰，在日常生活上，他們被對待的方式也較嚴厲。一九五〇是洛克威爾（Norman Rockwell）強調家庭價值的年

代，研究顯示，當時約有九十九％的家庭都對孩子施以體罰；到了一九八五年，家庭體罰比率仍高於九○％。雖然有一些針對性別差異所做的研究認為，男孩接受體罰的次數只比女孩多出一點，統計資料顯示男孩每年被懲罰的平均次數是十三・三次，而女孩是十一・五次；但其他研究則抱持相反的意見，認為當中有極大的性別差異。根據由大學生回溯記憶的研究指出，約有七十五％到九○％的人記得自己曾被打。另一項針對加拿大安大略省一萬三千名居民做調查，發現男生被體罰的機率比女生高出五○％。特別是父親，他們比較會對青春期的兒子動手❹。

雖然近來有人大聲疾呼要廢除體罰，而且體罰使用的比率也有下降的趨勢，但我們還是看到許多成人仍然以踢打或是威脅、污辱的言語，試圖要控制或要求孩子服從，尤其是對男孩子。

身體的處罰只是其中的一部份，粗暴或威脅的言語對孩子也同樣造成傷害。即使父母並不是有意要傷害孩子，他們在生氣、憤怒時衝口而出的粗暴話語，對於孩子也造成同樣的傷害與刑罰。不管是打屁股、踢打或是撞擊，所造成的傷害都是相同的；成人使用的激烈方法，向孩子宣告「誰是老大」；羞辱、批評、挖苦或輕視等口語暴力也是一樣的。許多父母都會用這些身體或語言上的威脅作為手段來管教或控制男孩們。

有一項研究是專門觀察到購物中心逛街的家庭成員互動情形，研究者提到，父母或其他成人最常使用的管教手段是口語暴力❺。同樣的，男孩的遭遇比女孩更粗暴。父母或師長經常為了一些小事對男孩使用粗暴的手段，因為嚴格的方式才能引起他的注意。即時、明確的方式傳遞

否定的訊息，並清楚地界定出誰是關係中的主導者。

當我們看到一個男孩的生命中充滿粗暴的對待或是暴力時，我們就會看到這名男孩是如何在羞辱、自我憎恨與憤怒中苦苦掙扎。許多男孩因此在童年時期就早早關上感情的大門，並且一直保持這種狀態，到最後當他們長大成人，開始在職場、婚姻或家庭中建立關係時，他們再也無法了解或表達自己的情緒。時間消逝並無法帶走男孩深沈的羞辱、悲傷或憤怒；因為長期接觸憤怒、焦慮與沮喪的男人，並看到他們成長的歷程，所以我們很清楚這一點。

不管是家庭諮商或在學校中，我們常被要求為教育方式提出建議。最常見的情形是，許多不必要的嚴格與溝通方式，而男孩們對此的回應方式，就是採取否定或是對抗。而當我們更深入探討學校、家庭或是男孩的情緒問題時，總是會發現，衝突的肇因多半來自過分或錯誤的教養方式。

●男孩無畏鞭子

就像在電影或是卡通裡看到的長沙發椅式分析，大家認為傳統的心理分析就是引導我們查探內心最深刻、黑暗的角落，找出內在的衝突、衝動以及未表達出的憤怒。這是一個讓我們可以學著了解自己的方式，但如果我們真的想要徹底了解最深沈的內心世界，最好的方式是養個小孩，這可以讓我們再一次接觸到原始的、最無法控制又悔恨不已的衝動。如果你曾經歷過辦公室裡糟透的一天，必須要跟剛愎自用的老闆大

打交道，有個無理取鬧的前夫（妻），或是因為通勤而每天提心吊膽，那麼走進家門，好好跟你的孩子面對面，看看他毫不在乎的神情，你會想起自己對於身為「小」曾是如何的憤怒。大部份的人都是如此。

研究者指出，粗暴的、力量導向的懲罰方式通常是因為孩子的實質偏差行為而引發，像是損毀財務或喪失自我控制的行動，包括隨便跑到街上或動手打兄弟姊妹，而比較不會由其他的行為，像：不適當的言語所引起。因為男孩子比女孩子更傾向用活動與行動來表達情緒，成熟期較女孩晚，而且比同齡的女孩來得缺乏自制力，這使得男孩子比較不在乎期待、規則或成人所要求的服從，而更容易使父母生氣。

在一項針對家中有四歲到十歲大孩子的父母所做的研究中，發現身體的體罰多半是用來回應「極端反抗」的行為，像是突然衝到大街上去或是打破貴重的物品等。如果將「正常」的父母當作對照組，與那些因為曾經用暴力對待孩子而接受治療的父母相比，研究結果指出，在這些「極端反抗」情境之下，「正常」父母與「有暴力前科」父母都一樣，會採取嚴厲的手段來懲罰孩子❻。

麥可與尼克：在小麻煩身上找出麻煩

尼克現在就讀一所大型男女混合的學校，比起班上其他同學，他的留校察看記錄可謂洋洋灑灑。校長在跟我談到尼克的問題時，臉上是一副氣急敗壞的神情：「他今年九年級了，行為卻像是七年級。他老是對女生做一些令人反感的動作，報告都一大疊了。我們本來以為這是一種

有計畫的性騷擾，但後來才發現不是，尼克只是很喜歡去招惹他人。他個兒很小，女同學們常常因為這件事笑他。他不知道怎麼處理這種情形，轉而用暴力攻擊她們。還好的是，他的犯規程度比起其他人不算太嚴重。因為他的行為，我們罰他三個星期都不能做學校巴士，上個星期，他把班上同學的書本跟報告拿去潑水，那天我們罰他留校察看。我跟他談過好多次了，每一次他總是一再地悔不當初，並且保證以後絕不再犯。但過不了一個星期，他又會被叫到校長室報到。」

「為何你認為尼克需要看心理醫生？」我問，「我不確定我能做什麼，我能做什麼你還沒有做到的？如果他只是不成熟，那我們只有等。對了，他的功課怎麼樣？」

「他是一個很沒有定性、很粗心的學生，但他很聰明，成績還不錯。我只是想知道他到底怎麼了，每一次我跟他談，總是得不到回答。」

雖然尼克是因為校長要求才來見我的，但他跟其他學生不太一樣，他沒有爽約，也不需別人再三提醒。他走進我的辦公室，坐下來，有著一張清澈的臉龐，並想要討好。

「為什麼校長要你來見我？」

「我不知道。我猜是因為上星期的事，就是……潑水事件。」

「那次怎麼了？」

「那天我們在打水仗，我潑濕了一個傢伙的書，其他人就跑去告狀，然後老師弄錯了整個狀況。」

「但，那天真的是一場水戰嗎？我是說，除了你之外，其他同學有

沒有潑水？」

「沒有。他叫我是……他對我說了一些話，讓我覺得很生氣，我的手上剛好有一個有噴嘴的水瓶，我就拿來射他，但是……後來就噴到他的東西了。沒什麼大不了的嘛！只要過一會兒，所有的東西就乾了。」

「校長說，你因為這件事被留校察看。」

「嗯。」

「爸媽怎麼說？」

「媽媽還好，她對我不能坐學校巴士的事比較生氣，但爸爸倒是氣瘋了。」

「為什麼不能坐巴士她比較生氣？」

「因為她早上要載我上學，下午要接我回家，忙死了！」

「那不是學校第一次發給他們家長通知吧？」

「學校一天到晚什麼好事也不做！」

「好了，告訴我這幾天你怎麼樣？說一說你的爸媽吧！你的生活有沒有什麼重大改變？我在想，有沒有什麼事是會讓你大發脾氣的？你不喜歡學校嗎？你想一想在學校你得到了什麼？」

最後，我終於拼湊出尼克的完整故事。他的父親在過去的一年半都在出差，母親之前有一份兼職的工作，但後來找到了一份很忙碌的全職工作，所以無法在尼克下午放學之後照顧他。之前父母想過這項改變對尼克的影響，他們覺得尼克會喜歡這種改變。他們覺得他已經九年級了，應該會想要多一點自由。當他們在跟尼克討論這件事時，尼克看起來不排斥做個「鑰匙兒」，還開玩笑說這下他要常常叫外賣了。他的父

親在出差時也會用E-MAIL跟家裡保持聯絡。

同樣的，後來問題一大堆。尼克一天到晚都無法按時繳交作業；一個星期裡，他有三次在放學後到朋友家卻沒讓父母知道去哪兒。他媽媽要他在離家之前打個電話到她辦公室，他也沒做。每一天，尼克的生活總有新的情節上演，他的母親漸漸失去了原有的耐心與幽默。她開始對尼克大吼大叫，次數比以前更頻繁。她同時也認為，像在尼克這個年紀的男孩，應該是由父親來管教。不管是私下還是當著孩子的面，她跟丈夫說了好幾次。

我問尼克是否擔心父母的婚姻狀況。

「嗯……也不盡然啦！我猜，我媽現在比以前更容易對爸爸生氣。」

「因為他出差？」

「大概吧！」

「你擔不擔心他們會離婚？」

「不……我不知道。或許，有一點。」

「如果他們離婚，你是不是覺得有一部份是你造成的？因為這一年你惹了很多麻煩？」

他沉默了一會兒。

「我之前完全沒有這樣想，但或許……」

「你是不是很想念能在家看到爸爸、放學看到媽媽的日子？」

「嗯，現在跟以前不太一樣。」

現在，我所問的問題屬於心理學家的範疇，這些問題教育者也可以問，但通常他們都不會問；也可能是，他們問法不對，所以得不到答

案；或者男孩會用一個不相干的答案來阻止大人問下去。尼克現在所處的狀況，是他正在面臨一些心煩的處境，但卻被認為是成熟與否的問題。如果，將尼克貼上不成熟或是搗蛋鬼的標籤，對於尼克與他身邊的人來說，反而忽略了其他更重要的問題。如果，今天是一個九年級的女孩一直要招惹別人，大家都會先想到，到底她的內心世界發生了什麼事？但如果是男孩，大部份的人會說：「天哪！又是一個易怒的孩子！他需要更多的管教。」許多成人對於男孩的內心世界完全不感興趣，他們比較習慣向男孩們丟書本。

●男孩的活動力對學校與家庭的困擾

男孩子們在學校所展現的原始精力與活動力，在家中也同樣會造成緊張的氣氛。在街上亂走、毆打其他兄弟姊妹、在家中隨意亂跑或引起損壞等行動，經常是青少年用來漠視家中規則或蔑視父母期待的方法。當男孩逐漸長大、能夠獨立外出後，父母就將教養方式視為雙方意志的角力，是決定誰的意見占上風的手段。

有一個長期研究人猿的研究員有一次對我們開玩笑，她說當她回到家、看到那三個精力充沛的男孩子時，她會一時轉不過來，不知道自己已經回到家，還是仍在實驗室。

一位家中有四個男孩的父親回憶起一次特別喧鬧的洗澡經驗，三歲跟五歲的兒子在浴缸裡大鬧大叫，說他們要製造海浪，而七歲跟九歲的兒子在互相追逐，拉扯著身上的浴巾。當他跟太太深吸一口氣，準備進

入這一場混戰時,他俏皮地說:「好好看看這一幕吧!有一天,妳會想念這些的!」

但並非所有的成人都能欣賞男孩所展現出的活力,相反的,他們認為這是煩人的、不體貼的、且是無理的。就像一位父親告訴我們的:「我真不想看見那些被寵壞的、不知自重的孩子!你一定要讓他們知道什麼叫規矩。」另一個說:「打孩子會招致惡名,但是我們一定要讓孩子知道我們擁有終極武器。」

一位母親曾給專欄作家寫了一封充滿悲傷的信,訴說她對於管教所感受到的兩難:「我真的已經智盡技窮了。我是個單親母親,有一對十五歲的雙胞胎兒子。他們快把我搞瘋了!在學校,他們一點也不盡力;在家中,又一點都不肯幫忙。我不停地說,不停地教,直到我聲嘶力竭。我真想把他們送到軍校去,可惜,我付不起學費。」❼

不管是要維護身為父母的尊嚴,還是認為這是對的,許多父母將體罰當作是傳遞力量的訊息,告訴孩子誰有武器、誰沒有;誰是大的、誰是小的;誰付錢修護車庫前面被籃球打得斑斑點點的門、而誰又是造成這個損害的人。

許多人認為,暴力是心力交瘁之下的產物,我們發現,不論對於大人或孩子而言,以上敘述都為真。就以尼克為例,如果孩子沒有發展出表達情緒的方法,使他們無法分享情緒、無法減輕痛苦,或是在情緒上被孤立,他們也會感到心力交瘁。他們不能「說出來」,因為不知道該怎麼說,只有利用行動將情感傾洩而出,這反而更容易激怒老師或家長。

研究者發現，當父母開始覺得沮喪時，會愈來愈習慣用粗暴的手段。這項發現並不意外。舉例來說，在關於大蕭條（Great Depression）時代所做的研究中發現，當家庭、特別是父親感受到經濟壓力時，特別容易出現粗暴的手段，包括鞭打或踢打等，而這也會引起孩子的憤怒與報復行為❽。喪失經濟來源的壓力讓男人憤怒，而他們將這種憤怒移轉到孩子身上。孩子也因此變得易怒，本身也會帶有更爆炸性的憤怒性格。在現代，經濟、心理以及其他相關的家庭因素仍是父母情緒壓力的主要來源：在治療過程中，父母常常告訴我們，他們之所以用不良的教養方式回應孩子，壓力是主要的原因。當父母本身負擔太重時，常常就會遷怒於孩子。

我們都會疲倦、憤怒或激動，這也是男孩所表現出的不良行為，更是他們對於父母不當管教所做出的回應。

●關於恐懼、憤怒與缺乏良知的教訓

「我不想做一個愛打人的媽媽，但有時候這似乎是我唯一可以引起我兒子注意的手段，告訴他我說真的。」有位母親告訴我們，她有個四歲大的兒子。她說得是一個典型的事件，他們在從幼稚園回家的路上，小男孩坐在媽媽身旁的乘客座位上。「他盡可能地大吼大叫，吵得我什麼也聽不到。我叫他靜下來，他不聽，我忍無可忍，終於給了他一耳光，他很快地就靜下來了。」

無疑的，這個耳光讓男孩停止了他之前的行為。一般來說，當孩子

被打時，他們會很快地就停止偏差行為，但長期來看，效果卻不持久。

當成人在使用體罰時，完全忽略了男孩態度與行為中的情緒成分，根本無法傳遞大人所希望看到的行為。當我們在體罰時，不是試著教導孩子什麼是負責、合乎道德的行為，而是放棄了一個教育機會。這原本是一扇窗，可以協助孩子用比較好的方法來關照自我的態度與行為。很明確的，孩子的體罰經驗無助於使他的良知成形。

當成人採取專斷、力量導向的手段時，即使是年紀很小的男孩，他們也會反擊，用極激烈的負面行為作為回應。當男孩因為被體罰而停止破壞行為後，成人可能會認為事件告一段落；但是，如果孩子覺得被侮蔑或被羞辱時，除非他的感覺能獲得釋放，否則衝突行為會不斷上演。這可能需要幾小時、幾天甚至幾年。如果感情仍受到積壓，男孩的激烈行為會持續下去，隨著時間過去，父母所使用的嚴厲手段不斷加重；就像是軍備競賽，每一回合的戰爭之後，雙方會發展出更有威力的武器。

粗暴的管教強化了一個觀念，以為管教必須依靠來自外在的力量——家長、老師警察或法官，他們忽略了強化男孩自身內部控制的重要性。事實上，體罰無法帶領孩子做出更好的選擇，相反的，它防止孩子將價值內化，讓孩子無法學習同理、尊重以及合理，也因此無法發展出負責、合乎道德的行為模式，以及情感上的信賴。這些發展良知的重要連結，將終其一生影響孩子的生命。

研究人類學習與記憶的科學家說，良知發展的學習歷程有兩種形式，分別為語意學習（semantic learning）與情節學習（episodic learning）❾。

　　語意學習是指我們從經驗當中，或是由像講課、解釋與一連串指令等資訊來源當中得出規則，再以規則作為基礎的學習方式。在學校中，大部份的學習就是以語意學習為主。

　　情節學習是一種感官的學習，指人類會以聲音、感覺、味道、氣味或圖像來記住經驗。如果我們花一個下午的時間跟孩子一起烤餅乾，他會記得爐火所散出的蒸汽把廚房窗戶弄模糊的樣子，或記得餅乾的觸感、香味或口感，而不是烤餅乾的食譜或過程。

　　關於情感創傷的記憶，也是用情節的方式來處理。在災難中受過生理或性侵害的生還者對於整個事件的感官部份記憶總是揮之不去，影像、聲音、氣味或是光線等，都會讓他們想起創傷的經驗。

　　一個三十六歲的男人回憶童年經驗，有一次，他跟哥哥一起被祖父鞭打。「我不記得我們到底做錯了什麼，但是我想一定很嚴重。祖父抽出皮帶，追著我們跑，我們想逃，但是他把我們逼近房間的角落。到現在，我還看得到哥哥試著要爬上床逃走，這彷彿是昨天才發生的事。我不認為祖父常打我們，事實上，我也不記得那一次是不是真的被打得很嚴重，但我一直都還記得那像地獄一般的恐懼。」他說。

　　在孩子的眼中，父母擁有無上的力量。從幼年時期開始，我們在身型與智慧上遠遠超出孩子；我們是巨人，不管什麼事都能勝任，我們是整個世界的主宰。試想，當我們面對一個十呎高的人時的感覺，就可以了解孩子對於體型的差別有何感受，我們可以大發一頓脾氣，持續三十秒，然後，冷靜下來接電話；但對一個孩子，尤其是小孩子而言，那種憤怒是充斥著整個宇宙的空間，而且久久不散。除了體型與力量差別所

造成的奇怪感受之外，孩子更因為欠缺遠見與經驗，無法了解大人行為背後的原因而處於弱勢。孩子很容易被大人嚇到，而且會持續很久；對於大人所說的話，會一直深信不疑，即使大人是在盛怒或是破壞性的情況下所說的，也是一樣。

因為粗暴手段所帶來的情緒非常強烈，會一直停留在情節記憶中。在懲罰的過程中，也許有些孩子會記得是因為說了什麼或做了什麼才被罰，但是，大部份的人只會記得所處的地點、所感受到的恐懼以及父母親那張因為憤怒而看起來扭曲的臉。孩子在體罰中學不到內化，特別是學不會以下這條規則：「善待他人、不要動手打人是很重要的。」

動手打一個四歲的男孩可以讓他安靜下來，同時也讓他感受到羞辱，讓他掉淚或沈默不語。不管嚴格的手段可以為成人帶來多少金錢收益，對於男孩而言，這關於羞辱與憤怒的一刻會一直持續。

丹與恰克：永遠不夠好

恰克坐在他常坐的椅子上，這是我辦公室裡最不舒服的一張椅子，棕色的，有燈心草席，木頭椅背。

他告訴我自己的過去：「我不知道，我的生活跟大家差不多吧！在我的成長過程中，爸爸總是在工作，最後他變成了一位成功人士。一開始他只有一間小車庫，但現在他有了一個連鎖店。店裡最常做的就是換機油。我猜，現在他大概有十家店，事實上，他最近在渥斯特有一家新店開張。他很努力工作。他現在已經賺很多錢了，但是還不打算把腳步

放慢，媽媽說，他總有一天會得心臟病。」

「你有沒有想過跟他一起工作？」

「你是說『為』他工作？當然，我想過。姊姊跟我曾經在店裡打工，我做一些打掃或是找零件等的工作，有時候，有人會教我弄乾引擎裡面的機油以及其他的工作。對於一個小孩來說，這很酷。店裡的員工總是髒髒的，每一次跟他們相處的時候，身上就都是機油啦，灰塵等髒東西。那裡是男孩的天堂。我姊姊負責歸檔或接電話的文書工作，她現在還在那兒。她會一直在父親的店裡工作，之後做一些採購、會計的事，管理店裡的每一件事，她很棒。」

「為什麼她做的到，但你做不到？」

「她跟老爸相處得比較好。我很容易生氣，爸爸就會對我吼叫，有時候，甚至當著店裡的員工也不留情面。我想，他是不希望他們認為我被寵壞了。現在我比較知道他有多努力才有今天的局面，爸爸家裡很窮，他把所有的財產都拿來開店。他看起來總是像在打仗，隨時都在備戰狀態，好像他一鬆懈下來，就會被對手吃掉一樣。或許他是對的，不過，我真的不知道。他心裡一定在打算，有一天要我接下他的事業，所以我需要更嚴厲的磨練。但是，我還是個孩子啊！」

「你記得他為什麼會在店裡對你大吼大叫嗎？」

「當然，這就像昨天才發生的一樣。高一那年的暑假，他讓我試著去管存貨。那時候，他已經有了兩、三家店，很多東西要追蹤管理；我猜，他總是在擔心存貨是不是太多？是不是不夠？但，無論如何，存貨管理是一項很煩悶的工作，就是坐在倉庫裡，清點❿W 40的有幾箱、

10W 30的又有幾箱，然後再清點燈泡或其他東西。我猜，這項工作對我的注意力是一項考驗，我不斷地算錯、不斷地重來，一整天不知道重複算了多少次。後來，我悄悄進店裡，想去找一個員工一起抽煙、聊天。這個員工十九歲，他的摩托車就停在店裡，我問了他好多關於引擎以及其他的問題，那時候，我想要這種機車簡直是想死了！」

「後來，老爸進來查勤，他發現我開小差。我不記得他有沒有看到我在抽煙，可能有吧！他開始檢查我的存貨記錄，他說我的記錄簡直一塌糊塗。我開始聽他上課，說什麼存貨就是金錢，說得好像籃子裡都是支票，而不是燈泡。他很累，或許生意不是太好，我不知道。然後，他開始說：『你以為你長大了？讓我來告訴你別的。如果你連像清點這麼簡單的工作都做不好，你想你還會什麼？現在，給我滾回去，重新再點一次。我說，就是現在。』然後，他重重地打我一下，還把檔案夾狠狠地丟在地上。」

當我們聊得愈多後，我發現這次並非一個獨立事件。

「當我平均是B的時候，他們想要A；當我拿到A後，他們就開始批評其他我做不好的項目。我記得什麼？我只記得一天到晚都擔心。你知道，當他們看到我的成績單時會有什麼反應。我記得我曾試著想辦法矇混或欺騙他們。初中時，老師曾經給我一張留校察看的通知單，要家長簽名。我爸的簽名不難學，所以我就自己簽了。我為這件事情吃盡了苦頭，但之後我還是做了好幾次。我花了好多時間在躲躲藏藏，我很害怕，好幾次我都想著要說出來。每個新學年開始，我都會發下新的誓，你知道的，像是『今年一定會不一樣，我一定要用功讀書，爭取好成

續;我會遵守家裡以及學校的規則等等。』」

「最多要不了一個月,就又有事發生了。我開始不交功課,欺負一些比較弱小的孩子,然後,我就失去大家的寵愛了。我就會說:『去它的,根本不值得努力。我不管做什麼都不對,我永遠沒辦法讓老師滿意或取悅父母。』或許,在聖誕節時我會再發下一個重誓,但我從來沒辦法好好完成。有時候,在教堂裡我很虔誠地跟上帝打交道,希望祂幫助我,讓我變好。可是我的生活還是一團糟。不過也無所謂,反正我一定會下地獄。」

「我也記得,離開家的滋味有多棒。有時候,我到朋友家過夜,不需擔心爸爸或媽媽會因為什麼事對我吼叫。但在外面過夜也會帶來麻煩,我比其他小孩在更小時就學會喝酒,那是一種假期,一種放鬆,直到我被捉到。爸爸對於我喝酒的反應不像對其他事這麼生氣,但是當我第一次被逮到時,他罰我把後院的雜草清乾淨,那幾乎花了我一個星期,我覺得被這些工作煩死了。我好恨我爸,但我也覺得是自己活該被罰。我的生活一團糟,我只能做些雜事。有時候是一些像喝酒一樣的蠢事,有時則是一些刻薄的事情,像招惹我弟或學校裡的好學生。我想,我應該更了解自己一點,但我沒有。」

在童年與青春期,恰克一直都處在充滿口語暴力、輕視以及體罰的環境中,父親從不放棄任何機會來數落他的失敗,也許有時候曾有過一些恭維,但恰克完全不記得了。某種程度上,他真的延續了他父親那種隨時面對戰爭的軍事化生活,只是恰克的敵人並非生意競爭對手或卑鄙的供應者。恰克看到了一個信號,隨時提醒他自己不像其他人一樣好。

隨處都有證據，因為他是這樣被鞭笞著，用這種觀點來看自己。他看到凡事聰明能幹的姊姊，也看到了一個無用的自己。當人無法對自己感到滿意時，在他的眼中，每個人、每件事都是錯誤。

●男孩所失去的：同理心、道德心以及連結

保羅是位聰敏、教養良好、成功的私人企業主管，他的妻子也同樣成就非凡，三名子女也才華洋溢，其中男孩十二歲，兩個女兒小一點。在他們那個富裕的社區中，這一家人被認為是高成就的，也非常聞名，受到大家的尊敬。大部份時候，保羅跟他那聰明、體貼且樂於討好別人的兒子相處甚歡，但有時候男孩有些傲慢無禮的舉動時，保羅也會毫不留情地給他一耳光。這項行為對這兩個人都有很大的影響，保羅很驚訝自己的暴力行為，同時也懊悔不已，總是會到兒子房裡跟他道歉。他的兒子充滿著受傷、驚嚇與憤怒，完全無法接受道歉。

他不原諒保羅，好幾天都不跟父親說話，靜靜地躲在牆角，行為冷淡，無視於父親的存在。

在治療期間，保羅避談他自己的童年與他父母的教養方式，只是很簡單的說他自己不曾被嚴重地處罰過，或者當談到他被打的經驗時，他會說『這應該沒有太大的影響』。但隨著相處的時間增加，他與我們分享的童年經驗卻有著不同的故事。

保羅成長於一九五〇年代，在五個兄弟中的排行居中。從許多方面來看，他的家都可謂是一個普通的家庭。他父親是一家油漆公司的推銷

員，工作勤奮；母親是一位傳統的全職家庭主婦，辛苦帶大五個兒子與一個女兒。他的父母遵守上教堂做禮拜的規定，也篤信嚴格教育是必須的。保羅說，在家裡，處罰方式是有性別差異的。當他的妹妹有行為偏差或是不自重的行為時，媽媽會摑她耳光；如果是男孩不聽話，就由爸爸用皮帶抽打。不管是大庭廣眾或在家裡，父母都一樣用相同的方式對待他們。保羅想起一次事件，發生在全家要去旅行的路上，車內一片鬧哄哄的，他爸爸把全部男孩叫下車，開始用皮帶鞭打。除了最小的五歲弟弟，保羅和其他兄弟爬出他們充滿灰塵的車，等著接受懲罰。最小的男孩拒絕合作，他跑到放行李的地方，他的父親追著他跑，手上拿著皮帶。最後，爸爸抓到這個偷溜的小男孩，在車裡狠狠地抽打起來；之後，他停了下來，開始對其他靜靜等著受罰的男孩做相同的事。他們一個接著一個，就這樣在路邊被父親鞭打。之後，他們全部爬到了車子的後面。當車子再一次上路時，車內一片鴉雀無聲，只有車後面一群小男孩的靜靜低泣。

在治療過程中說起這段往事時，保羅是笑著的，彷彿說的是電視上的喜劇情節。但是，他非常不願意再想起任何小時候經歷或目擊過的粗暴對待。

保羅並非具有暴力傾向的典型，不像是那些我們在犯罪統計或是報章雜誌中看到的暴力狂，但現實是，每當他多發一次脾氣，他就愈接近暴力狂的邊緣。長久以來，他接受暴力的管教，來自童年時期粗暴的雙親以及嚴格的懲罰。雖然，他很努力地要忘卻這些不愉快的成分，但他的脾氣已經被成型了。一旦他發現任何反抗行為後，根據他在管教中學

會的，他開始用父親的方式對待他的兒子。

其他在嚴格教育下長成的成人也分享相似的故事，父親通常是施暴的主教，有時候也會變成母親。這些小時候受過嚴厲對待的成人，都在憤怒與沮喪的泥淖中苦苦掙扎。

「我不是因為功課不好被打；每次我父母對我不滿意時，他們就打我。」一個五十歲的工程師這樣告訴我們。「我父親用手掌、皮帶或橡皮管當作工具。皮帶最痛，但橡皮管讓人刺痛，而且聲音很可怕。直到現在，我還能聽到那種呼嘯的聲音；我媽媽多用手，但她所說的話也同樣傷人。我記得，我大概九歲時曾對她咆哮：『妳只會告訴我做錯什麼！為什麼妳不能說一些我做對的事情？』我從來不曾重罰我自己的孩子，我發誓，絕對不像我父母那樣。但是我知道，因為童年的經驗，讓我有時候無法對他們控制自己的脾氣。有時候，我會對他們說一些不太嚴重的譏諷的話。每當我這樣做，就知道我父母對我有何感受。我感覺到他們就站在那兒，跟我一起，覺得憤怒與無法思考。」

在許多權威性的研究結果中，其中一項發現是暴力罪犯的男人過去都有承受暴力的經歷，他們許多人都在粗暴而不一致的管教下成長，他們的犯罪行為是對父母不當對待的一種報復行為。阿諾‧戈登斯坦（Arnold Goldstein）在寫作《少年犯罪中的少年罪犯》（Delinquents on Delinquency）時曾與許多少年犯進行訪談，書中引述一位年輕人的話：「父母認為可以（用責打）來協助孩子，但這只是讓孩子變得更壞。……憤怒藏在孩子心裡，……痛苦對他來說太多了。」❿

研究者指出，即使是對「正常」的孩子來說，這些話也是事實。在

一項研究中，研究者發現，如果學生在家裡被粗暴對待，在學校更容易表現出激烈的行為，也更容易恃強凌弱。家中的執行者可能是父親或母親，由孩子在學校對其他人的粗暴程度，可以反映出他們在家所受到的究竟是粗暴的管教，或是相對較輕微、較不頻繁的勸誡。**⓫**

當然，並非所有在「鐵的紀律」下成長的男孩都會將羞辱轉化成憤怒或暴力，相反的，許多人會將羞辱深藏在內心，記憶慢慢地變淡，但是卻讓他們與別人相處的經驗與關係蒙上陰影。這種悲傷影響他們生命中每一個部份，使他們的情感潛能失去光輝，無法享受平凡的喜悅與歡愉。

●真正良好的管教

席恩，九歲，已經為他自己贏得「盛名」，不管在學校還是社區裡，大家叫他「麻煩製造機」。他是個可愛的小男孩，聰明，也多話，但是有點野。最近，他在社區內也惹起了麻煩，他跟一個叫巴比的青少年做出了小小的破壞行為。他的老師跟父母了解到這種行為也沒什麼好說的，製造麻煩的行為只會愈來愈嚴重，於是就把席恩交給我們。席恩在嬰兒時期一度生命垂危，他的父母，尤其是媽媽，很高興他最後能活了下來，因此，他們盡可能要滿足席恩的需求。

在治療期間，席恩與我們分享他的想法。他雖然對自己的生活並不滿意，但他也不喜歡巴比的行為，他覺得這些行為最後一定會惹出大麻煩，但他不知如何讓自己跳脫出與巴比的關係以及一些例行的壞事情。

他知道自己需要幫助。他坐著沈思了一會兒之後，問我們是否可以叫他媽媽進來，他有話想跟她說。當媽媽走進房間時，他讓她坐下，注視了她好一會兒，說：「如果妳老是讓我可以規避應有的處罰，我想，以後我會變得像巴比一樣。」

　　好的管教包容男孩與他過剩的精力，提供他所要生理與情感上的安全感，讓他能夠習得自我控制與合乎道德的行為。好的管教是一致性的，提供明確、合理的期待，與堅定、充滿關懷的引導，而大人們也同樣以此標準、行為與孩子互動。好的管教可以安頓孩子，鼓勵接觸而非孤離，讓他願意坐下來討論而將他推開。他以諮詢者的身份參與男孩的生命，方式可能是提出直接的問題，像是：「關於這套管教方式，有哪些是你不了解或不同意的？」或者「如果要改變行為型態，你需要什麼協助？」為人父母者，可以單純就孩子個性或氣質來考量，兼顧現實，為孩子打造一套最適合的管教方式。

　　在與孩子進行對談時，我們總是尊重他的經驗與感覺。透過對話，孩子就能了解合理的期待。我們協助他觀照內在，界定情緒，並將情緒表達出來，使得孩子能改善與他人的互動，而不要跟人群疏離。不需懲罰，只要透過對話，我們就能加強對孩子的了解，並增進彼此的關係。

　　有一則很老的玩笑是這樣說的：「如果你這麼聰明，為什麼你沒有錢？」同樣的，我們可以問，如果良好的管教這麼有效，為什麼我們不實行？因為這不是一件容易的工作，比起只是對他大吼大叫、然後走開做自己的事，建立良好的管教需要花費更多的時間與精力與孩子相處。

為人父母者通常無法達成他們在接受治療時許下的承諾，無法改變已經無效的教養習慣。對於習慣的熟悉阻礙了改變，即使我們早已知道習慣無用也是一樣。沒有人是完美的，不管是行動、言語或是假設，我們都在犯錯。但是，當我們建立的管教有助於互相的了解時，男孩會因為我們用更好的方式教養他們而變得更好。

〔第四章〕
殘酷文化

● ●

殘酷與恐懼互相握手問候。——巴爾札克 Honore de Balzac

幾乎每一個成人的童年記憶中，都包含了友情與成長的故事，可能是一個特別的朋友，可能是一群死黨，這些人與我們共同分享了一段彌足珍貴的時光，一起騎腳踏車，一起套圈圈，一起看電影，甚至只是「一起出去玩」。或者，故事並不是朋友而是一個事件，那一幕在記憶中歷歷在目，就好像發生事情的那一天隨時都會回到眼前。這些，是男人最喜歡說的故事。

有些成長故事卻截然不同，即使事隔多年，男人也不愛說，甚至根本不說，因為當時所造成的情緒痛楚太深刻了，不管那是在他十歲、十二歲還是十四歲時所發生的，感覺至今仍讓他刻骨銘心。這些屬於男孩的殘酷故事，充滿專斷、羞辱、恐懼與背叛。大部份的女性從未聽聞，大部份的男人與男孩也不願意說、不願與人分享。

開始的時間大約是在十歲，一個男孩子剛要進入青春期，認知的發展差不多已經完成，他對本身與自己在群體中的位置有更深入的了解，並且可以跟其他男孩進行多方的競爭。他們在比誰比較強壯、誰比較吸引女孩子、誰成績比較好、誰籃球打得比較好、誰比較有錢、誰擁有的東西比較多、誰在言語玩笑的遊戲中佔上風。此時的男孩子急於獨立，老師對他的監督減少，他也亟欲斬斷來自父母的影響，熱切期待融入同儕團體。同時，同儕團體要求男孩服從，一旦他做不到，同儕的力量將會使他落入可笑的處境。不管是所看的電視節目、所讀的書、所穿的鞋、襪子的顏色、襯衫的長短、髮型的式樣、笑聲甚至是步伐的大小，只要有男孩所說或所做的跟大家不同，就有可能變成笑柄或箭靶。

身體的發展也出現在這個時期，身高、肌肉、聲音、鬍子等，這些都會影響到男孩的自我意識。幾乎所有男孩都會將傷害藏起，因為承認受傷是一種怯懦的行為。如果可能，他們會先發動攻擊，將注意力由自己身上移轉給他人。在這一場心理戰中，男孩們無一倖免，而且，最終沒有人是贏家。

在進入充滿不確定的年紀時，男孩非常渴望找到角色模範。一般而言，充滿陽剛氣息的形象會主導這些男孩。同齡的男孩彼此不斷地進行著這場心理戰，大一點的男孩會捉弄小男孩，利用體型的優勢控制他們。小男孩模仿這些大男孩，創造出另一個環境，以強欺弱，以受歡迎壓迫不受歡迎的、以力量持有者壓榨沒有力量的，並且利用以服從為歸的「男孩幫」（boy pack）去抵制那些無法服從的男孩。

東海岸一所寄宿學校的校長寫了封信給我，與我分享她對於惡意嘲弄的憂慮。特別是，近來學校裡男孩們的嘲弄已經變得很惡毒了，不僅是各式各樣的侮辱或取綽號，還有更加精細的心理層面的惡作劇，潛藏著情緒上的惡意攻擊。

某個下午，宿舍的交誼廳中發生了一件事，一個十一年級的男孩站在臉色哀戚的朋友身邊，假裝因為父親的死而非常悲傷。一個不知情的男孩走進來安慰他，很真誠地相信他真的處在一個痛苦的情境之下。在這個充滿關懷的男孩安慰了幾分鐘後，那個十一年級的男孩終於承認這是個詭計，他的父母都還健在，而且活得好好的。因為這個計謀完全成功，他與其他的朋友開始捧腹大笑。那個充滿熱情的男孩變成笑柄，在整個計畫中，他覺得被騙了而且很憤怒。他也學了一課，下一次，他一

定不要這麼早就表露感情。

她也描述了其他各式的事件，在今日美國，只要是一群青少年聚集的地方，這些事都屢見不鮮。

一個不太受歡迎的男孩舉辦生日會，一群男孩為他唱生日快樂歌，卻假裝忘記他叫什麼名字。他明白表示出自己的尷尬之後，他們才道歉，然後拿出蛋糕，結果是一大塊包著糖霜的冰塊！

在體育館裡，有一些男孩向同學放在置物櫃中的衣物或洗髮精中小便。還有許多帶有性暗示的騷擾事件，男孩們藉以羞辱或傷害受害者。男孩子彼此成群結隊，對抗那些成為騷擾目標的男孩，比方說，把用過的保險套或垃圾放進別人的衣服或是置物櫃裡。

受害者或是他的朋友們通常不會向老師報告，因為他們知道這些舉動是非常侮辱人而且極具傷害力，一旦老師或家長知道了一定會很生氣而做出懲罰，而後續發展的嚴重性一定會超過原來的事件。表現出受傷的樣子也就代表了被擊敗，這只會為男孩招來更多的咒罵與攻擊，使他更脆弱。一個學生告訴我們，他寧願坐在教室裡憋一個下午，也不願意到洗手間去解放自己。為什麼？因為，在小便池前站成一列像是一種對於惡作劇的邀請，別人可以很快的在背後推你一下之後跑走，被推的男孩一下子失去了平衡，往往留下的就是被弄濕的褲子以及無盡的訕笑。不只是激進的男孩喜歡惡作劇，其他看到或聽到事情的男孩也會加入戰局。他們會對著被捉弄的男孩竊笑，或是繼續耳語，直到另一個更好笑的事件，使另一個人成為下一個惡作劇的犧牲者。

我們曾經到一所擁有長曲棍球隊的學校做諮詢，每一期球隊要淘汰

兩個九年級的隊員，並要他們彼此之間以打架決勝負。如果小男孩們不肯，球隊裡其他的大男孩就會對他們動手。所以，小男孩們無論如何都必須經歷一場打鬥，大男孩會把整個經過錄下來，放給其他學校的同學看。

雖然他們的樣子已經都像個大學生了，但在這種殘酷文化中，所有的男孩都活在恐懼之中。他們必須堅持核心思想，即使他們不認為自己適合這種環境，還是必須對這些信仰表達忠誠。對於他們來說，要成為男子漢，就必須通過這一次無可逃避的試煉。

一再一再地經歷支配、恐懼與背叛的經驗，逼迫男孩們遠離信賴、同理或建立關係，使得男孩們慢慢在殘酷文化中失落。❶他們所學到的，只有感情上的防衛與害怕；許多男人在成長後要與他人建立關係時，這些特質也揮之不去。

殘酷文化無法提供安全感。有一些男孩經常成為嘲弄的對象，有一些是惡作劇的主導者，不論是什麼身份，所有的男孩都可以感受到自身的脆弱。一個充滿自我且受歡迎的男孩承認道：「當你變成領袖的時候，大家看著你，覺得對你而言這是一件很容易的事；但是，身為領袖，表示你必須隨時注意，不可以跌倒，不可以讓別人贏過你。輸掉領袖地位只需要一個錯誤甚至是一個倒楣的日子，所有的人都等在那兒，等著看你的笑話。」對於一個沒有領袖地位的男孩而言，不管從心理或是生理層面來看，生活更是殘酷。不知道何時，一群人會轉過頭來跟他作對，甚至於羞辱他；這經常導致情緒問題、自殺或暴力行為。長久處於必須維護權力的壓力之下，或是持續地被貼上膽小鬼標籤的男孩，非

常有可能在不經考慮、甚至根本不管會造成什麼情感衝擊的情形下，對他人做出殘酷行為。之所以會有這種行動，一部份的原因是因為他們害怕，而他們需要去對抗內心的恐懼。

柯林是個富洞察力的學生，今年十一年級，在一個七年級的班上與別人分享他的經驗：「你很容易習慣，在你根本就還沒搞清楚自己在說什麼的時候，話就已經脫口而出，像是我們隨便就會說：『你笨得像頭豬』。這種事常發生，而且愈來愈糟，我們在說這些話時根本不當一回事，好像是在說：『早安』啦，『你好』啦一樣，根本沒想到我們說的話可能很傷人。我不認為我們真的看到後果。當我們揍別人的眼睛時，我們知道可能會瘀青；但如果我們跟其他人一起稱一個同學為『膽小鬼』，一天叫個十幾次，我們卻不一定會看到別人有多難過。只有他哭了或有其他動作時我們才能感受到，這就像是水缸的水滿出來一樣，我們每一個人都加了一桶水在裡面。」

我們都很實際，都知道哪些影響會使殘酷文化成型，使它永存於這個社會。青春期，是一段讓孩子們產生本質上變化、定義自我與與情感上充滿不安全的時期，孩子們彼此間可能因此變成敵人、朋友或是對手；而且，改變一旦發生，某種程度上來說，是不能回復的。❷只要一個孩子選擇用無心的戲弄去對待他人，就可能會對另一個男孩產生持續的傷害；但是，只要有幾個男孩願意選擇拒絕加入惡作劇的行列，或者願意跟被攻擊的男孩站在一起，就可以扭轉整個情勢。如果殘酷文化是在助長男孩對於自身脆弱的恐懼，我們所面臨的挑戰，就是幫助他們更了解自己內心的情緒掙扎，讓了解替代恐懼，以消除他們對於殘酷行為

的需要與容忍。

●麥可跟七年級的學生們：學著說但不要說太多

郊區一家中學的校長請我跟兩班七年級的男孩談話，大概需要一小時。她說在學校裡有許多惡作劇的事情發生，她希望藉由這場沒有女孩參與的會談能獲得一些效果。

這場會談在下午舉行，地點在一個幽暗的房間裡。約有四十個男孩坐在一張桌子旁邊，書包都放在身邊。這真是一幕好風景，所有男孩的臉龐都是這樣清明，這樣稚嫩。雖然他們年紀都還小，但看起來卻如此地俊秀、成熟。

這些男孩走進教室後就明顯地分成一群一群的，有些是一個人，有些則是勾肩搭背。男孩群裡總是有一個中心，這群男孩彼此站得很近，很明顯傳達出一個訊息：「你們都得聽我們的。」我們從他們的姿勢中，很明顯地讀到這個信號。我無法明確地解釋校園中位置安排與權力關係的理論基礎，但當我看到之後，我完全可以察覺。經過幾秒鐘，我就很明顯地看出哪些人希望變成注目的焦點，哪一些喜歡跟我抬槓，哪一些喜歡主導談話，而哪一些又是邊緣男孩。

一開始，我問他們為什麼要惡作劇？對他們而言，這實在是個蠢問題。一個學生說因為很有趣，每個人都知道這個答案。在惡作劇裡，笑話就擺在那兒，愚蠢行為的行為是那麼明顯；有時候笑話難一點，但有人一明說大家也都懂了。然後我又問，當他們在學校裡情感上感到最痛

苦是什麼時候？一下子，教室裡出現不安的沈默，每個男孩都看著別人，有人開始移動椅子。一個男孩開口了，他說，是在運動場受傷的時候；我提醒他，我們現在所談的是情感的苦痛。一個男孩說，有一次他在實驗室弄翻了一支臭氣沖天的試管，有人笑他像隻臭蟲。另一個男孩則說，他曾經因為戴牙套被恥笑。

然後，一個獨自坐在牆角的男孩史蒂芬開口，說起他經常在學校巴士上被折磨的事。他的書本封套被拆下來，所有的書頁亂飛，當他去把書撿回來時，車上每個人都笑他。從他的聲音裡我聽得出來，他的傷痛最近才發生，他還很在意。整個房間充滿著我所希望看到的情形：有人的創傷被揭露了，他正在把「他們」的秘密說給一個「陌生人」聽。

而更讓這些男孩感到緊張的，是史帝芬的聲調。他沒全沒有掩飾，赤裸裸地表現他的感覺。有些男孩開始騷動或竊笑，有些輕輕推旁邊的人。教室裡有些小小的噪音。我知道，史蒂芬自己也明白他打破了男孩必須保持沈默的核心信仰，但他不在乎；他吸引我的注意，他可以說他自己的故事。

我覺得很難受。身為心理學家，我必須鼓勵他自我揭露，但史蒂芬的坦白無疑地會引來新一輪的嘲弄，他沒有讀到這個信號。如果他表露了自己的脆弱，男孩群鐵定會再找他的麻煩。我希望我能夠協助史帝芬說出真相，但也不要再讓他成為受害者，不讓他成為威廉・高定（William Golding）在《蒼蠅王》（Lord of the Flies）一書中所創造出來的脆弱典型，那個叫「小豬」（Piggy）的男孩。

在《蒼蠅王》一書中，小豬是個過胖的男孩，同時也是男孩殘酷文

化中的典型代罪羔羊。《蒼蠅王》的故事是敘述一群男孩在船難中劫後餘生的故事，這些男孩的年紀從六歲到十三歲，漂流到荒島上後極力想要維持文明與民主，但最後失敗了；他們屈服於殘酷的原始衝動，彼此羞辱、懲罰。即使是男孩群心中最優秀的領袖，也在背後惡意嘲弄「小豬」。「小豬」是個矮胖的小男孩，被描寫成脆弱的典型，但是個講理的人。故事的最後，所有男孩因為工作分配的問題打成一團，小豬站出來叫大家冷靜思考，最後卻被殺。

很多學校將這本書列為課外讀物，作為七到九年級學生的英語閱讀教材。對於女孩而言，這是一本描寫關於人性中潛藏著殘酷的故事；但對於男孩來說，這卻是活生生的事實。故事發生的場景就近在眼前，可能是教室之間的走廊，或者是體育館中的衣帽間裡。這本書翔實地捕捉到男性的世界，只不過，現實中我們比較文明一些。每一個男孩都活在這個故事中：每天，他都有可能變成男孩群中的俎上肉；每一分鐘，他都有變成「小豬」的潛在危機。而且，一旦他成為攻擊目標，幾乎不可能有任何人、任何朋友挺身而出，跟他站在一起對抗群眾。除非處於非常暴力的環境，否則，一般而言，男孩不會真的面臨生理的嚴重傷害，但在情感上他們不斷處在傷痛邊緣，經常覺得自己是無用的或希望自己根本不存在，最後，有可能變成情感麻痺。

史蒂芬開始要繼續說其他的事件，我看到其他男孩的臉上出現被責備的表情，我趕緊謝謝史蒂芬的分享，並阻止他繼續說下去。無論是直接或是透過校長，我會繼續觀察他，並且與他進行私下的晤談。

●奮發成為男子漢：尋找不可能中的不可能

孩子尋求同儕的尊重與欣賞是一件很平常的事；友誼可以帶來情感、親密以及可信賴的同盟關係，不管是從一個或一群朋友中，你都可以得到實質的協助、滋養、陪伴與增進自我價值。同伴所提供的是一種被接納的感受，這是每一個孩子所渴望得到的。

當男孩逐漸長成大人時，因為他們正在發展的性別認同逐漸成形，心中滿是成為成功男人的自我期許，因此，對於同儕的渴望也就特別強烈。在巴布亞紐幾內亞的東部住著狐族印弟安人（Fox Indian），他們將成年男子稱為「不可能中的不可能」（Big Impossible）。❸這真是極為貼切的說法！在許多社會中，人們用文化的期待燃起熊熊烈火，並以此烈火來對男孩的熱忱進行考驗。只有通過考驗的男孩，才被認為是男人。這種想法的來源，是認為身為男人不只是簡單的生理成長，男孩如果要成為男人，必須通過挑戰，才能獲得男人的地位。就像大衛‧基爾摩（David Gilmore）在《成形中的男人》（Manhood in the Making）一書中所說的，如果將男子氣概（masculinity）定義為一種成就，則成年男人（manhood）就是「一項必須經歷掙扎與痛苦而贏得或是奪取的獎品」，以及是一種「不穩定的或是人為的狀態」。

男性認同（masculinity identity）是以表現為基礎，要持續地有傑出的表現根本上就是一件非常不可能的事。「你只是跟上次比賽的時候一樣好。」在棒球比賽中男孩們這麼說。對於這訊息，男孩們非常了解其

中的含意。在男人的世界裡，你永遠也不會滿意自己的表現。你必須隨時隨地更新自己的表現，而且是不斷地改善。這種永無止境的競爭是非常冷酷的，無可避免地，因而引發男孩們不斷地挑戰他人；這些男孩長大成為男人，仍不斷持續著相同的競賽。在如此心理上充滿競爭的男性環境中，證明自己的方法之一，就是貶低他人。

　　在發展為男人的過程中，男孩們處在一個非常狹隘的環境中，他所做的、所說的每一件事情都會被評斷，評斷結果的好壞是依據行動所表現出的力量或懦弱：你要不是強壯而有價值的，要不就是怯懦而無用的。即使你從未親身參與戰鬥、從未想要爭鬥，你也必須對自己偽裝，告訴自己你可以、也將會爭鬥。一個沒有暴力傾向的十五歲男孩曾經說過，一個能讓人尊重的男孩就是可以「處理他自己」的人。他說的意思是，男孩必須以另一個男為標準，衡量自己是否會在必要時擊敗另一位男孩。

　　家庭中有一個常見的問題，就是如何協助遭受惡意騷擾的男孩？母親的態度傾向於告訴孩子「暴力並不能解決問題」；而父親則通常會毫不猶豫、開玩笑似地叫一個十歲大的男孩子「打回去」，父親當然知道「打回去」不見得能消除惡意行為，但那並非重點。逃開施暴者是一種懦弱的象徵，一直覺得自己是個膽小鬼將比任何拳頭所造成的刑罰更嚴重。

　　必須表現出男子氣概讓男孩深感壓力，但男孩的壓力還不僅於此，他們必須非常明白地證明自己是不帶有脂粉氣的，有時甚至是要反女性。對於別人或自己身上帶有女性意味的部份，他們會有意識地、故意

地加以攻擊。這些帶有女性意味的特質包括溫柔、同理、熱情以及任何其他表現出情感脆弱的特質。無論以上這些壓力是否就是街頭爭鬥者產生的原因，這些壓力已為男子氣概立下了標準，所有的男孩都接受這套準則，並用來自我判斷。

豪爾是一位出身教師世家的老師，他向我們吐露了一段年輕時的秘密。小時候他的父母會讓他參加營隊活動，這個營隊向來以它的傳統聞名。每個星期五晚上，營隊裡會舉辦一個「美國印地安人」的營火晚會，所有通過測驗的大男孩都會身著「勇士裝」、手持火炬，踢正步走向營火。其他的小男孩被稱為「妻子」，他們必須加入隊伍的尾端，頭上頂個籃子。一個男孩如果沒有通過測驗，就永遠是「妻子」。測驗的內容很複雜，包括你必須要會唱一首很難的印地安歌曲，歌詞都是印地安語。

豪爾是一個非常容易緊張的人，他無法好好學這首歌，好好把它唱完。每個星期五他都要試一次，站在所有「勇士」前面把歌唱完；他從來沒有成功過。那一整個暑假，每到星期五豪爾就必須頂個籃子，做一個「妻子」。

對男孩來說，被貼上「女生」（比方說，「妻子」）的標籤是一種最嚴重的差辱。因為無法記得歌詞就剝奪豪爾成為「男人」的權力，對於豪爾來說，不啻又添加了更深一層的傷害。即使生活中充滿豐富的經驗與成就，豪爾仍然背負著這一段記憶，這是他生命中最殘酷、最屈辱的經驗。

●脆弱：男子氣概與性慾如何驅使防衛行為

從青春期一開始，男孩就對於自己的體型、力氣、表現與發展中的性慾無可奈何。很自然的，其他人身上的這些特徵也就成為別人惡作劇的最佳目標。

在青春期男生的笑話與對話中，性慾有主導的地位，特別是陰莖，更是得到男生的青睞，所得到的關注不下於討論生理與心理上的衝動。從春夢與發現自慰的快感中，男孩子很自然地會發現自己的性能力在發展，這些發展只是讓這個生理遭遇極大改變的男孩深感困惑。隨時隨地都有可能勃起，使得男孩必須隨時擔心突如其來的尷尬。因為環境以及同伴的不同，一個與眾不同的生理反應有可能被解讀成是同性戀。十二、三歲的男孩子最怕同性戀，對他們來說，同性戀就像黑死病一樣。他們對同性戀非常無知，這使得他們更加恐懼。他們所知道的是，同性戀絕非一件很「酷」的事。同性戀是男性的行為，但不是成熟男人應有的行為。

青春期早期的男孩經常會以同性戀作為惡作劇的題材，次數之多，令人咋舌。稱別人「同性戀」（Gay）或「兔子」（Fag）是常見的捉弄；一個男孩是否是「罪犯」，可由髮型、音調、衣著、好成績等特徵看出。惡作劇一再重複，但它所造成的傷害力道卻不曾稍減；因為男孩們對於同性戀的恐懼更為深刻，會使得惡作劇一再延燒。

雖然對男孩來說，將自慰當成是一種同儕間的社會行為並不罕見，

但你可能不曾聽到任何男孩或男人真的招認。對於大部份會自慰的男孩來說，在一群朋友間進行自慰或是其他隨興的性遊戲，並不代表是同性戀。如果一個男孩會因為在朋友間自慰而感到羞愧，大部份原因是當場只有二、三個男孩，這種情境增加了男孩的恐懼，他害怕這樣下去自己可能是、或者將會是同性戀者。

因此，男孩不只是在心理與生理上對於正常的性反應本身感到不安，也會因為這些反應會感覺對別人與自己有何意義而覺得惶恐。男孩害怕同性戀，因為同性戀破壞了男子氣概的信條，並有可能引起可怕的群體攻擊。

因為對同性戀有所恐懼，使男孩心理產生了禁忌，抗拒任何的接觸，或是將任何的實際碰觸賦予性的意義。特別是在青春期時，許多男孩都會認為自己已經年紀太大了，不應該跟父母擁抱或親吻，但事實上，他們仍需要裸抱提攜與非關性的接觸。男孩覺得自慰是見不得人的原因之一，是因為生理的隔離使得青少年更覺得孤單。當一個男孩發現自己是同性戀時，更容易陷入否定與恐懼的情緒中；如果更廣泛的男孩文化普遍存有恐同性戀症時，更會加深他們的負面情緒。❹作家米開朗基羅・新諾瑞爾（Michelangelo Signorile）在《酷兒在美國》（Queer in America）一書中回憶起自己的少年時代，為了要對抗那種感覺到自己是同性戀的直覺，當年他選擇加入幫派，專門上街去找那些有同性戀嫌疑的男孩，對他們痛毆一頓。❺一九九八年馬修・雪佛（Matthew Shepard）被毆致死案也是因為同性戀。他是一個懷俄明州的大學生，也是個同性戀者，被恐同性戀者以殘忍的手段活活打死。

　　湯姆是新來的轉學生，剛巧留著一頭長長的金髮，也帶有許多女性特質，他的出現為九年級的同班同學們帶來了恐懼。一個名叫葛瑞的男生被大家指為愛上了湯姆，好事者將這兩個人的名字畫在一顆大大的紅心上，並且放在走廊。一旦他們之中有人經過，大家就竊竊私語地叫他們「兔子」。有一天，他們在葛瑞的置物櫃裡放了一塊奶油（在男孩的世界裡，奶油是性行為最好的潤滑劑），從那一天起，當大家走過葛瑞身邊時，就偷偷喊他「奶油」。這場騷擾的頭目是那些本身已經有過性經驗、曾有過集體互相手淫的男孩們，他們對葛瑞進行騷擾的目的，在於護衛自己，減輕自己可能是同性戀的恐懼；而且，另一項事實是，新來的同學對他們有非常大的吸引力。對這些進行騷擾的男生而言，這又代表什麼？

●大小有關係：大就是好

　　大小與運動是男性在心理上最重要的主題。男人會對強壯的足球員、高大的籃球員以及甚具份量的拳擊手印象深刻。力量與尺寸的意含讓我們著迷：對於男人而言，陰莖長短所代表的男性意義比實際的功能意義更重要。男人世界裡，不管是哪一個方面，尺寸很直接就代表了力量；在男孩的世界裡，只要體型、尺寸夠大，就可以為他帶來尊重。

　　「六歲的時候，我經常這樣被打。」一個來自於南波士頓都男孩回憶著，想到他曾被比他更高大的男孩當成沙袋，他笑了。「但當我七歲時開始長大，每一個人都被我拋在身後，認識我的人都尊敬我。」他接

著說。

不管是來自高貴的家族或是貧民窟，所有男人都會分享彼此少年時的野蠻。倪格爾說起他在英國寄宿學校的事，他讀六年級時是全班個頭最小的一個，常被八年級一個大塊頭欺侮。有一天他終於忍無可忍，準備要反擊時，一位老師介入干涉，並提議他們用「傳統」來解決這個問題：晚上戴上拳擊手套，正式來場比賽。下課後班上所有同學都跑去玩了，只有倪格爾與他的大塊頭對手在試手套；他們的確進行了一場打鬥，但那根本不是比賽，因為大塊頭不費吹灰之力擊潰了倪格爾。

然而，倪格爾的行動確立了默示的社會契約：他已經展現過他的勇氣了，他的對手不能再攻擊他。他的勇氣為他帶來和平，而且非常有效。但是，那一天他真正所想的，還是痛宰大個兒，然而他失敗了。多年後，倪格爾回想起來，還深深記得當年落入那個情境的他有多麼痛苦，多麼無助！他的體型小，更慘的事，他的反擊也失敗了。

不論是否與「性」有關，生理尺寸都對男孩的情緒有重要影響。男孩們體察到自己在生理上的差異，以及由此而來的脆弱。身體上的高人一等可以受人尊重，而身高體壯很明顯地就佔盡了優勢。男孩們都非常清楚自身的身體位階，並且會加以排序。個兒小的會覺得自己無用，在體能競爭上先天不足，所有的經驗、感覺就是不適當、不舒服。許多體型小的男孩會在其他方面求取過度成就作為彌補；從許多瘦小男人的行事方式我們也可以看出，從早年以來，他們已經習慣建立層層的心理防衛關卡，來避免因為「小」而受苦，他們也會建立許多補償性機制，讓自己感覺起來「大」一點。

丹與鮑比：為衡量而奮鬥

　　從小學開始，鮑比就是班上個頭最小的孩子，他沒有運動細胞，也對運動不感興趣；他最喜歡的休閒娛樂是可以一個人玩的遊戲，像讀書或是打電動玩具。鮑比的父母注意到他沒什麼朋友，但總是覺得終有一天他一定會回到屬於他的社交圈，再加上鮑比的成績很好，所以他們並不認為小男孩需要特別的關心。

　　鮑比十二歲時進中學。男孩子在這個年紀幾乎都已經開始發育，開始出現第二性徵，有些還抽高得很快，也因此，鮑比在生理與心理雙方面的不成熟顯得更突出。無可避免的，「鯊魚」群逐漸圍著鮑比。許多惡作劇是幫他取些難聽的綽號，像是「無毛小子」（Hairless）或是「雛雞」（Squeaky）等。鮑比告訴我，他幾乎每天都有新綽號。經過了漫長的二十五年，他仍然記得每一個難聽的綽號！

　　鮑比忍受著每天的嘲弄。他不爭鬥，也還好沒人太過分，做出偷他的午飯錢這類的事。有些時候他會被忽略，因為大家又有了新的目標。但這些冷酷無情的捉弄已造成嚴重傷害，特別是，鮑比沒有朋友、沒有同儕團體，根本沒有人會跟他一同嘆氣。

　　鮑比最後長高了，身高從四呎六吋長至五呎七吋，也不再是淋浴時唯一一個陰毛還沒長出來的孩子。在九年級時，他開始長很多的青春痘，他的綽號也因此變成了「火山口」（Craters）或是「麻子」（Clearasil），或者有些就乾脆直呼他為「披薩臉」（Pizza Face）。從第二

年開始，這些好事者逐漸對鮑比失去了興趣。雖然，鮑比在社交上仍是一個不受歡迎的男孩，但至少他已經不需被嘲弄。在剩下的中學生活中，他幾乎都是孤伶伶的，一個人獨來獨往。

長大後的鮑比與同儕之間有一段跨越不了的社交鴻溝，讓他的父母無法再忽視這個問題。他對約會一點也沒有興趣，正確的說，應該是他根本對約會感到恐懼。這麼多年來，他身邊沒有一個算得上是好朋友的人。就像一個根本不胖卻覺得自己胖、因此老是在減肥的女孩一樣，他對自己外表上的任何缺失卻無法容忍。一天到晚，他都要照鏡子看看是否有痘痘要冒出來的跡象，只要有一點蛛絲馬跡，鮑比就會到藥房去買一大堆藥回來，要不然就是把它擠出來。事實上，很多粉刺、痘痘都不嚴重，只有鮑比對著鏡子慢慢地找時才看得到，但是他的自我治療卻讓整個情形更嚴重，最後幾乎讓他的臉是滿坑滿谷。長大後的鮑比身高與一般人無異，但他總是會挑最高跟的鞋子來穿，顯得自己更高一些。鮑比極力避開任何可能發生性行為的情境，因為他害怕有女生會取笑他的陰莖太小。

鮑比相信，一天到晚都有人在評論他的外表，這個症狀對他的生命產生了嚴重的衝擊。鮑比不相信任何人，因為他覺得大家都要嘲弄他；也因此，他很難找到一份工作。職場上的失敗，對於他的自尊又是一次更沈重的打擊。後來幾年，鮑比的情形一直惡化，我很擔心他的未來。

鮑比是一個非常極端的例子，沒有人想的到他竟脆弱如斯，對於自己的體型感到如此絕望、如此羞愧。體型大部份由遺傳造成，後天能改進的部份其實少之又少。無疑地，是整個殘酷文化加重了問題的嚴重

性，讓鮑比的生命產生了不必要的遭難。但我們必須謹記，男孩們都是脆弱的，一直被惡意嘲弄所苦將會引起嚴重的傷痛，並且扭曲一個男孩看待自己與世界的眼光。

●運動：影響男孩生命的重要因素

不管有沒有運動細胞、是否對運動感到興趣，每一個男孩都會與運動建立起關係。學校中的體育活動多半是在命令下進行，像是一定要上體育課，沒有一個人能逃開，而每一個男孩都因此熟知彼此在運動方面到底是表現卓越，還是笨手笨腳。在東北部的小鎮中，九年級或十年級的男孩會因為是否會玩足球而被迫接受重新的評價。在其他地區也會有相同的社會儀式，只不過項目不必然是足球。許多男孩可以享受運動的樂趣，但其他的男孩對於運動的感覺可能是愛恨交錯。男孩們身邊的體育世界蘊含著無窮的可能，可能會摧毀男孩的自尊，或者反之，也可能會有提振的作用。有天分的男孩會因從事運動得到回饋，但這個回饋常常會犧牲掉那些沒有運動細胞的孩子。

一位將要接任小學校長的朋友對我說：「新學校裡足球教練的薪水比其他任何老師都要高上約五○％，而且，維持一個足球隊比其他的社團要多花五倍的成本，但只有四分之一的孩子能夠參與。」這是一種對運動錯誤的資源分配、關心與投入；對於那些不擅於運動的男孩來說，這更是一種苛政。

那些在體育方面有傑出表現的學校常發展出一種「階級系統」

（caste system），其中男孩之間的殘酷行為是在成人默許之下進行的。這種殘酷文化的的程度不一，最溫和的形式是使沒有體育天分的孩子覺得自己無用；殘酷一點的，常見高大、強壯的孩子折磨那些軟弱瘦小的。那些體育不好的男孩子不僅在男生群中的社會地位受挫，通常他們只能靜靜地坐在場邊，看著耀眼的體育明星出風頭，然後眼睜睜看著自己心儀的女孩被奪走。

麥克是一個短小精幹、聰明俐落的成功企業家，他十三歲的兒子芮克也不高，多年來，麥克一直強迫著芮克鍛練體能。他強迫芮克每天早上慢跑，並且幫芮克報名他一點興趣都沒有的課後體育活動。「看，他在接受訓練。」麥克對我們解釋，「我是在為他的人生做準備。如果他在體育方面有良好的表現，他就能贏得尊重，甚至還可以拿獎學金，進入好大學。如果他不成，他就永遠是一個小鬼，會被其他人生吞活剝。因為我經歷過，所以我不希望他再經歷我走過的路。」芮克把自己的興趣擱在一旁，努力參與父親為他安排的體育活動。當他漸漸長大，他開始憎惡他的父親。等到他要進中學的時候，他長成了一個強壯、高大、脾氣暴躁的男孩。而麥克一點也不後悔，他堅持芮克必須在體能上高人一等，才能永遠成為贏家。

●丹與康諾：一個男孩內在世界的輕與重

康諾跟其他會到我辦公室來的男孩一點都不像。康諾不胖、大眾臉、也不會太矮。他有張可愛的圓臉，滿頭紅髮，打扮穿著與其他普通

男孩無異，是那種擦身而過你也不會特別注意的男孩。康諾的家庭是再典型不過的中產階級，父親是推銷員，母親是家庭主婦，在藥房有份兼職的工作，但在這個富裕的波士頓郊區，他的家庭卻顯得與眾不同。比方說，當父親開著他的吉歐（Geo）與停車場裡滿坑滿谷的賓士或BMW並排停放時，他們與鄰居的差異就非常明顯。康諾是班上最好的籃球員，照理說，這樣的地位可以保護他免於被嘲弄，但事實並非如此。

因為在過去幾個星期以來，有許多的惡作劇是對準了康諾而來，所以有好幾個老師都來找我談過了。當我去找康諾談話那天，很不巧的學校舉行反毒集會，放學時間會提早，因此我們只有二十分鐘。我試著在鐘響之前讓他說一說關於那些被捉弄的事，但他只是輕描淡寫地說：「那又沒什麼大不了。」

我找到了問題所在，他已經習慣了，而且，目前他不具有任何精神科醫生、心理學家或社工人員所定義的「危險」，這不像是尿床、偷竊或是抽大麻。他只是學著忍受來自於同學的嘲弄，學著封閉情感，學習不再信賴任何人。對於這些，沒有任何治療藥方。

當我看著滿頭紅髮的康諾在走廊上的背影，我心中想起了一個多年未見的朋友米克。他是我學校裡的朋友，當年也默默忍受了許多惡作劇。當年，我是班上一個小團體的邊緣成員，午餐時一起吃飯，我被允許可以跟他們坐在一起。從某一個春天開始，他們開始折磨一個叫米克的男孩，米克也屬於這個小團體。米克當時已經變聲了，聲音很低沈，長得不錯，很體貼，跟康諾一樣，有一頭火紅的髮，這些已經足以讓他

變成攻擊目標。圈子裡的領袖每天都會想出一個新的綽號來嘲笑他的紅髮，比如說叫他「安全帽」（Helmet）之類的，他們覺得很有趣。有時候，他們會圍在一起大叫「不要讓他吃飯！不要讓他吃飯！」像軍隊在呼口號，弄得整個餐廳噪音震天。他們還會把鼻涕甩到米克的食物中，或乾脆就把他的中餐偷走。有一天，他們甚至還捉來一隻蜜蜂，把它放到米克的三明治裡。我從不加入，只敢在後面靜靜看著。我不敢相信，我竟然看這一切在我身邊發生！

我們身邊殘酷文化的存在已經太氾濫了，氾濫到我們甚至想都沒想過要去質疑。我不知道米克後來怎麼樣，我的意思並不是說他因此會發瘋還是變得暴力，我只是擔心在他心裡留下的傷痛。殘酷文化的確傷人，至少，在我今天回憶的時候就感到陣陣心痛，更不要說它加諸在當事人身上的折磨了。

在康諾面無表情的不在乎之下，我想找到更多，於是我開始尋找我的資訊來源者，也就是那些已經跟我建立起關係的七年級男孩，康諾的同班同學。其中一個是亞當，亞當的父親在新學年快開始時過世，我協助他說出自己的感覺。另一個是李昂，他是個非裔的孩子，剛從城裡的學校轉來。我之所以會跟他聊，是因為他是全班唯一的有色人種，而我是有色人種學生委員會的委員之一。我幫著他加速對新環境的適應。事實上，亞當與李昂在學校裡都沒什麼大問題，但因為得到我的特別關照，讓他們更有安全感。其實一點點小小的保護就可以陪孩子一段長路。我經常跟亞當與李昂一道吃中飯，今天我要帶他們出去吃漢堡。一見面，我們忙著互相問候，報告自己的近況，然後我把話題轉向康諾。

「你們班上的康諾怎麼了？為什麼大家要捉弄他？」

「你見過他了嗎？」

「老兄，你知道我不能洩漏職業機密的。有些康諾的老師認為他被嘲弄了。」

「我不覺得他被欺負得很厲害，至少，不會比其他人被欺負得厲害。」亞當說。

李昂的意見有些不同：「你不是說真的吧？他跟我上同一班體育課，那些人看起來每天都在折磨他。他們叫他『紅色遊俠』（Red Ranger）」。

「為什麼？」

「對啊。」亞當搶著說：「我記得他在上數學課時帶來一本舊的、印有『動力遊俠』（Power Ranger）卡通圖案筆記本，每一個人就開始嘲笑他，說他在表演『嬰兒秀』。現在，每一個人都叫他傑森（Jason）或佐登（Zordon）。很明顯的，他被嘲弄了。」（傑森是第一代的紅色遊俠，而佐登是動力遊俠的師父。）

現在事情有點眉目了，對於·七年級的學生而言，動力遊俠太過時了，這讓康諾顯得過於幼稚。就像是八年級的學生會嘲笑喜歡芭比的小妹妹一樣，一個七年級的男孩必須跟動力遊俠立下切結書，永不往來。我在猜，康諾自己也不喜歡動力遊俠，但他的父母絕不會允許他浪費，讓他把好好的筆記本丟掉。我大概也可以猜到，康諾大概不久之後就會「遺失」他的筆記本了。說實在的，他之所以被嘲弄的原因並不公平，他知道他必須表現得很酷，才能讓自己脫困。這我同意，但我也知道，

像他這個年紀的男孩，很少能免除掉被嘲弄的命運，而康諾因為才剛剛到這所學校，更使得他成為目標。

亞當承認他有時也會加入戰局，他也告訴我，他喜歡嘲笑他的姓，他說：「何摩（Hohner），聽起來就像是個大錯誤（boner），很有趣，不是嗎？」

李昂則一直保持局外人的身份。因為膚色與眾不同，他經常也會受到其他同學直接或間接的殘酷對待，像是在課堂上同學們對非裔美國人一些無知的批評，他都只能默默承受。我在想，不知道亞當與李昂介不介意多一位夥伴參與我們午餐的約會，也不知道康諾願不願意來。我在想，四個人應該還算是小團體，而且如果有我在場的話，男孩們應該不會互相嘲弄。

亞當與李昂幫了我很大的忙，至少現在我知道在康諾身上到底發生了什麼事。這種問題可能是中學生最容易碰到的問題，也是學校裡關心學生的行政人員與老師想要伸出援手的地方，但因為在這類的情況中沒有明確的攻擊點，被攻擊的目標也隨時在換，因此就成了最棘手的問題。

有時候，治療者必須像是個偵探，在蛛絲馬跡中找出真相，逐字閱讀男孩的檔案內容，追溯過去發生的事件，與男孩生命中的參與者與觀察者進行會談，探究當事者的感覺，以找出真正的解釋，而非藉口。對於成人而言，將大事化小是一件再容易不過的事，即使我們知道事情沒有那麼單純，但只要一些些的否定，錯過你不想參加的集會，再加上一些模稜兩可的答案，就可以把事情變成是「我想一切都還好吧。」成人

常常將男孩子所遭遇的問題合理化為「成長必要的痛苦」，以為讓它放著，事情就會過去。但我們不應如此敷衍，對於像康諾一樣的孩子，我們必須在他們的世界中扮演更積極的角色，花費時間與精力找出他們真正的感覺，追蹤他們問題的根源。這必須結合父母、學校以及專業諮詢的力量，毫無捷徑可循。

男孩如何在殘酷對待中找到生存之道，與他所擁有的情感資源有關，端看他如何體察與瞭解自己的感情，以及如何看待他人的感覺。具備情緒知覺與同理心的男孩比較不會傷害他人，對於其他遭到殘酷對待的男孩，也會付出較多的情感回應。

●殘酷文化的友誼與背叛

一九三七年時，羅夫提、史維夫提、羅德羅斯、百事與其他十幾個男孩都是十五到二十歲左右的慘綠少年，從那時起，他們就開始建立起友誼。六十年後他們發現自己是值得慶賀的，不是因為他們在戰爭中有豐功偉業，在工作上有優異表現，還是有了一個模範家庭，而是他們仍然是親密的朋友。這個故事也登上《紐約時報》（New York Times），留下了動人心弦的篇章。❻

在這些七十多歲的老人中，有兩位對記者談起他們這一段開始於年輕歲月的友誼是如何建立的，其中一位老先生說：「我們的媽媽把大家帶到樓上，然後告訴我們『你們要變成好朋友』，我們一輩子都把這句話當真。」另一位補充道：「我們會為彼此做任何事，因為我們是朋

友。很簡單，也很複雜。」

　　要讓一份友誼維持六十個年頭當然不容易，但這個消息之所以引人注目、具有新聞價值，是因為他們全都是男性，而大家都知道，男人常以為建立親密的友誼是不可思議的事情。常常因為彼此之間的信任遭到破壞而終止友誼；許多男孩之間的年少友誼多半以失望或不知所措收場。愈是忠誠、深刻的友誼，常也伴隨著更多不為人知的嘲弄、殘酷與排除。從男孩子七歲開始，這兩大主題就在他們的生命裡平行穿梭，在有些更複雜的環境中，甚至開始得更早。當男孩進入青春期早期，父母與其他成人的保護逐漸撤離時，衝擊也就越發地明顯。

　　在真實的友誼關係中，每個人應該可以忠實地扮演自己，信賴你的朋友，知道他們不會以所有知道關於你的一切作為攻擊你的武器。在渴望表露友誼與滿足對性別的刻板期待之下，男孩子經常要面臨不同力量的拉扯，使他們變成獨斷的、激烈的、強壯的以及沈默的一群。與朋友分享心底秘密並不合乎要求，但是每一個孩子卻都有表達情感的需求。幸運的是，當男孩漸漸脫離父母，準備建立自己的生活時，朋友會變得愈來愈重要，變成可以吐露心事的刎頸之交。即使男孩與父母親之間非常親密，但是他們仍會與好友以不同的方式分享不同的訊息。

　　即使是樂於與人為友的男孩，在面對腐敗的殘酷文化時，也必須經過一番掙扎。殘酷文化要求男孩對群體的忠誠必須高於對朋友的忠誠，而且必須時時證明你的忠誠，因此，朋友背叛朋友是非常常見的事情。背叛可能是很明顯、很戲劇化的，像是把一個朋友排除在大夥的計畫之外，「偶爾故意」在出去玩時讓他迷路，小小的惡作劇，或是揭露別人

的隱私。或者，背叛也可能以一種較消極的方式進行，比方說，在大夥兒攻擊他時不挺身而出。對於被背叛的人而言，失去信任的痛苦是難以言喻的，而背叛者也從中了解到不同的現實：他自己可能就是下一個。雙方都失去了信任，也害怕在朋友面前顯露自己的脆弱。孩童時期彼此信任的友誼為長久的關係提供一個樣板，但在青春期殘酷文化的祭壇上卻被犧牲了，也因此為青少年產生了負作用。

四十二歲時，蓋瑞回憶起他青春期一個重要的轉捩點，那是他決定結束與一個不受歡迎男孩之間的友誼，因為他覺得這份友誼「風險太大」；然後，蓋瑞發現自己也遭到一位好朋友給予相同的待遇。他說：「我五年級最好的朋友叫彼得，每天放學後，我們都會待在我家或他家一起做功課或聊天，週末時一起到附近的森林玩打獵或追蹤的遊戲。他是我最親密的伙伴。彼得是我們班上最矮的同學，雖然他體育方面很行，但大家仍要嘲笑他的身高。一開始，彼得決定不理，我也試著保護他，但幾次之後，我覺得自己看起來像是他的媽媽或保母。有一天，我們在更衣室換衣服，一群男孩圍在彼得的身邊，用浴巾穿過他的胯下，然後開始捉弄他。我什麼也沒做，只是快快換好衣服走出去。之後我們從沒討論過這件事，友誼也因此告終，他變成了我的負擔，我沒有膽量去面對。」

蓋瑞之後又結交了另一位「最好的朋友」。李是個運動好手，功課也棒，是個天生的領袖人才。他們倆的體型相似，穿同樣尺碼的衣服，經常互換領帶，有時也交換夾克，這象徵了朋友之間的忠誠與信賴。七年級時蓋瑞準備要舉行他的猶太教成年典禮，這是一種宗教儀式，宣告

這個男孩已準備好接受社會賦與的責任，在宗教上已經具備成人的身分。他說，在這之前他的猶太身份從不是問題，但從那時候開始，他所就讀的小型非猶太學校就變成了一個充滿敵意的荒謬場所。

「當他們說著關於猶太人的笑話時，我不知道自己應該聽而不聞，還是應該反擊。」蓋瑞說，「我記得，我一直希望李能幫幫我，但他只是跟著其他人一起發神經似地大笑。當我要舉行成年典禮時，我邀請了所有我認為是朋友的人參加，大概請了全班一半的人，但沒有一個人來，甚至是李也沒有出現。後來我問他，他承認所有被邀請的男孩一起討論過這件事，後來決定大家都不要去，因為沒有人想走進猶太教堂，跟一群戴著西瓜小帽的怪胎為伍。我想，李自己的感覺也是一樣的。對我而言，這是成年禮最大的意義，我終於了解我只有自己，從此以後，我再也沒有任何好朋友。」

●沈默

在完成成年的「不可能任務」之前，男孩們經歷了生命中許多重要事物的消逝，包括友誼、信賴與自尊，也包括了感情上的封閉。青春期的殘酷文化使得沈默成了男孩的生命核心，讓他們有苦不能言，也必須對其他人所遭受的惡意嘲弄冷眼相看。這樣的力量非常強大，是男性認同的重要部分，使得小男孩也將沈默視為理所當然。男孩保持沈默的原因有幾個，他們害怕自己變成下一個受害者，他們不希望為作惡者所受的懲罰負責，他們不希望自外於同儕。在從未間斷的嘲弄中他們學到很

多，沈默是強壯而富有男子氣概的，說出來就一文不值了。

男孩們自有沈默的理由，父母們也是。

升上七年級後，有好幾個月布來恩變成了攻擊目標，必須與相繼而來的痛苦對抗。這些攻擊包括嘲弄他的身高、髮型與衣服。吃午餐的時候，他被大家排擠在餐廳之外，他的課本與文具不斷地被偷，他回座位時也會被絆倒，排隊的時候，也會被別人「不小心」踢到。布來恩愈是堅決地表現出絕不回應，這些惡意的行為就愈演愈烈。

有一天，在遊戲場上一群人搶走了布來恩最愛的球，然後大家互相丟來丟去，要引布來恩來搶，其他在一旁玩耍的孩子也看得有趣，最後一起加入戰局。追逐愈來愈激烈，一個搶到球的男孩把它丟在地上，並用力踩破它，其他的人也跟著一擁而上，不一會兒，整個球就洩了氣，躺在地上奄奄一息，像是堆垃圾。羞辱與憤怒交加的布來恩終於爆發了，他捉住一個離他最近的男孩，一不小心撕破了他的上衣。遊樂場中的管理員看到了，把布來恩送到校長室，整個故事的真相才慢慢浮現。

當校長把布來恩的問題交給他的老師時，這位老師竟說他並未發現教室裡有任何不對勁的地方，但從諮詢員的口中確定布來恩是被捉弄了，範圍無所不包，從他的默讀習慣到他在課堂上的發言，都是男孩們攻擊的對象。

從經驗中我們知道，這位老師要不是那種不會護衛受騷擾孩子的類型，就是相信這在男孩的社會中再正常也不過，或者他根本覺得無能為力。老師的訓練中並不包括如何處理孩子的情緒干擾，學校也不認為這應是老師的工作。我們也發現，那些曾在中學時受過驚嚇的男老師有退

縮的傾向，不願意與那些進行惡作劇的力量相抗衡，因為他們害怕這讓他們看起來不這麼酷；或者，他們也不向對那些看起來不那麼酷的孩子表現出太強的認同感，因為這會讓他們回到自己的少年經驗，即使現在的他們已經擁有了成人的權威與能力，但那仍然是一塊不堪碰觸的痛楚。

許多父母也會因為相似的原因表現出退縮，使他們無法在男孩的殘酷文化中扮演更積極、正面的力量。通常，母親不知道男孩子希望她把事情挑明，或是就放著讓它過去；父親的做法多半選擇忽視，因為從自己的經驗中，他深知如果採取行動可能帶來更大的負面影響。有時候，父親甚至會以殘酷的方式對待自己的兒子，這多半是因為這個父親無法克服自身所遭遇的社交困境，他會因有一個「不怎麼酷」的兒子感到羞愧，所以他對兒子表現出一種否定的態度。在這條艱辛的路途中，父親往往是男孩最重要的支柱，這種因殘酷文化而帶來的背叛最讓男孩承受不起。

男孩所要的不是依靠大人來拯救他的生命，但大人的無動於衷會發射出一種強烈的訊號，讓孩子認為殘酷文化可以遊走在「法律之外」，始作俑者不需為他們的行為負責。父母與教育者必須明確地創造出一種氛圍與環境，樹立道德核心，明確說出殘酷行為是不被容忍，也不應被忽略的。學校與家庭是孕育情感知覺與個人責任的場所，成人必須明確地護衛這些價值，打破男孩的沈默，使殘酷文化在少年的生命中消失無蹤。

〔第五章〕

父與子：
渴望與距離的延續

••

於是，我們繼續向前掙扎，像逆流中的一葉扁舟，被浪頭不斷向後推。——史考特‧費茲傑羅 F. Scott Fitzgerald，《大亨小傳》*The Great Catsby*

男兒有淚不輕彈，即使他正在說的是一段失敗的婚姻，一個麻煩的孩子，職場上的失意，搞砸了的生意或是生理上的折磨，最多最多，也只是紅了眼眶。來接受治療的成年男子多半會說著與父親有關的故事，可能是父親在他生命中缺席所造成的遺憾，可能是與父親衝突所造成的傷痛，也可能是關於父親的無情與無感。男人們在說話的時候，絕不輕易將「愛」字說出口，但事實上他們說的都是這件事。父子之間，是一個愛從未消逝的故事，只是這個故事總是以吼叫、憤怒與羞辱的方式上演。

感情的鴻溝讓大部份的父子之間都有無法跨越的隔閡。對於男孩來說，這是更特別的傷痛，因為父親是他們最重要的角色模範。

對許多人來說，父子之間的代溝代表著終生的傷感、苦痛、憤怒與遺憾，情感的距離使許多好男人無法成為好父親；但即便如此，作兒子的對父親的孺慕之情卻未曾稍減。不論實際上有多困難，每一個作兒子的在心中都有最深沈的渴望，希望能愛他的父親，也為父親所愛、所了解。

美國詩人卡爾‧桑德堡（Carl Sandburg）在他的自傳《少年遊》（Always the Young Stranger）中細訴與父親的關係，兩人之間的情感距離是如何地縈繞在他心頭。

我記得，在一個聖誕節的早晨，父親牽著我走在大街上。我抬頭看看清朗的天空，想起之前讀過一本關於星星的書。我用小手指著天空，

仰起臉對父親說：「爸爸，有些星星距離我們有幾百萬哩遠耶！」而我
的父親甚至沒有低下頭看看我，只是用鼻子悶哼了一聲，彷彿我說的是
什麼再可笑不過的事，然後他說：「我們現在一點也不需要關心那些石
頭。」之後，我們走了好幾條街，兩個人默默無語。我仍然握著父親的
手，但我覺得我們之間也有了幾百萬哩的距離。

　　雖然詩人現在與父親之間的距離以光年計，但，他仍然表達出對父
愛的需要，是一種「豐富而溫柔的渴求」。

　　不管是什麼年紀，我們都看到作兒子的渴望得到父親的愛與了解。
許多來接受治療的男人說著他們必須找到更好的工作，來供應孩子的物
質需求，讓自己的孩子能擁有更好的生活，尤其要比父親給他的更好。
他們也會抱怨自己的兒子，說男孩們從不聽話、不體貼，總是讓人氣
惱、失望。相反的，小男孩們對父親也表達出相同的不滿，認為父親是
不懂傾聽、不了解他們，從不給他們最需要的尊重。母親們會告訴我
們，她們總是要想盡辦法把丈夫跟兒子拉在一起，扮演護士或避難所的
角色，使雙方的脾氣冷靜下來，撫慰雙方的傷痛。許多母親也會對她們
的丈夫發脾氣，因為她們覺得男人總是對兒子不聞不問。

　　安卓麗敘說著丈夫羅恩與兒子大衛之間的戰爭，就像我們經常從其
他的母親與妻子口中聽到的情節相似。大衛還小的時候祖父就去世，羅
恩為了挑起家庭重擔，開始努力工作，每天都在辦公室加班到很晚，而
安卓麗是一個全職的家庭主婦，她就負責全天候照顧孩子們。這樣的安
排本來運作得很順利，直到大衛九歲，開始吵著要父親花更多時間陪他

為止。大衛很堅持要得到父親更多的關心，而羅恩覺得無法適應，他無法在這種「不公平」的壓力下被加重當父親的負擔。他拒絕了大衛的提議，不肯在週末時帶他出去打保齡球或是看電影。

「大衛很希望跟父親變成夥伴，但他想做的每一件事都讓羅恩覺得煩。」安卓麗說明，「像有一次，大衛興高采烈跟羅恩說著一個他很感興趣的電動玩具卡帶，羅恩就嫌他太吵。羅恩只有在發成績單時才會注意到大衛，他每一次都在跟他說教，教他如何才能得到更好的成績。他們很容易遺忘彼此的感覺，上一分鐘才聽到羅恩大吼大叫，要大衛把垃圾拿出去，下一分鐘就聽到大衛問他爸爸要不要一起去看電影。」

「我很擔心他們就這樣一直下去，沒人要改變。等大衛再大一點，他或許就會開始怨恨他的父親。如果這樣，他們倆個就沒有辦法建立親愛、親密的關係。」

大部份感情豐富、容易引起共鳴的男孩，家中都有一位充滿感情的父親。對孩子付出持續的、安適的關懷。但何其不幸的是，這一類與兒子分享情感的父親少之又少。

我們的文化認為「建立關係」是女人的工作，是一種男人毋須了解的「第二種語言」，因此，他們對於自己與他人情緒的感知與了解都非常有限。因為不曾從父親處習得「父子親情」，男人常常無法、也不了解他們有多「愛」自己的兒子，更無法順暢地表達出愛意。一個父親對待兒子的方式常常都襲自於他自己與父親的相處之道，也就是充滿競爭的、憤怒的、互相批評的。即使在幼年時與父親建立起的是一種穩固而親密的關係，許多男孩在青春期常會出現巨大的轉變，開始挑戰父親的

威權。這使得父與子之間的關係再蒙上一層陰影，並阻隔了為人父親者想回溯、探究自己少年時情緒生活的可能。

　　不管距離有多遠，即使已經天人永隔，許多男人仍舊背負著與父親之間錯綜複雜情感的重擔，這種男人間的渴望與失望一直不斷的延續下去，他們的兒子也將擔負著同樣的情緒，真是一種令人傷感的遺傳！

●在影響下長大的孩子

　　馬克・吐溫（Mark Twain）曾經觀察到一個有趣的現象，一個男孩約在十二歲時會開始尋找一個男人，做為一生中崇敬與模仿的偶像。在選擇偶像時，男孩子有時是不知不覺，有時候甚至會特意地避免，但大部份男孩最後都會發現自己的偶像是父親。不管作兒子的曾如何努力讓自己的生活方式脫離父親的模式，最後他都會跟「老頭」面對面交鋒。

　　美國一位著名的吉他手巴迪・蓋（Buddy Guy）在一次電台專訪中曾經提到他所遺棄的親生子。他不曾撫養過小男孩，一直到兒子進入青春期，他才把孩子接回身邊，希望兩人之間的關係能夠親密一些。小男孩也希望變成一位優秀的吉他手，但巴迪在他生命中的缺席為他帶來強烈的痛苦，所以他不想跟巴迪有任何的瓜葛。他努力開創出自己的風格，變成一位當代的搖滾歌手，名聲比起他的父親更是有過之而無不及，這個小男孩也就是大家所熟知的王子（Prince）。當他匿名去求教於一位吉他老師，希望老師能協助他，教他如何成為最優秀的吉他手時，他的老師告訴他，如果他想要有自己的風格，一定要以吉米・漢崔

克斯（Jimi Hendrix）作為標竿；如果他想要了解、超越漢崔克斯，他就必須要與對漢崔克斯影響最大的音樂家學習，這個人就是吉他手巴迪・蓋。

許多男人發現，即使並非特意（有時甚至有意避免），最後仍會步上父親的後塵。傑克在六歲時被父親遺棄，他的父親是一個平庸的公務員，也是個無足輕重的投機客。傑克決意要過截然不同的生活，他努力鞭策自己，在學校裡要做個優等生，拿獎學金進大學，最後進了醫學院。以優異的成績從醫學院畢業之後，他進入了一所頗負盛名的醫學中心，擔任急診室醫師的工作。他用一切來換取事業上的成就，沒什麼朋友，更不要提社交活動了。

最後傑克結婚了，生了兩個兒子。他發現，比起家裡的天翻地覆，他還寧願去處理急診室裡的混亂，至少，工作讓他覺得得到回饋。他的同儕尊敬他，他也對自己能拯救別人的生命感到十分欣慰，而這份工作所帶來的高薪更是對他的才華最實質的回饋。但當他在家裡，妻子就一再地對他施壓，要他多花點時間陪陪兒子，他深覺得被責難，也感到無比的壓力。醫學中心最近還讓他升了職，這意味著他必須花更多時間在工作上，即使週末也不得休息。他總是來去匆匆，跟妻子、兒子常連照面的時間都沒有。他成功地在這個世界中成為優勝者，有能力供給家裡富裕的物質環境，但當他的大兒子剛滿六歲時，他開始在自己身上看到父親的影子，他看到自己被孤立在家庭之外，唯一的差別只是他比較有錢。

●爹地，你在乎嗎？

在一九九八年的七月，一篇名為〈最親愛的爹地：你真的很在乎嗎？〉（Daddy Dearest：Do You Really Matter？）的文章中提出一項有趣的發現：母子關係的研究汗牛充棟，而關於父子關係的研究相較之下就顯得少的可憐。❶但情況漸漸在改變，尤其是在聯邦官員宣稱父親在家庭中的缺席將對現代的美國會造成「最嚴重的社會問題」後，各式各樣的研究計畫開始如火如荼地展開。目前美國約有三分之一的孩童與父親分開居住，而約有一半的孩童曾經經歷過與父親分開的生活，這個現象也加重了社會學家對父親─孩子關係研究的興趣。

在這一波新研究風潮中有兩項重要的發展，一是在一九九六年十月由國家健康學會（National Institute of Health）所贊助舉辦的會議，探討父親在家庭活動中所扮演的角色；另一項就是在一九九八年五月發表在《人口統計學》（Demography）期刊中一系列關於父親研究的專論。這些研究提出許多令人振奮的證據，認為一個家庭中如果有父親，特別是父親所扮演的是一個主動、參與的角色時，將對孩子的成長有正面的影響。❷這些家庭中的孩子普遍較聰明，心理健康狀況較佳，在學校的表現較好，也可以找到較好的工作。這些研究者對於父親在孩子發展歷程中所產生的影響力量感到相當驚異，甚至當他們在發表研究成果時都捨棄客觀、平鋪直敘的日常科學用語，而改以誇張的用詞如「令人訝異的」或「不尋常的」等字眼來描述他們的發現。

　　在這其中，一個大型計畫是由西北大學（Northwestern University）的葛瑞・杜肯（Greg Duncan）所主持，並由密西根大學（University of Michigan）協辦，這是一項長期的訪談追蹤。研究的範圍包含美國境內一千多個家庭，研究時間長達二十七年，觀察家庭生活各層面對於孩子未來職業與收入之間的影響，選擇變數包含了父母的職業、教育水準與智商等。除此之外，在研究中也考慮到一般認為較不重要的因素，像是父親做家事的頻率、父親在閒暇時是到酒吧喝酒還是留在家中看電視、一家人聚在一起吃晚餐的頻率、是否一起去教堂做禮拜，以及父親是否參加學校舉辦的懇親會等。他們的發現讓人甚感訝異。在他們所考慮的諸多因素中，父親對於懇親會的態度對於孩子在二十七歲時的收入有非常顯著的影響。❸

　　另有一項發表在《人口統計學》期刊上的研究，這是國家孩童調查研究（National Survey of Children）的一部份，來自北卡羅萊納大學（University of North Caroline）與賓州州立大學（Pennsylvania State University）的研究員鎖定了五百八十四位來自於完整家庭的孩子，對他們進行長達十一年的觀察。研究一開始時，這些孩子的年紀為七到十一歲，到完成研究時，已經是十八到二十二歲的成年人。❹

　　研究者所關心的重點在於，在孩子步入成年期的過程中，父母之間的親密度與對家庭的參與度對孩子心理與教育方面所造成的影響。他們發現，如果父親與孩子在情感上很親密，對家庭活動的參與度高的話，孩子在學校方面的表現會較優異，也比較不會成為少年犯，犯下像公共破壞或是販賣非法藥物等罪。在母親參與度研究方面，影響相對沒有如

此顯著；這並非意指母親在家庭中不重要，而是母親在各家庭的參與度差異並不顯著，在這種情況下，一旦父親的參與度提高，對整個家庭就發揮了強化效果。

　　而當中最引人注目的研究，應可算是一項持續了二十六年的計畫，這項計畫的觀察對象是一群五歲大的孩童，觀察群中包含男孩與女孩，觀察期間從五歲到三十一歲為止，目的在於研究孩童的感情教育與同理心的發展。研究者同時從父親與母親所扮演的角色著手，觀察不同的教養方式，包括母親如何面對孩子的粗暴舉動、母親對於本身扮演角色的滿意度、以及父親對於照顧孩子的付出程度等。他們提到，就同理心的發展而言，孩子在三十一歲時的發展程度與母親的角色息息相關，但其中最重要的因素，卻是父親對於照顧孩子的參與度，這項因素的影響力遠大於其他來自母親單方面的影響因素。❺

　　研究者同時也指出，如果家庭中的父親是一個積極、主動的父親，比起女兒，他會對兒子付出更多的時間與精力，尤其是當男孩處在青春期時。❻在男孩子的情感發展過程中，父親的角色舉足輕重，尤其在那些男孩發展較女孩遲緩的項目如同理心方面，影響更是顯著。此外，父親也扮演類似護衛的角色，保護男孩們遠離不適當的影響，如青少年犯罪等。

　　比起二十年前，現代家庭中的父親對於孩子的照顧參與度大幅提高（提高約十五％），但父親們的照顧多將重心放在表面的工作與任務，而少有再深一層轉化為情感的聯繫。❼我們發現，當男孩覺得空虛、疏離時，他們所在乎的其實並非相處的時間不夠，而是情感的淡漠，而這一

點，也對相關的研究結論提供了解釋。在一項針對資深主管與高階經理
人的研究中，研究員提出一個問題，詢問他們最希望改變自己在兒童時
代與哪一個人的關係。大部份的受訪者回答，如果可能的話，他們希望
與父親更親密，也希望父親能多對他們表達一些感情。❽

●開端：父權的逐漸失落

一九五〇年代，我們都還是個孩子，對父親最大的期待，也不過是
想在他嚴肅的臉龐上偶爾見到一絲笑容。在喜劇片或是卡通片中，父親
的形象常常是產房外搓著手、踱方步的那個人，不斷地抽著煙，等著接
生護士手捧嬰兒來到他眼前宣告：「看！是個男孩！」在親生孩子來到
這個世界的特殊時刻，父親是一個局外人，只是隨時在外待命的角色。

這個形象或多或少反映出現實。當孩子漸漸成長，多半時候父親的
角色仍是個旁觀者，照顧孩子是母親的責任。父親的照顧任務，只要在
週末時陪陪孩子打棒球，或者是帶著全家去露營也就夠了。對於父親應
扮演的重要角色，社會另有一套明白的準則：父親必須當家中的經濟支
柱與紀律官。

時至今日，社會對於「新好爸爸」的期待也逐漸轉變。許多男人會
陪著妻子一同參與產前的訓練課程，甚至醫院也會主動要求。父親進入
產房的情形愈來愈普遍，他像是個教練，協助陣痛的妻子保持呼吸的順
暢。愈來愈多的父親親自體驗到分娩的痛苦，並願意用他的大手，做為
孩子在世間所擁有的第一張床。

但這種親密的景象好景不長，通常都在嬰兒接回家後告終。父親終於經驗到嬰孩的需索無度、毫不體貼，再加上他幾乎沒有擔任照護者的經驗，很容易使得父子間的蜜月期劃下休止符。之後的工作轉給母親，不論是選擇或被選擇，母親總是被認為是帶孩子的天生能手。

即使一個父親願意接下換尿片的工作、願意在半夜三點起來餵奶，一旦碰上孩子生病會哭鬧，他通常也只是束手無策，將整個問題丟還給太太，因此也喪失了一次與寶寶建立親密連結的機會。透過瑣碎的餵奶、照護工作，可以協助父親與孩子之間建立強韌的親密關係，沒有這些參與，為人父者很可能就此變成一個「不及格」的父親，而只是變成工作與經濟的來源。對於父親來說，逃避這些工作，會讓他們失去與家庭建立關係的經驗與機會，讓家庭中其他分子對於他的價值做出錯誤的評價。

「我是看著小班出世的，當時我覺得自己幫了珊蒂一個大忙，每個人都覺得很棒。」四十九歲的馬克回憶著，之後接著說「但是當我們一回到家，情況就都變了，我覺得自己一點也使不上力。珊蒂很累，但她知道小班的一切心思，知道他何時需要什麼，我卻一點都找不出生活的邏輯。每當我餵他、幫他洗澡或與他玩耍時，我都覺得自己被監視；只要小班一哭，珊蒂就會跑過來哄他，如果我做出什麼跟珊蒂不一樣的反應，她就會說我。所以，我就開始做別的事，好讓自己看起來很忙。洗衣服比看小孩簡單一些，至少沒有人會一直抱怨。」

許多女人都非常清楚，她們實在很不放心把孩子單獨交給自己的丈夫。一位女士就說，他丈夫曾經單獨把孩子留在餐桌上，然後自己跑到

別的地方去接電話，結果孩子從桌上滾下來，還好只是輕微擦傷。

大部份的男人都沒有受過如何照顧孩子的訓練，也不想看起來像個笨蛋，因此與其選擇透過生理的照顧與孩子建立起情感的聯繫，他們寧願選擇退縮，或找其他的參與方式。這其實是很令人氣餒的。因為，即使在大家的刻板印象中，父親是那個抱著小孩轉圈圈或是把小孩舉在肩上的人，但父親對於孩子的發展過程仍存在著遙遠的距離。研究指出，父親最重要的角色之一是作為一個玩伴，特別是對男孩而言，父親是一個活潑、充滿刺激的玩伴典型，這種積極的玩伴對於孩子有激發的作用，同時對於孩子情感的認知與發展有重大影響。母親常會透過校正父親的行為，來「保護」兒子避免不良影響，但這樣的行為往往限制了父親以一種單一的、獨特的教養方式對待兒子。

●幼年中期：做一個夠好的父親

在孩子的幼兒中期時，父親在玩耍時或是其他共同活動時的行為對孩子有一種示範作用，可讓孩子學習到如何管理情緒。孩子在青春期與成人期所擁有的問題解決策略，也可以直接回溯到他與父親在遊樂場或家中閣樓裡的相處情形。舉例來說，研究者發現，有暴力傾向、對社會也不認同的年輕人，他們的父親比較可能習慣以憤怒相向，比方說，當男孩在發脾氣時就對他們吼回去。

男孩會觀察父親在婚姻、家庭、社區以及職場上處理衝突、提供合作或做為夥伴的方式；在他日後的生活中，男孩會對於父親所說的、所

做的都謹記在心，其中身教的部份將重於言教。如果一個父親可以做到在情感上正直、直率、體貼，並願意以彈性的方式對孩子表達，則他的孩子也會依循相似的模式；一個向來崇尚成就與力量，讓自己與現實保持距離的男人，也會將這些傳襲給兒子，讓他的世界充滿變異的情緒與經驗。

　　例如，假設父親與孩子一同打網球，當兒子球發壞了，父親會怎麼做？是立刻破口大罵，還是一個箭步衝上去教男孩發球？當他們一起製作一個工藝品時，兒子掉了件工作或搞壞了零件，父親是聳聳肩，還是把這些當作「機會教育」的教材？還是，乾脆就給孩子一個懲罰？當他跟八歲的兒子比賽腕力時，他是否一定要對孩子顯示出自己是多麼的孔武有力？聲調是激烈的，或是充滿遊玩的？當他六歲的兒子感覺傷心或憤怒時，父親要做什麼？他會用憤怒的言語回應，會假裝沒注意到孩子的情緒，還是他會引導孩子說出情緒，並試圖找出潛藏的問題？

　　當父母試著要維持和平與秩序時，常常忘記了玩耍的目的是要喚起情感。當男孩在比腕力、打籃球或從事其他遊樂活動時，情緒會浮現出來。他可能會跌倒或受傷，錯失一記好球，或是做了一個漂亮的灌籃，經歷了短暫的挫敗或是洋洋得意。這種再創造的失序現象提供了很好的機會，讓這些還在發展的孩子能夠用一種較溫和的方式，在遊玩中練習問題解決、思考以及表達情緒。一位主動、充滿玩樂趣味的父親可以協助兒子探索更寬廣的情緒範疇，向孩子示範如何接受挫折，如何看待輸贏，以及如何控制自己的脾氣。

　　心理學家艾力克・愛力克森（Erik Erikson）說，處於幼年中期的

男孩子是「有目的的、富生產力與驕傲的」。❾誠然，成長是一項極富挑戰性的任務，男孩們必須兼具驕傲與信心，才能昂首闊步迎向挑戰。在他們的早期生命中，父親的一言一行有著極大的影響，不論男孩們在父親眼前表演的是一場足球賽、一場音樂會還是要造一艘模型船，他無時無刻不在注意父親的反應。

　　勞告訴我們，他為他不喜歡運動的六歲兒子報名參加了一次滑雪訓練營，之後問小男孩，在這次的活動中，他覺得最棒的經驗是什麼。結果，小男孩的回答是「你看著我滑雪的時候。」對於男孩而言，他的滑雪技術好壞無關緊要，重要的事，父親是否真的關心他。對於大部份處於幼年中期的孩子也是一樣的，他們對於自己的看法並非建立在自我認知上，而在於父親如何看待他們。

　　一個男孩會崇敬父親，他必須知道父親是能幹的，因為這會增加小男孩本身的信心，讓他相信自己終有一天也會長成如父親一般。男孩子需要父親的讚賞，這種讚賞是針對一個小小的人兒，對於一個什麼事都還做不好的小男孩的一種無求回報的愛。

　　在情緒誠實方面，父親自己在面對本身的缺點與挫折時的反應，是孩子最好的教材，比起其他任何學有專長的專家教學都更有效果。不論是有意或無意，父親的情感面向無法瞞住他的八歲或九歲大的兒子。當一個男人試圖表現他比實際上來得好，或者是盡力要掩蓋自己的過錯時，都對他的兒子做出了不好的示範，讓小男孩對於男人的形象有了錯誤的印象。

　　有些父親害怕太多的情感與撫慰會教養出一個愛哭的、多愁善感的

男孩，但事實卻相反，父親如果願意協助、支持孩子度過低潮期，將可協助孩子在情緒發展上更強韌、茁壯。許多為人父者深知這一點，就像馬克‧吐溫所說的：「勇氣足以對抗恐懼，是恐懼的剋星，而非只是讓恐懼輕易逃脫。」許多父親願意在成長的路上做孩子的支柱，而不是用困境與責難來使孩子百鍊成鋼，適應這個困難重重的真實世界。在與許多男孩接觸的經驗中，我們發現，那些容易在挑戰中奮鬥，在艱難中突破困境的孩子，在他們的成長過程中都被教導著要體認、承認自己的脆弱與軟弱。

●麥可與威爾：尊重這個小男孩

在我兒子威爾六歲時，有一次，我們開車到綠色山脈（Green Mountain）的一個營區去探訪他的姊姊。在途中，我們遭遇了一次短暫但激烈的暴風雨，雷電交加，風雨狂舞，雨勢很大，一片霧氣中，幾乎伸手不見五指，能見度因此變得很差，也使我們幾乎寸步難行。雖然我將大部份的注意力集中在車子上，小心翼翼控制，不讓它打滑，但我仍沒忘記要從後照鏡中看看在後座的小威爾。他看起來嚇壞了，而我也緊張到了極點，腎上腺素不停地在大量分泌。

當我們終於穿過風暴，我急於想了解威爾的狀況。第一時間裡，我的腦海中想出的問題充滿了文化刻板印象，像是「你很勇敢，一定不害怕，對不對？」這無疑地是在暗示孩子否定真實的情緒。於是，我吸了一口氣，在問他：「有點可怕喔！對不對？」威爾是這麼回答我的：

「不，不是有點可怕，是很可怕。」

我很高興我換了一種方式問問題，讓孩子得以表達情感上脆弱的一面。

●父親與青春期的兒子：分裂的現實

對於大部份的男孩而言，青春期是一場充滿情緒高低起伏的混亂期，也是他們必須盡力控制生活的時期。試著隱藏脆弱的結果，讓男孩子必須隨時以防衛的姿態出現，即使是在家中也不例外，而在面對父親時，防衛的態度更是有過之而無不及。青少年仍需要來自父親的關懷，但他卻矢口否認。對他而言，父親的存在是一種令人不安的提醒，暗示他自己是需要依賴的，在某種程度上，他仍是個小男孩；但是，另一方面他不能再向父親需索愛、關懷與讚賞，因為他必須對自己的同儕團體保有忠誠。這種緊張的力量逐漸拉遠父子之間的距離，加深了彼此的誤解與代溝。

青春期的男孩與父親之間生活的互動情形，證實了研究人員的推論：父子間的衝突來源包括：競爭、批評與誤解。在一項研究中，男孩們說他們樂於尋求來自於父親的意見與忠告，但是他們覺得父親不願意做出任何的交流，他們對於青春期少年的意見總是嗤之以鼻。似乎，父親與他青春期的兒子總是生活在不同的世界裡。

在一項稱為「響笛研究」（the beeper study）研究中，要求家庭成員各自攜帶一支響笛，而研究員會隨機讓響笛發出聲音，之後研究員每

天記錄笛子發出聲響時個人所進行的活動與感覺。根據這項研究結果，約有一半的時間中，父親與兒子在同一個時點上所從事的活動與經驗是完全不同的。❿

　　這其中的差異，經常來自於父親希望控制與兒子之間的對話有關。例如，當響笛響起時，父子倆一同在房子裡工作，父親會說他們正在享受一段美好的時光，他正在教兒子一項特別的技術。但兒子這方的說法則截然不同，他會說他很無聊，或是老爸正在「對我大吼大叫」。青春期的少年只有在分享、而非被控制的狀況下，才會覺得享受，就像只有在當他們覺得也可以教給父親一些東西時，才會樂於去學習。

　　在同一個研究中發現，青少年認為父親對他們的了解比起從前愈來愈少，但大部份的父親卻沒有認知到親子之間的關係已經漸漸疏遠。研究員拉森（Reed Larson）與李查斯（Mayse Richards）下了一個結論，認為父親與家庭成員的情感生活聯繫非常薄弱。他們並指出，一般而言，父親會以三種方式來與兒子建立關係：作為領導者或老師、作為支持者或激勵者或是作為紀律官。父親不願放棄對青少年的控制與領導，在使用的策略、手段方面，也比母親所應用的少。

　　當一個青春期的兒子開始反抗時，不論是父親或母親，都會有種被冒犯、侮辱的感覺，而這種感覺也會使為人父母者深覺受傷。母親的反應，常常是在之後試著修補溝通的橋樑，或是藉由其他方法進行連結，但父親的反應大多是暴跳如雷，只是一味的想奪控制權。

　　在與女兒的關係之中，父親較不會帶有相同程度的敵意。研究者指出，在孩子的幼年階段，父親對於兒子與女兒的態度就大相逕庭。一般

說來，父親在與女嬰相處時會比較溫柔，也會輕聲細語地跟女兒多說說話。在孩子的成長過程中，父親對待兒子態度愈來愈粗暴，愈來愈不關心孩子的生理、感情，愈來愈習慣去糾正兒子，甚至在一同玩樂時也會帶有更多的競爭意味。一年一年過去，對於女兒而言，父親的角色愈來愈帶有保護的成分，而對男孩來說，父親卻變成了另一個競爭對手。

因此，青春期的男孩不與父親討論自己的感情世界也就並不令人訝異了。事實上，許多研究都發現，就男孩的觀點來看，當他們想要找人宣洩情緒時，父親是最不可能的人選。❶之所以如此，原因之一是父親認為青少年所說的不是血氣方剛的話，就是不切實際的夢想。父親在聽見青少年的誇張言詞時無力去分辨隱藏在其中的真實，因為他們缺乏深思的經驗，也不了解繼續探測的必要。當父親聽著兒子的胡言亂語時，他所看見的也是個傻子，他害怕看到兒子的人格形象與智識的崩解，或者怕孩子未來會用一種不被接受的騎士精神來面對這個社會，他必須早早讓他的兒子懸崖勒馬，回頭是岸。

●父親不再是全知：競爭、批評與退縮

早期電視劇裡有一個惹人喜愛的爸爸，就是在「老爸什麼都知道」（Father Knows Best）中由羅伯‧楊（Robert Young）所扮演的吉姆‧安德生（Jim Anderson）。這些老式的電視劇之所以令人莞爾，是因為它真實描寫了典型的家庭生活，而「老爸什麼都知道」之所以大受歡迎，更是因為它反映了我們對於父親角色的期待，希望他是家庭物質的提供

者，同時也是家庭紛爭的公正仲裁者。但現實中的父親多半缺乏處理情緒的經驗，使得他們在面對青春期的兒子時，彼此的距離愈拉愈遠。對於父親來說，兒子的成長不啻為家庭中增加另一種男性壓力，比較脆弱的父親就會採取盤古開天闢地以來的一貫防禦姿態，盡量維護「老爸什麼都知道」的神話，不斷地競爭、控制與批評。

●控制

我們的工作之一，是要協助那些家有青少年的父親，讓他們不要對於兒子的正常行為有太多矯枉過正的反應。一個國中男生回到家可能會抱怨數學一點都沒用，尤其是他的志願一直是做個花式溜冰選手。但是對於一個父親而言，兒子的悲慘前途卻彷彿已在眼前：他沒有機會進大學，找不到一份好工作，將在弱肉強食的都市叢林中一事無成，讓他的父母顏面掃地。這讓父親即刻升起了一種使命感，認為他必須改變兒子的生命，因此，他的作法很可能就是把男孩抓來訓一頓，告訴他，在男人的現實社會中，文憑是多麼重要的一件事。

如果，父親能夠採取相反的作法，學著聽聽兒子的意見，問些深入的問題，並對孩子的意見表現出興趣，他很可能就會發現，溜冰不過是兒子一時的狂熱而已。這樣的行為，可以使得孩子的熱忱變得有價值，也建立了一種分享的教養關係。然而父親與兒子之間的對話少有感情的回應成分，在這個年紀的父子關係只存在表面的物質安排：父親提供物質需求，兒子則以服從及尊敬回報。青春期的男孩正處於自我認知的時

期,並有更多的獨立需求,如果她在家庭中無法獲得滿足,就會轉而外求。父親當然可以用各種手段來控制兒子的生活,但終將付出慘重的代價。

丹與傑克森:剝奪運動中的樂趣

「這個孩子有天分,大概是球隊中最好的一個。但他每一次一離開球場後總是一臉悲慘,像是拿槍射到自己的腳一樣。看起來,他一點都不想贏球。」傑克森的高爾夫球教練告訴我。在教師會議中,他的導師也告訴我相同的話:「傑克森並非真正的輸球,只是從沒努力過。」

傑克森正在唸十年級,高高瘦瘦,一頭深色的棕髮,眼睛是深藍色的,看來從不休息。傑克森在說話時眼睛仍不停地觀察,環伺整個房間,有時候也看看我。他並不像其他男孩,急著要逃出我的辦公室,相反的,他看起來很高興得到一次談話的機會。不管傑克森的表現如何,他心裡一定有事。

沒過幾分鐘我們就開始交談,傑克森開始談他的爸爸:「我很小的時候爸爸就逼我打高爾夫,他覺得這可以讓我讀好大學,或者,有一天當我成功時就會感謝他。我試著喜歡打高爾夫,但是爸爸讓打球變得一點樂趣都沒有。」

「你爸爸高爾夫打得好嗎?」

「我想他以前一定很棒,但現在我已經可以打敗他了。當我還是個小孩子的時候,他想的就是希望我有一天能打敗他。」

「他怎麼會讓打球變得一點樂趣都沒有呢？」

「爸爸總是說：『要贏，要贏，要贏』要不就是：『練習，練習，練習』我根本別無選擇。」

「但，你現在已經是一個很棒的高爾夫選手了，不是嗎？」

「我想還好吧！但我一點都不覺得打高爾夫好玩，我還比較喜歡棒球，但我爸一定會罵死我。」

當傑克森十三歲時，他開始向爸爸表達對高爾夫以及其他事的不滿，使得逐漸加溫的爭端逐漸白熱化，甚至引發出肢體上的暴力衝突。

傑克森的雙親不久之前分居，協議中同意傑克森每隔一個週末都可以跟爸爸一起過，這是他開始爆發情緒前不久的事。

「我才不想去我爸那裡，那裡沒有我的朋友，只能跟他或是我妹妹一同大眼瞪小眼。老爸總是一副很強悍的樣子，從不承認自己有錯。」傑克森說。

「跟他在一起，永遠只有一種溝通方式：誰付錢就聽誰的。我希望能常常跟他在一起，不斷告訴他我有多愛他，但就是沒辦法。如果我說我不想到他那過週末，他就對我大吼大叫，好像我去他那裡只是為了他的面子，一定要去露露臉。他總是說我從未表現出尊敬的態度，但事實就是我一點也不尊敬他。他總是口頭上說會改、會改，但不會超過一天，他又回復原來的樣子。」

傑克森與父親之間的問題不小，不是我們在學校裡每個星期見一次面、談四十分鐘就能解決的。我持續地與傑克森保持對話，而他也開始做家庭治療，有時候甚至他的父親會一起出現。但所有的對話結果還是

一樣，傑克森的父親只是把會面當作是多見見兒子的機會，並不想藉此
改善彼此關係。傑克森並不是一個很容易相處的人，最後，他變成了一
個憤怒少年，他的父親始終無法跳脫自己的觀點，認清其他的事實，這
也就是為何他的兒子與他保持距離的原因。從不聽傑克森說話的父親，
澆熄了兒子的體貼、感情與希望。對於傑克森而言，父親的存在代表著
他自我的消逝，為了展現自己仍有控制生命的力量，傑克森必須反抗父
親，方式之一，就是再也不到高爾夫球場展現他的潛力。

●競爭

男人彼此競爭，為了爭奪主導權、地位或者權力而競爭，有時候甚
至單單只是為了高興。青春期的男孩與父親的競爭達到一個高峰，但競
爭的結果卻是難以預料的。

青春期的男孩自信與力量正逐漸長成，與父親的護衛角色形成了不
可避免的衝突，家有青少年的父親感到特別的脆弱。一到中年，男人不
由得對年齡敏感了起來，他們開始感受到歲月的痕跡，不僅在生理上，
連工作表現或是玩樂上都大不如前。帶著一點點的感傷與輕歎，他們驚
覺年輕歲月已然逝去，而有些人則會用否定與憤怒來對待歲月的流失。

同時期，他們的兒子卻開始慢慢長成，身高、體重有明顯的增長，
第二性徵逐漸出現，對於新的可能，他們充滿歡愉。即使忽略生理的發
展，兒子與父親在情感上的距離也愈來愈遠。情感的發展多半是內在
的，許多時候是個人的體悟，因此是無法分享的，但卻是男孩情感生活

中的重要里程碑。許多男人第一次發現他們可以「取代」父親時，都是在經歷了時光的淬礪，累積了相當的生命經驗之後。

湯姆快五十歲了，他回憶道：「最後一次我們比腕力的時候我十六歲，弟弟十四，我們兩個很認真，看得出來爸爸也是一樣的。最後，他把我們兩個都壓倒後，宣佈不玩了，第二天我才發現，他有兩根骨頭骨折。」

二十出頭的道夫也有相似的經驗：「那時我快十七歲了，爸爸在跟我吵架，爭論我能不能在星期天開車出去。他批評了我一大堆的缺點，像是我有多不負責，以及為何我的態度讓他不願意借我車子等等。其實，這些都是一大堆廢話，因為我很守規矩。很快的我就受不了了，我開始吼回去，用手指指他的臉，我想我也有點太過分了，他悶哼了一聲，把廚房的門重重摔上，我用力推他的背，然後他跌坐在地上。在那之後，我們一直冷戰，誰也不理誰。差不多過了兩個月，他心臟病發，那時候我才知道，我想他也知道，我再也不怕他了。」

芮克現年四十歲，他說：「我想是在初中的時候吧！我跟爸爸在客廳比腕力，他比我重一點點，不過兩個人實際上是差不多的。我的手纏住他，讓他根本就無法舉起來，後來他一隻手滑掉了，然後開始打我。他只是捶我的手臂，但我感覺到他是用盡全力，我嚇壞了。很明顯地，情況已有所不同了。比腕力本來很好玩的，我們總是高高興興地進行比賽，但那一次他很沮喪。我終於知道，比腕力對他來說再也不是遊戲，在生理上他再也超越不了我。我永遠記得那種微妙的感覺，之後我們再也沒有比過腕力了。」

　　父親必須以慶賀的心情看著兒子的成就，並誠實的面對自己。除非為人父者能避免將兒子塑造為自己的影子，不要強迫他在特定的運動項目上求表現，不要強迫兒子代替父親尋求成功，否則，父子之間將很難有空間建立和諧的關係。

　　一個四十多歲的朋友說，他所參加的小城軟式棒球聯盟隊大多由父子檔組成，有四位四十幾歲的父親以及他們的七個兒子分別是十幾二十出頭。爸爸們一起打球有二十多年了，男孩們以前是小聯盟的隊員，平日由各家的爸爸分別擔任教練，之後也一起上中學。棒球及軟式棒球在他們的生命中占有一席之地，這些活動也提供了一個機會，讓這些父親與兒子彼此共同分享生活。

　　球季四月開始，這時男孩們都還在上學，因此由這些技巧逐漸退化，帶有歲月無情痕跡的老爸爸先上場。五月到六月時男孩們就回來了，他們開始跟父親一起在球場上穿梭，有時也作候補選手。

　　在場邊觀戰的女士們可能無法了解其中的感情成分，這純粹是男人的領域，或許沒有擁抱，沒有溫言軟語，但每一個人的心頭自有體會。球場上，可以看到爸爸為了兒子的全壘打滿場狂奔，可以看到兒子陪著爸爸走過歲月的磨練。一個男孩連留了兩個球季，帶著爸爸去配了眼鏡，希望他在揮棒時看清球路。另外一個男孩則為父親設計了一套體能訓練，在球季結束後就要展開。

　　這支隊伍去年贏得了冠軍獎盃，在今年新球季開始時，你將會感受到這支隊伍之間的愛與回饋，以及他們彼此分享的喜悅。

●批評

　　如果父親認為他有權力主導或控制兒子，他會想盡辦法，用盡一切可用的方式，像是一些懲罰性的限制，禁止孩子使用電話、車子、扣零用錢或是減少自由時間等。即使男孩自覺到本身在生理上已經強過父親，在情感上他還是會屈從。父親的終極心理武器是批評，因為大部份的男孩對批評十分敏感，會將父親的評價牢牢記住，甚至帶入成年期。

　　我們所接觸到的父子戰爭都是所有戰役的生還者細細訴說的故事，他們曾是憤怒、沮喪的年輕男孩。對於小時候父親所表現出的強硬與主導，許多男人仍深覺痛苦；而身陷在父親－兄弟、夫子爭端的女人，也同樣承載著情感上的痛楚。

　　路易斯，今年高二，很粗暴地說著他有多恨他爸爸。「他是個完全沒有觀察力的人。他不跟我說話，對於我做的每一件事都要挑剔。如果他不找我麻煩，就開始說他自己，好像這些是多有趣的事情，我應該整天閒閒沒事來聽他誇耀自己。大部份時候他不聽我說話，如果他聽我說，事情就變得更糟，因為他會開始批評我。所有的對話最後都演變成爭吵，沒有人是贏家。」

　　路易斯的反應，是選擇盡量避開他父親。他盡量在放學後去打工，一個星期中，有三個晚上他都要工作，不必回家。最後，他開拓了自己的職業生涯，改變了自己的生活，但他與父親之間的情感鴻溝卻絲毫沒有縮減的跡象。

　　瓊安有個非常勤奮負責的父親，爸爸身兼兩職，希望能讓家中的四個孩子生活得更好。他很盡責，對瓊安很好，但話不多，除非是跟她哥哥吵架時。

　　「爸爸很少跟我們說話，但他對哥哥批評得很厲害，不管是頭髮、服裝、甚至是表情，他都有話說。哥哥是個很有創造力、很聰明又富有幽默感的人，從我跟其他姊妹的眼光看來，哥哥根本不會做錯事。在我有自己的兒子之前，我從不了解對哥哥而言那是多痛苦的經驗。現在，我很高興看到我的兒子享受他父親的愛，即使只是一點點，也讓我兒子雀躍不已。而當我先生發脾氣或批評他的時候，我也看到兒子有多難過。我真的為哥哥感到難過，他與父親之間的關係從未改善，他長大離家後總是避免見到父親。爸爸去年過世了，哥哥現在有了第三任妻子，身邊有四個從前妻帶來的孩子，他跟她的妻子一直無法建立良好的關係。我愛我哥哥，但他的生活真是一團亂。我不會將這些完全怪罪父親，但是作為一個男孩的母親，我不得不想，這其中一定有某種關連。」

　　壓抑讚美、放縱批評所造成的結果是深刻且長遠的，即使已經嚐到中年成功的滋味，男人還是會不時想起某種受傷、憤怒或屈辱的感覺。一個五十二歲的病人告訴我，當他從一所著名大學以優異成績畢業時，他興致勃勃地告訴雙親，他將為自己的專業繼續努力，他希望當一個老師。他父親唯一的反應是充滿憤怒的陰鬱：「你是說，你從此以後都要當老師嗎？為什麼你不找個男人做的工作？」

　　一個朋友來自於勤上教堂的家庭，他回憶起自己的青春期以及與父

親之間的衝突爭端。他說:「我想聽一次,真的一次就好,就像上帝在受洗日對耶穌說的:『這是我親愛的兒子,我以他為榮。』」

　　愈來愈多的父親需要與他們那一無是處的兒子做更多的溝通,對他們傳遞一個簡單的訊息,就是父親愛他們,也以他們為榮。

●父與子:填滿感情的鴻溝

　　我們確實看到,父子之間的關係曾經是如何地纏綿糾葛與存在著無可避免的緊張局勢,最後轉換成為一種患難與共的友情關係。有時候,因為家庭發生危機,或許可以使男人之間奇蹟似地彼此重新融合,但多半時候必須透過共同分享的活動與互相接受的態度,彼此傾聽與對談,父子間才能建立起情感的連結。

　　良好的父子關係與母子關係並不相同,特別是父子關係中普遍都缺乏感情的探索與分享,也沒有強烈的身體接觸;而當我們在與女性建立親密的情感時,通常都會包含這些特質。男人之間的對話重心是行動而非情感,男人情感的實際表徵是彼此分享空間,比方說:肩並肩坐著,或是在玩丟球的時候站兩對面,球路所形成的拋物線,就是他們之間的感情連結。一個父親說,他跟兒子在一起最快樂的時光是一起動手修理東西,他很高興能幫孩子把溜冰鞋修好,當他鎖緊螺絲,向孩子揮揮手,兒子跑過來拍拍他的背,並且說:「嘿!你是個不折不扣的男人!」

　　另一位父親則說,他與兒子之間最快樂的時光是從前他們一起下棋

的時候。當他們靜靜坐在寬闊的客廳中，注視著對方的一舉一動，在這場充滿競爭的遊戲中絞盡腦汁時，一天的緊張或是之間因爭論造成的緊繃氣氛都拋到九霄雲外。下棋為他們提供了一個安寧、平靜的空間，讓他們能享受彼此的陪伴。

是否因為男人之間很少直接討論愛與衝突，才使得父子關係變成比較「不帶感情」？這也未必。我們相信，一般說來，將重要的情緒明確表達出來是比較好的方式，而語言是其中最清楚、最明確的方式；但父子關係的品質與對話之間是否有絕對的關連？我們必須了解，對話並非是表達愛意與解決衝突的唯一途徑。

即便是再平凡不過的日常活動，也可以連結父子倆的心，讓他們擁有分享的經歷。一個男人陪著他的兒子找出一條「蟲蟲之路」，一起觀察昆蟲的生態。他們經常是兩手空空而歸，但滿載著歡樂的記憶。一對父子每個月一定要一起到「男人的地方」去剪一次頭髮。另一個案例則是，爸爸每星期六都會帶著小兒子光顧附近的熟食店，一起做一個「週末大漢堡」。諸如此類看似瑣碎、平凡的日常活動，已足以為父子間打造起穩固的關係。很多父子檔在多年後會再重拾很久以前一起做過的活動，找回了失落已久的同志情感。聽起來很簡單，但我們確實發現，只要有一些可以共同分享的活動，就可以支撐起父子之間的親密關係，並為男孩的混亂青春期投下一顆定心丸。

情感疏離是可以改變的，為人父者必須願意付出時間與努力。如果，父親希望與兒子之間擁有更令人滿意的關係，就必須及早開始奠基，用一種簡單、但有意義的方式，建造父子之間的私密空間。如果願

意嘗試，我們會發現，新的情感方式會逐漸成形，以持續的愛取代情感距離所帶來的傷心失意。

母與子：
連結與變遷的故事

在母親給予兒子的愛中，蘊含著一種無上的溫柔，超越其他所有的情感。──華盛頓‧艾文 Washington Irving

　　一個母親帶著她二十四個月大的男孩，到公園裡進行每天下午的小小旅行。她坐在長椅上安安靜靜地讀著書，他則不停地尋找地標，看看四周有什麼值得探險的地方。他帶著勇氣，到遠離媽媽有幾呎遠的地方探勘，調查草地、查探樹枝、小蟲以及四周小石頭，然後又跑回她身邊。他環抱著她的頸子，爬到她的背上，然後又一溜煙地爬下來。每一次他離開媽媽身邊，他會跑得比以前遠一點點，讓探險的軌道比之前更開闊一些。她看照著小男孩，一旦她覺得他跑得夠遠了，她會向他招招手叫他回來，或向他跑去迎接他。

　　這是母子關係的基礎典型，他是個探險家，而她是基地。男孩在整個童年時期都會以一個探險家自居，不管在情感上或實質上，他都依恃著母親所給予的安全感與熟悉感，使他得以展開對人世的探索。當他慢慢長大，他所需要的關係又有所改變：他必須要能離開她卻又不會失去他，要能回到她身邊，卻又不至於迷失了自我。母親所給予的愛也必須對等，在兒子處於人生不同階段時，她都必須能了解與回應他不同的需求。如果母子之間能達到這樣的平衡，我們稱這是一種同步（synchronous）的關係。

　　母親可以帶領著孩子建立如此細緻的平衡關係，但並不容易。母與子之間的關係非常複雜，這種平衡經常會受到干擾，如果她無法體察到兒子不同階段行為與態度的改變，無法了解兒子跟上成長的腳步，她就無法提供他的現時需要，終有一天會無法滿足他的需要。對許多女人而言，因為自己未親身經驗過男性的世界，她們是用與父親、兄弟之間的

關係來勾畫母子之間的關係,她們深覺自己無法真正了解兒子的想法,因此撫育一個小男孩變成一項備受挑戰的工作。

一般人認為,母親與兒子的連結是有限的,在男孩長成男人的過程中,母子關係無可避免會成為犧牲品。確實,在男孩成長的早期一定會面臨一個臨界點,在這個時點上,男孩會將生活中的主要關係由母親移轉到父親身上,以便完成對自己的性別認同,體認到自己是一個正在長大的男人。這不是說兒子長到一定年紀就必須放棄母親,或者,反過來說母親必須放棄兒子,而是一種同步的母子關係的自發性轉型,這是母子兩人在男孩的童年時期都必須面對的課題。我們深信,當男孩試著要割開與母親的聯繫時,本身也擔負著風險,當許多男孩會開始對於母親所給予的親密、溫情、撫育與愛採取抗拒與限制的態度時,母子間分享的親密關係也就因此無可避免失落了。

許多女人非常抗拒這種改變,我們看到很多母親都希望能繼續與兒子維持既有的親密關係,但她們不知應採取何種行動。那些深愛兒子的母親很焦慮,非常害怕社會文化要求她們要對兒子「斷奶」;對於那些關心孩子需求、時時思考什麼是對兒子最好的母親來說,問題則不相同:她們擔心如果繼續與兒子保持太過親密的關係,兒子會變成一個長不大的娃娃,或者甚至變成一個「娘娘腔」。

從兒子的觀點來看,男孩子需要認為自己是一個能幹的男性。他會向媽媽需索愛與接納,但當他需要自主或是要強調他的「男兒身」時,男孩子就會試圖與母親保持距離。這是非常自然,而且完全可以預期的,但即使如此,男孩從未喪失對母親的需要,他永遠需要母親的愛與

了解。母子之間的關係因兒子的獨立需求與深層需求而產生了變化，許多母親會因此覺得困擾。兒子的任務是成長與茁壯，母親的任務是撫育與教養，兩者之間有相當的落差，母子關係會演化出兩種不同的面貌，「他的」關係與「她的」關係，兩者之間不必然是調和的。

●不同步的母子關係

作兒子的常會抱怨說：「媽媽總是不了解我。」事實上，這些男孩並非真的要母親完全了解他們的想法。母親是一個親職的角色，父母對於子女的世界總是有些搞不懂的地方。但倘若母親對於兒子是誤解或是過度反應，不管是有意也好，無心也罷，男孩們會特別覺得沮喪，因為這比不了解更讓他們覺得受挫。

小時候山姆與他的母親非常親密，當哥哥跟著父親一起去打小聯盟棒球賽時，母親會帶著山姆一起出外逛逛。小山姆當時還是個學步的孩子，跟著母親一起到她的雕塑工作室，在那兒，媽媽會給他一大堆的黏土讓他玩。夜晚，哥哥跟爸爸會一起討論南北戰爭的歷史，山姆就依偎在母親的懷裡，聽她為他讀著詩，訴說著她對孩子的愛意。

但當山姆長到十二歲時，他開始排拒母親。幾乎是過完生日的第二天，他就開始抱怨媽媽念的那些詩都是念給「小孩子」聽的，還說玩黏土是一件很無聊的事。他開始拒絕她在晚餐後的擁抱，並宣告他在房裡擁有完全的隱私權。母親竭力安慰自己，讓自己不要有受傷的感覺，時時提醒自己，男孩在這個年紀都需要成長的空間。然而，他在情感上的

抽離著實讓媽媽很不好受；因此，每次他移開一步，她就往前進一步，希望拉近彼此的距離。

　　為了重溫他們過去所享受的睡前時間，媽媽在臨睡前敲了敲山姆的門，想要進去跟他說說話。她坐在床沿，想要逗他說說話，而山姆則是毫不掩飾他的不耐。當她解釋所作所為只為了重溫往日的溫馨時，他只是冷冷的說：「媽，我現在要做功課了，請妳出去好嗎？」「當我開始鎖房門，也就是對她下了最後通牒。」他說。

　　約過了一個星期，她開始再敲敲他的門，但他只是隔著門對她說話，要她讓他靜一靜。然後，有一天，當媽媽再過來敲門時，她已經是既憤怒又沮喪，於是她大吼：「你給我開門！該死的，我是你媽呀！」

　　作母親的經常會吃到閉門羹，經歷兒子因為想獨立而給予的拒絕，但事實上男孩子的本意並非拒人於千里之外。山姆的母親盡力想要抓住他，但結果只是讓他更加想逃，這種緊張最後必定會斲傷他們之間的關係。三十年後，山姆也會記得當時發生的悲傷故事。

　　許多母親都告訴我們，要持續地調整與兒子之間的關係、適應或接納兒子處於不同的成長階段有多不容易。在這些母親的口中，我們常聽到一個「毛衣的故事」：母親們一直認為對孩子應負起責任，一旦氣溫下降或是她覺得冷時，就要兒子「穿上毛衣」。這裡有一個重點，就是母親們必須讓兒子自己做決定，並允許他們犯錯，即使代價是他們會冷得半死，冷到牙齒都打顫了，甚至是感冒都無所謂。

●發展的改變與期待

「在孩子第一年的生命中，會經驗母親全心全意、充滿保護的撫育和照顧；而母親的角色是食物、是愛、是溫暖，更是大地。要享受母親的愛，表示你必須要活著，而且必須停留在她的懷抱。」身為哲學家與心理學家的佛洛姆（Erich Fromm）如是說。如果母親對於嬰兒的需求非常敏銳，並能給予孩子可資信賴的回應，孩子與母親之間就會建立起一種內在的聯繫，也就是心理學家所謂「安全的聯繫」（secure attachment）。對於孩子而言，「安全的聯繫」可以提供穩固的基礎，充滿愛與信賴，讓他在與他人建立關係能有所依憑。❶

以這種絕對的親密作為開端，在男孩成長過程中，母子關係會不斷變遷。主要的變化發生在幾個階段，一開始是學步期，這時男孩開始擁有自由活動的能力，可以開始探索這個世界。再來，是當男孩進入幼稚園時，他進入了一個新的世界，有其他的大人會照顧他，同時對他的生活發生影響。然後是青春期，他開始對女孩發生興趣，同儕的影響力逐漸挑戰母親。接著，他會從中學畢業，然後逐漸離開原生家庭。在每一個時點母親都必須做出調整，為兒子的成長提供情感的依靠與自由；對於男孩來說，他需要知道母親信任他的能力，然後他才能應付新的經驗與生活。

在瑪格麗特・魏司・布朗（Margaret Wise Brown）所著的古典兒童故事〈逃家小兔〉（The Runaway Bunny）中，所展現的正是分離與連結的情節。一隻小兔子很調皮地逗弄他媽媽，威脅她說他要到一個遙遠的地方，她將再也找不到他。他變成了許多不同的東西，變成一座山、一朵花、一艘船、一隻鳥及一條魚。每一次當他變成不同的樣子時，她也

以不同的面貌隨之出現。當小兔子變成一座山，媽媽就變成了一個登山客，如果他是一條魚，她就變成了漁夫。如果他變成了「一朵躲在花園一角的番紅花」，她就變成「打理整個花園的園丁」。「如果你變成了一隻自由遨翔的小鳥，我就變成一棵樹，讓你在想回家時有地方安歇。」她說。

對於一個三歲的小男孩來說，〈逃家小兔〉是一個麻煩的人物，因為小男孩所享受的還是有母親陪伴的冒險，他還需要母親堅定不移的愛與隨時的參與。然而，即使男孩們永遠都需要母親的撫育，也不會遺棄母親所提供的情感基地，但隨著時間過去，男孩逐漸成長與成熟，他會改變對母親的期待。對一個十五歲的男孩而言，〈逃家小兔〉說的是一個夢魘，一個母親的影子無所不在的夢魘。

麥可與傑森的母親：藍髮與決斷

傑森是母親的乖兒子，個性開朗，從還在蹣跚學步時開始，就很活潑、好問。在他三歲之前，他的母親安妮就看出傑森是個十分享受、也樂於接受獨立的孩子。在他無禮或是發脾氣時，她會試著分散他的注意力，或是安撫他，哄他開心。

傑森十歲時，他的父親因為工作關係需要經常旅行，時常來來去去，有時候甚至是好幾個星期都不在家，傑森也因此要在家中擔負更多的責任。他是個肯合作的好孩子，如果媽媽要他在六點鐘回家吃飯，到時間他一定會在家；如果媽媽說在玩電視遊樂器之前要先練習吹黑管，

他也一定會照做。

這個理想男孩在十四歲時有了變化，他開始挑戰安妮。他把責任放在一旁，讓安妮覺得自己必須時時盯緊他，督促他做功課或練習黑管。他開始觸怒她，如果她說六點開飯，他會在七點時才到家；如果安妮配合他把晚餐時間延到七點，他會在七點半才回家。然後，因為他的髮型太特別，傑森與安妮之間不斷發生一些小型的爭吵。

安妮一直覺得她贏了這場戰役，直到有一天傑森頂著一頭藍髮進來，她才恍然大悟。她命令他洗掉頭上的染料，他照做了，但換上是一頭完全的黑髮。有一天她下班回到家，看到他那一頭黑髮又消失了，應該說他的頭髮全沒有了，因為傑森剃了個大光頭。從那時候開始，安妮就把傑森帶來我這兒做治療。她與傑森之間的衝突製造出很多傷痛，她開始對自己所做的決定感到動搖，也開始不斷地懷疑自己是否是個好媽媽。與許多有青春期兒子的母親相似，她懷疑傑森是否不愛她、不在乎她的感受了。

「我不知道他怎麼了，」她說，「他很少跟我說話，他說的每一句話、做的每一件事看來只是希望讓我不高興。我們常常吵架，我真的不知道該怎麼做。」

安妮認為，丈夫經常不在家應該是問題之一，但她也知道，其他一些夫妻同處一個屋簷下的家庭也有相同的經歷，與他們青春期的兒子也會有衝突與爭吵。她以為傑森在學校裡的表現一定很糟糕，但是傑森的老師卻說他是個不錯的學生。

「看起來，我好像是唯一的問題來源。」安妮苦澀地說，「我很難

過，恨死了那種『事情變成這樣全是我的錯』的感覺。我不是一個壞母親。」她的確不是，但是因為她對傑森的行為所能造成的影響力一天一天減弱，她覺得恐懼，也因此失去了洞察力與彈性。

每一次當傑森試著宣告自我獨立時，她總是要把傑森壓制下去，因為她害怕最終會失去控制力。更深入一點來看，她是害怕失掉與兒子之間曾經親密的聯繫。

對於安妮而言，問題之一是她並未體認到青春期的孩子對自主的要求，這個年紀想要獨立是再正常也不過的了。青少年喜歡「挑戰極限」，看看自己能跑多遠，或者看看他們能讓媽媽緊張到什麼地步，這是此時期最讓人討厭的兩件事，而且還會不斷出現。我曾參加一個青少年的集體治療聚會，他們當中有一個孩子言語中帶有嚴重的性別歧視與對女性的惡意，我試著制止他，但他卻像討好似地對我說：「嘿，看看我吧！我是個青少年，」他說，「我應該可以發表一些驚世駭俗的意見吧！」一個母親在面對權威被挑戰時應該做兩件事：第一，要體察並支持孩子的依賴，但不要當著孩子的面戳破他；還有，要接受孩子對獨立的小小要求，不要反應出好像他是在威脅妳或是恐嚇妳一樣。

妳一定知道，當一個男孩為了自主權而奮鬥時有多脆弱。如果一個男孩對自己的力量、能力愈有自信，他愈能接受與認知自己其實還是很依賴的。安妮與傑森進行了兩年多的抗爭，主要的原因是她拒絕接受傑森的轉變；尤其丈夫長年不在家，使得她覺得自己更應該謹慎保有父母的權威。對於傑森而言，他的態度之所以愈來愈強硬，是因為他想宣告自己的地位。因為彼此有衝突，所以他們之間免不了要戰爭。

在傑森念高中的最後兩年，情況變得比較穩定，高三快要結束時傑森來了一段閉幕式，在畢業典禮前一個星期，他又把頭髮染回藍色。安妮對傑森說著他在畢業典禮看起來會是什麼樣子，說著自己就笑了。他們之間充滿信任的愛在剎那間又回來了，安妮終於可以享受傑森無傷大雅地扭曲她的權威。

不論你與兒子在氣質、興趣或外表上有多相似，當他要求自主、要求爭取自己做決策的權力時，你絕不要期待他會跟你站在同一條陣線上。特別是，青春期的男孩很想與過去依賴的歲月劃清界限，他的母親正是這段歲月最重要的見證人。

●母親是帶領男孩了解情緒的導師

母親有無可比擬的心靈力量，一個男人與母親情感上的聯繫可能是他生命中最深沈的關係，對許多男孩來說，母親可能是他唯一能信賴的人。如果男孩與母親之間的關係無法如此親密，那麼他的心靈會因為極大的失落而受傷。

某個午後，安得魯跟父母一同來參加家庭諮詢。從他走進門的那一分鐘開始，這個活潑的十四歲男孩沒有一刻安靜，他在房裡到處逛逛，不停地打開櫃子與門，然後再把它們關上。他坐在椅子上旋轉，一邊對桌上的文件不住地探頭探腦。媽媽要他坐下，他乖乖地聽話了，但不一會兒就開始頓腳，發出吵雜的聲音。他的舉動讓她很傷腦筋，但她沒有責罵安得魯，只是簡單地將手放在他的腿上，讓安得魯安靜下來。這段

時間中，安德魯真的靜下來了，媽媽的手勢給了他一種安定的力量，讓他自己在說話時也能平靜下來。

我們問過兩個跟母親保持良好關係的國中男孩，要他們描述一下自己的母子關係；在這個年紀，我們知道他們是不時興說愛的。這兩個男孩都認為自己與母親的關係是很安定、舒適的，其中一個這樣說：「嗯，她幾乎每一件事都是對的。」他進一步解釋，他說他的意思是媽媽了解他。對於一個母親而言，要找出「正確」的答案，必須要盡力區分開自己的感受與兒子的感受，不可將兩者混為一談。

丹與道格的媽媽：平衡恐懼與需求

唐恩來看我是在她與瑞克分居後幾個月，她告訴我關於分居的決定，並說他們已經開始準備辦離婚，她與芮克之間的冷漠已經維持幾年了，也有好長一段時間都不干涉瑞克的生活了。當時，我並不知道這個決定是讓唐恩充滿掙扎的開始，因為她最後要面對一個可能是最艱難的情況：她必須對兒子放手。

一開始，唐恩跟我談她與前夫之間在感情上如何的疏離，她發現過去幾年以來，瑞克不停地有婚外情，他的行為最後讓她決定要走上離婚一途。即便如此，他並沒有就離婚這件事跟她大吵，事實上，離婚對於瑞克而言像是一種解放。雖然如此，瑞克並不打算就這樣放走唐恩，她說瑞克讓她覺得自己像是他的財產，他打算控制她的每一步行動。他會做一些無聊的舉動，像是打電話到唐恩家對她大吼，說他要付贍養費以

及兒子的教養費用是一件非常不公平的事。這讓唐恩非常生氣,她更痛恨自己還會因為瑞克的行為而有所反應,她希望學著不要被他輕率的生活態度弄瘋。他總是不斷地跟比自己小十幾二十歲的年輕女孩約會,從她聽到的蜚短流長中,他像是一個面臨中年危機的男人,不知如何自處,也讓人難堪。唐恩也希望學著停止怪罪自己,拒絕再去想如果自己再努力一點,是否事情會變得好一點。

在我們的會談中,她談的大部份是她的兒子,十三歲的道格在學校是個低學習成就的學生,對於父母即將離婚,他顯得憤怒與抗拒。事實上,一旦她開始談起道格就很難停住,很難再把話題拉回她自己或是她的問題上。她自己有許多要考慮的,包括是否重拾合格護士的身份,回到醫院工作;是否準備好重新接受約會,以及如何面對好朋友的先生求愛等種種問題。她與母親之間的關係也很棘手,唐恩覺得母親一直把離婚的事怪罪於她,以至於母親與瑞克之間還繼續維持往來。

「我很擔心道格,」有一天唐恩這樣說,「有時候,我會在他身上看見瑞克的影子。聽到他發表一些關於性別歧視的談論,我知道這些都是瑞克教他的,我很害怕。我不希望他崇拜瑞克,認為他爸爸的行為是一個男人應當有的表現。我想要保護道格,讓他不會變成他爸爸的樣子。」

「你們的監護權情形如何?瑞克還在打官司,爭取道格的監護權嗎?」

「法院的日期已經決定了,但我的律師說他一點機會也沒有,事實是,他告訴我瑞克的律師也在說服他放棄,不要再浪費時間與金錢。」

「聽起來，好像是他一直想盡辦法跟你們保持關係。」

「很詭異，但我不會給他機會，我認為讓他每兩個星期見道格一次已經太多了。我並不想把道格從他父親的身邊帶走，但只要一想到道格在瑞克那兒，我就要發瘋了。從我的觀點來看，瑞克的公寓簡直是花花公子的墮落地獄，我完全可以想像道格會看到什麼。我知道，瑞克對道格說了一大堆關於我的謊話，並希望他當家裡的間諜，問他我有沒有跟別人約會，有沒有男人打電話到家裡來，諸如此類的。我希望他看到這有多糟，道格在中間有多不好受。」

唐恩面對了許多單親父母都會面臨的困境：她必須把孩子送去跟一個她認為有害的人一起住，因為法律規定如此，這像是要一個媽媽把她四歲的小男孩送到忙碌的大街上去玩一樣。

但無論如何，瑞克總是道格的爸爸，道格有一天一定也會了解爸爸是什麼樣的人。當道格準備好了，他就會知道真正的瑞克，但唐恩知道現在還不是時候，他必須讓道格與父親盡量維持良好的關係。雖然她對此非常清楚，但她還是想保護道格，遠離那個她已經看透了的瑞克。

之後的幾年，唐恩逐漸重拾自己的生活，她找到一份兼職的工作，跟在教堂中認識的鮑伯認真交往，並開始了解她自己的母親。瑞克的存在愈來愈無足輕重，他再婚了，之後也逐漸減少對唐恩的騷擾。但是，後來他又故技重施，開始玩一些舊把戲，像是騷擾電話，或是想辦法把道格從她身邊帶走。有一天，他真的成功了。

「道格想搬去跟瑞克住。」

「為什麼？」

　　唐恩拭去眼中的淚水，說：「我不知道，但我想瑞克一定跟他說了一大堆可怕的事情，或者，道格覺得他夠大了，可以住到一個不需遵守規則的地方。現在，愈來愈難叫道格把注意力放在學校或是家裡應做的事情上。」

　　「你覺得道格想要離開嗎？」

　　「呃……這很難回答。我想他可能一定要這樣不可吧！你知道的。瑞克是他親生父親，道格希望能信任他。有時候，我想我抓他抓得太緊了，他可能覺得我太依賴他，照顧他有點過頭了，他很怕有一天搬出去會讓我傷心。」

　　一開始，唐恩是竭盡所能的要保住道格，她希望相信自己可以照顧道格，為他拂去這些傷害他的傷痛往事。但她同時也看到事情的另一面，道格已經快十六歲了，快是進大學的年紀了，在不久的將來，他們的關係勢必有所改變。他仍占有她心中最重要的角落，但他不再是，也不應該是她日後生活裡的重心。雖然瑞克不是一個好丈夫，但她知道他們的父子關係並不如她與瑞克的夫妻關係這般惡劣，如果硬要否定他們之間的父子親情，也是犯下大錯。但是，唐恩愈來愈聽不下去道格對瑞克謬論的贊同，她無法忍受瑞克的享樂主義與性別歧視言論。因此，當道格向她提起時，唐恩答應了。

　　「我告訴他，我會想他，但他可以自由地離開。我也在想，我要讓他知道不管他做什麼事情，都不會讓我停止愛他。我知道，他永遠有一個堅固的基地，那就是我。」

　　他只離開了四個月。「一開始，他回來看我，我看到他離開時有多

麼不捨，我以為他會搬回來，」唐恩說，「有時候他跟我聊天，我看得出他欲言又止，對他來說，要說什麼大概很難吧。但他一定要親身經歷他父親的生活方式，他才會了解父親是個怎樣的人，看看他的生活有多空虛。我知道他爸爸絕對不會對他設限，當他的成績開始滑落，他開始認真思考自己未來要走的路。我很驚訝這只花了道格四個月的時間，說真的，我並不相信他真的能做判斷。」

一年以後，我參加了唐恩與鮑伯的婚禮。唐恩看到我的第一件事是把我拉到一旁，對我說：「看看他，我真的為他感到驕傲！」她說的不是新郎鮑伯，而是道格，我這才發現已經有一陣子沒見到道格了。他進了大學，開始在各方面有了表現，不再是我記憶中那個憤怒、吊兒郎當的男孩。他微笑著，溫文有禮。

婚禮過後，他站起來向新人敬酒，我已不記得他的致詞內容，但我記得之後他趨向前去，給了唐恩一個吻。對於這對母子而言，他們已走過一條艱辛但堅定的旅程，現在是舉杯慶賀的時候了。

●母子不和時：當期望變成障礙

身為男孩的母親必然會面臨到兩種性別障礙，干擾她與兒子之間的同步關係。如果母親本身成長的歷程沒有兄弟，她可能就會覺得自己無法了解兒子的想法。或者，如果她與其他男孩或男人之間的關係曾經遭遇困境，她可能會戴上有色眼鏡來看待自己的兒子。一個母親的成功失敗，端看她擁有一個什麼樣的兒子，以及她如何填補彼此之間的性別差

異，以便了解、適應，以及享受兒子的存在。

　　湯姆現年六歲，有學習障礙，也無法控制自己的衝動行為。他的母親愛麗絲很擔心，非常焦慮，但同時她的臉上表現出一種絕望的神情，她認為這個小男孩沒救了。

　　愛麗絲的童年記憶充滿著哥哥死亡的陰影，他的迷幻藥癮很重，有一天晚上出去飆車，機車一時失速，撞上路樹，車毀人亡。愛麗絲的哥哥跟湯姆一樣，小時候也有學習與行為問題，小時候愛麗絲為哥哥擔了不少心。現在她對於自己的兒子有同樣的恐懼，愛麗絲覺得湯姆總有一天會變得像她哥哥一樣壞，而她一點也幫不上忙。

　　在找出她內心真正的恐懼後，我們試著讓她與哥哥之間的經驗與湯姆的生活區分開來，愛麗絲終於可以更清楚地看到小湯姆的需求，知道如何直接地、有意義地回應兒子。她找來了一位學習障礙的專家擔任家教，讓湯姆跟他一起讀書，並注意湯姆在學校裡的需求。利用這些方式，她避免落入否定的局面，避免了因為哥哥行為所造成的情感盲目，回應兒子的需求而不是回應自己的恐懼，這是母親能保護兒子的最佳方式。

　　母親對於男性的態度也會對兒子傳達某種訊息，讓他知道她對他有何感受。如果一個女人對她的丈夫或前夫表現出失望的態度，對兒子來說，這個訊息不僅破壞了他與親生父親之間的關係，也讓男孩嗅出自己被批評的意味。

　　母親的成長過程中如果與兄弟之間相處愉快，對她而言，要再一次面對家有男孩的情況是比較容易的；對於小男孩來說，母親傳達出的訊

息是她了解他的行動，他是一個可愛的孩子，她愛他。如果母親曾經被兄弟捉弄、折磨過，她可能會對於兒子的行動更覺得憤怒與防衛。

每一個有兒子的母親都面臨一個難題，她們要試著去了解男孩生命中的每一個面向，而兒子們覺得許多事是母親從未經歷、也不可能理解的。為什麼男孩子不能安安靜靜坐著？為什麼他們總要把土司咬成槍或弓箭的樣子？為什麼他們行動之前總不先想想後果？為什麼他們總不談自己的生活？

憤怒、高活動力、承擔風險等都是男孩特有的天性，也是女性特別需要了解的部份。法蘭的五歲兒子一發脾氣就讓她束手無策，他會把抽屜裡的衣物都丟出來，把玩具散的一屋子都是，一旦小男孩開始發脾氣，她會對他大叫，讓兒子安靜下來，然後罰他到樓梯間小角落去面壁思過。但次數一多後他開始反擊，他對她的命令發出挑釁，他不肯待在角落裡，反而是回來發脾氣發得更凶。法蘭想知道，他到底怎麼了？他這種激烈、無理、不服從的態度是正常的嗎？

法蘭被兒子嚇到了，但她自己並不知道，她以為自己生了一個「野男孩」，一直試著要教會兒子更多的紀律與規則，但這只是讓他們之間的關係更辛苦而已。她只需要了解一個五歲大的男孩需要別人替他訂出限制，但她卻把兒子當作怪獸。法蘭過去的生活中沒有太多與小男孩相處的經驗，她必須時時提醒自己，他只有五歲。

不管一個母親對於兒子是期待或恐懼，不管她們已經說出來了或只是在心中苦思，這些感受都會傳遞給兒子，影響男孩對自己的感覺，也影響母子之間的關係品質。

　　羅姐有兩個已經在讀大學的乖兒子，她回憶著兩個孩子在小時候是多麼不同。對於大兒子強納森，她比較能夠給予適當的、充足的回應。強納森跟法蘭比較相像，他多話，也比較善於表達。「他一回家就會告訴我發生的每一件事，像見到了誰、說了甚麼話，從早到晚發生的事都不放過。」

　　小兒子馬克就比較安靜，知道行為的界限在那裡，很少跟家裡的人說他的學校生活或他的朋友。他不愛出風頭，善於自省，這一點比較像他爸爸。他進大學後約兩個星期就跟高中時的女朋友分手了，他沒跟家裡透露隻字片語，羅姐是在超級市場遇到女孩的母親時才知道這件事的。羅姐打電話問馬克為什麼不告訴家人，馬克說他很抱歉，而且不覺得這是什麼了不起的大事。最後，為了安撫她，馬克說：「媽，我保證，有一天我如果要結婚一定會打電話告訴你。」對於馬克沒有告訴她關於分手的事，羅姐深覺受傷，並在之後有意無意之間要讓馬克覺得愧疚。

　　馬克並非故意要傷害母親才故意隱瞞不說，但他的沈默確確實實傷了羅姐的心。當她表現出不高興時，意味著她覺得馬克做錯事了，馬克沒有符合她的期待；但他並不了解，也覺得母親的批評是不公平的。

　　母親要填補與兒子之間的性別差異，意味著她必須了解她與兒子的思考方式與感覺是不同的，如果她一味的用女性的眼光來看，將無法看清兒子行動背後的真正動機。同樣是感情的抽離，一個女性朋友與兒子的行動動機就不相同，不可混為一談。將自己設身處地想成一個男孩，然後在以這樣的立場去了解兒子，將有助於建立起獨特的母子關係。如

果母親因為自我的傷害或憤怒而誤解了孩子的行動，這種錯誤的解讀會愈來愈複雜，最後傷害了母子之間的同步和諧。

●接觸的改變

幾乎每一個當母親的都會注意到，有一天，兒子開始閃躲他們之間身體的親密接觸。同時，幾乎每一個母親也都有經驗，有一天，她開始對於給予兒子擁抱、親吻或撫愛覺得不安。母親與兒子都會經歷這樣的改變，但兩者的經驗並不相同。

珊蒂是三個男孩的媽媽，在一次父母群體討論中，她談到最近的疑慮，是關於跟她十三歲兒子身體接觸的問題，她說：「孩子還小的時候都喜歡跑到我床上來，我們一起躺著或聊天，看起來再自然也不過了。但現在布來恩已經十三歲了，這種行為看起來不太對勁兒，我覺得有點不安。對布來恩而言或許很不公平，他沒辦法讓自己不要長到十三歲，但我總是覺得怪怪的。」

在被問到她到底在害怕什麼，珊蒂說：「我不知道。布來恩一直是一個喜歡別人摟摟抱抱的孩子，但現在我會想『喔，他在抱我，這對他來說會有什麼影響？』我開始顧慮這些事，我不想破壞我們之間的關係，但這些想法真的很困擾我。我猜，我擔心他會有一天不知道怎麼處理這些事，也擔心他是不是會正常地成長，我希望我們之間的關係是一種很適當的聯繫。我並不是說他做錯了什麼事，真的。我只是擔心，我除了怕自己做錯事之外，我也不知道自己究竟在害怕些什麼。」

有些母親擔心，太多的母愛會讓孩子變成同性戀，或者讓他變成一個「媽媽的小兒子」，或者，也有人擔心身體的接觸會傳達出「錯誤的訊息」或是被誤解，特別是青春期的男孩已經面臨第二性徵的成熟，性別的概念愈來愈清楚。另外，也有一些媽媽告訴我們，她們的想法很簡單，只是不想讓兒子變成別人嘲弄的目標。這些想法或恐懼對男孩的生命自有其意義，但並非像作母親所想的那樣。

在嬰兒與童年時期，裸抱提攜的身體接觸對於孩子的發展歷程影響很大；研究者發現，即使孩子漸漸長大，身體的接觸仍是親子之間傳達愛與關懷的重要工具。❷許多母親在女兒長大之後仍然與她們維持親密的身體接觸，但卻會用不同的態度對待男孩。大部份的母親在兒子八、九歲左右就會對身體接觸感到不安，開始減少彼此間的接觸；當兒子邁入青春期開始，變化更是明顯。

瑪琳有一個十七歲大的兒子，她記得那個特別日子，從那天起，她開始覺得與兒子的身體接觸讓她不安。「那天我看著十五歲的他，我發現他已經長得比我高大了，他已經長出胸毛，臉上也已經有了鬍渣，看起來就是我丈夫的翻版。在那之後，我擁抱他的時候就覺得怪怪的。」

珊蒂說她十歲大的兒子還會用親吻跟她打招呼跟道別，也還喜歡在睡前要媽媽替他搔搔背，但她開始對這些親密有些抗拒：「我也知道，很快的我們再也不會有這些親密的舉動，再怎麼說，用擁抱小男孩的方式去擁抱你十六歲大的兒子總是不適當的。我不想變得很詭異。現在我不覺得這些舉動有什麼不對，但我會慢慢地收回我們之間的親密接觸，因為我不希望等到有一天他叫我停止。」

身體接觸與其他的母愛表現方式一樣，在男孩的生命中扮演非常重要的角色。五歲的男孩跟十六歲的少年或許不同，會用不同的觀點來看待身體的接觸，但接觸所傳遞出的愛的訊息是一樣的，不會因為年紀的增長而打任何折扣。只要顧及不同年齡的男孩不同感受，母親所表現出的身體接觸就不會有任何潛在的危險，這並不會影響男孩的性傾向，不會助長或減低性慾，也不會消削弱男孩的男性認同。

亞倫十三歲，從小就是一個善感、熱情的孩子。每天，母親荷普送他上學，臨別時他們總是要互相擁抱或是吻別。亞倫四年級時荷普注意到沒有其他人再這樣做了，但她仍然給亞倫擁抱與親吻，而亞倫也繼續給予回應。

「十歲時，他升上五年級的第一天，我們在學校門口停下來，他拿好他的背包跟他的黑管，然後我們之間有了一個詭異的暫停。他沒有像以前一樣傾上前來要一個擁抱，我們左顧右盼一下，然後兩個人一起笑出聲來，然後他跑掉了。我向他大聲說再見，我知道這一天終於來了。這是新的『親吻與擁抱』方式的開始。」

他們之間的習慣改變了。每天早上，他們彼此交換一個微笑與幾句開心的道別，然後就只有這樣了。約一個星期後，亞倫創造了一個屬於他獨有的擁抱。「他放學回來，一個下午東逛逛西逛逛，然後跑來問我要一個『加油式的擁抱』。」亞倫的媽媽說。從那一年開始，『加油式的擁抱』就變成他們之間的一個通關密語，不僅代表著及時的感情表達，有時候也表示亞倫一整天都非常不順利，需要額外的支持。

當兒子開始閃躲母親的擁抱時，最大的原因是因為擁抱讓男孩子想

起自己「還是一個依賴的小男孩」，這是成長中的他們最不想提起的。
「表現情感真的很尷尬，尤其是媽媽當眾親吻你更是教人難堪。」十三
歲的馬特這樣解釋。他還說，即使你告訴別人說你很愛媽媽都是「一件
很詭異的事」。但事實上，他還是很喜歡在臨睡前有媽媽替他搔搔背。
這些親密接觸在他念九年級那年就都停止了，從那一年開始，他經常比
媽媽晚睡。雖然他很想念過去的親密，但他絕口不提。

　　男孩子通常不會說，但這並不會改變事實：不管母子之間的親密是
體貼的擁抱或是遊戲式的扭打，男孩子需要、也想要來自於母親的關懷
接觸。母親是世上少數幾個能給男孩與性無關的感情慰藉與生理溫暖的
女人，如果要求男孩們日後也能學著表達這種溫柔與體貼，他們必須不
斷地經驗與感受。如果切斷男孩與母親之間的親密接觸，他們就只能從
與足球教練或是隨意的性伴侶那兒學得親密的方式。

●多樣的母親，多樣的訊息

　　我們從花了許多時間在遊戲場上跟孩子一起相處，也曾研究不同的
母親教養方式，看看這些對於男孩的成長、學校表現、體育與尋求獨立
等方面有何影響。我們看過充滿焦慮的母親，像部「直昇機」整天徘徊
在孩子身邊，將所有的麻煩放大；也看過總是無法對兒子放手的母親，
不管他早已長大、早已能夠獨立，還是要把他拴在身邊。有些母親則永
遠無所謂，就算她的兒子已經明顯地表現出沮喪，或是已經讓身邊的人
感受到壓力，她也無所謂。當然，有很多是帶著遊玩心情的媽咪，她們

參與兒子的生活，母子之間充滿互動，並且享受兒子的存在。這些母親會小心地坐在一旁觀看，保持一定的距離，為她的孩子加油打氣或提供建議，讓他們自在地經歷低潮，充分發展自我興趣。這些母親大部份有相同的動機：希望看到兒子長成快樂的男人。

如何做一個好母親沒有標準答案，面對同樣的孩子，有些母親可以跟嬰兒時期的兒子維持良好的同步關係，但一旦他步入青春期就一切改觀了，或者，相反的狀況也屢見不鮮。但當我們坐在遊戲場中、看著不同的母親教養方式時，我們忍不住在想，這些男孩從不同的母子關係中學到的是多麼不同的東西！

李維斯│六歲，姓名高掛在中學的榮譽榜中，在網球校隊與辯論校隊中也是當家台柱，同時對教堂的活動也不遺餘力。他愛她的女朋友以及她那充滿溫暖、關懷的家；放學後，他經常待在她家。事實上，他所做的每一件事都只是為了避免回家。在球場邊或是在社區的雜貨店裡，李維斯的母親總是說著她對兒子感到多麼驕傲，但在私下相處時，她總是不斷地批判、批評他，不管是食物、衣著、學業規劃或是家庭作業，通通在她批評的範圍內。

有一天我們在聊天，李維斯談起他媽媽對他的批評，並小心翼翼地問：「我媽媽從不對我說半句好話，是不是母親對兒子都是這樣的？」

相信母親認為他是無能或不可愛是男孩心中的痛，我們經常看到這種傷害帶進學校裡來。學校是一個激烈競爭的地方，母親的批評可能成為孩子努力的動力，但同樣也可能使男孩對學業更感焦慮。

丹與傑瑞：當母親傳遞出不信任的訊息時

那是傑瑞進入私立高中的第一年。他的雙親對於傑瑞之前在另一家私立高中的表現深感失望，於是讓他轉學。她的母親是位律師，認為之前的學校對於傑瑞不夠關心，不夠了解他的學習特殊需求，更沒有提供必要的支援，為傑瑞創造一個清楚、溫和的克服學習障礙環境，讓他無法發揮潛能。於是，她一開始就跑來找校方談話，參與會談的包括學校照顧新生的學監與我。

傑瑞高高瘦瘦，打扮整齊，百般不願地踱進來，看得出他不喜歡這次的會談，扭扭捏捏的。他的媽媽找了張椅子坐了下來，同時拉開自己身邊的另一張椅子，要傑瑞照著做。傑瑞很快地看看桌子四周，彷彿在尋找其他的選擇，他瞄到另一邊還有張椅子，但是不好走過去，只好在媽媽旁邊坐了下來。學監自我介紹，並介紹我給他們認識，然後問問傑瑞是否已經在學校裡參觀過環境了？

他媽媽代替他回答，說他們的行程很緊湊，所以沒辦法早一點帶傑瑞到學校看看，但希望在會談之後有機會到校園裡走走。在整個會談中，每次我們直接問傑瑞問題，他的母親就會代打，不是搶著幫他回答，就是在她覺得他表達不夠清楚時打斷他，由她來做補充。

在學期中我們也繼續進行諮商，這種型態一直持續著。在家庭治療中她也常搶傑瑞的話，她一開口他就閉嘴。她的行為傳達出一個訊息，她一點都不信任傑瑞，她覺得他一定無法擔任被諮詢者的角色，無法明

確表達自己的感受，而他也因此愈來愈抽離自己的角色，話愈說愈少。

很清楚的，傑瑞的媽媽已經過份干涉他的生活，對於傑瑞以及大部份的孩子來說，結果只是讓他愈來愈困惑。對於年紀小的孩子而言，知道媽媽會幫他打點一切是有益的；但，我們要問，如果她心裡面一直都是他的利益為先，她現在怎麼可能會錯？我們必須知道，十四歲的男孩已經覺得能為自己發言了，並認定自己必須更能控制學校裡發生的事，而不是一切仰賴父母。母親的持續主導、干涉代表她所投的是「不信任票」，因此難免傑瑞會覺得無能、絕望，並對母親的所作所為覺得憤慨。

在建設性的建議與破壞性的管教之間，存在著一條微妙的界線。男孩需要用無致命危機的方式去探求世界的真貌，生理或是學習上的障礙會使男孩面臨更多的挑戰。但不論如何，男孩子必須自己完成「學習」這項重要課題，他需要在合理、安全的環境中學著站穩自己的腳步，經歷失敗，從中學得教訓。早一點讓男孩開始面臨挫折，比起一直為他創造成功環境，讓他毫無準備地邁入成年期要好得多。

●馴服離家的男孩：強化聯繫

在〈小飛俠〉（Peter Pan）的故事中，夢幻島是蹺家男孩的家，是一個到處是離家男孩的喧鬧部落，在這裡，男孩們臣服於他們的首領溫蒂。溫蒂是他們夢寐以求的母親，會唱歌，會說故事，在那裡給予他們來自於母親的愛、撫抱與安適。其實不管是在文學中或是生活上，即使

母親的真實形象有時並不明顯，但在男孩的生命中，母親情感的展現是
非常真實的，更是超乎尋常的重要。

當男孩面臨青春期的情緒困擾，或受苦於少年的殘酷文化時，母親
可以善用母子之間的感情聯繫來協助兒子，讓他覺得自己是被愛、被尊
重的；她也可以擴展他的理解，協助他用一種嶄新、深入的觀點看看父
親，讓他能有更充分的資訊做出選擇。我們看到母親用各種不同的方式
強化與兒子之間的聯繫，像是直接與兒子對話，重新詮釋道德價值或是
期待，或是透過簡單的關懷表示——不帶判斷的傾聽、試著解決他的問
題、為他做一道他喜歡的菜、陪他玩他最愛的遊戲、談談新出的電影或
書，或者為他準備一份充滿驚喜的禮物。只要確定他的情感基地無論如
何都屹立不搖，男孩們就會覺得獲得支持，有勇氣去解決自己的問題。

達利爾十二歲，是個好學生，一個充滿愉悅、富有幽默感的男孩。
有一天下午放學後對母親珍大發了一頓脾氣，原因是她批評達利爾不夠
用功，如果要她要繼續付錢讓達利爾去上鋼琴課的話，他必須保證會比
現在練習得更勤奮。

「我做什麼都不對！我無法討好任何人！我真沒用！」他大叫。

珍被這完全不像是達利爾的反應嚇住了，但她沒用憤怒來回應他的
脾氣，她只是在他身邊坐了下來，認為他的問題不只是鋼琴課這麼簡
單。她問他是否在學校碰到什麼麻煩，但達利爾只是搖搖頭，然後他
說：「沒有。」之後珍開始自嘲，說她自己是一個專斷的媽媽，取笑自
己剛剛對於鋼琴課所下的判斷是多麼的獨裁，兩個人都笑了。之後，達
利爾告訴她學校裡同學對他的嘲弄，他忍受很久了，但最近他為此特別

的沮喪。

「你很棒啊！他們能笑你什麼。」他的媽媽大喊。達利爾列出了一長條的清單，包括他的髮型、他的T恤、毛褲、襪子、鞋子、他讀的書以及他的好成績等等，每一件跟他有關的事都可以是目標。他希望平息這些嘲弄，但他不想爭鬥，而且他知道不管他做了什麼，所有的矛頭最後都會指向他。他很失落，不知道怎麼才能讓惡作劇停止；他覺得自己被困住了，如果他反擊那些攻擊的人，他很確定會被留校察看。

他的母親了解這種不公平的情況，並問達利爾心中是否有其他的方案。達利爾說沒有，他不希望媽媽打電話給老師。珍正猶豫第二天是應該私下去找老師談談，還是就像達利爾要求的一樣，就讓事情放著。下午達利爾放學回來，宣佈整個問題已經解決了，透過學校學生法庭的運作，他跟主要的捉弄者簽訂了停火協議，解除了目前的警報。當校方把「開庭時間通知」送到這兩造手上時，惡作劇的同學決定停止他的行為，達利爾也同意了。一群其他的小嘍囉又重新尋找其他的攻擊目標。達利爾很高興，因為是他自己解決了所有問題。

作母親的時常會低估情感支持的價值，只要透過簡單的傾聽，分擔兒子所負荷的情緒重擔，向兒子表達出信賴與支持，並在他採取行動時給他充分的支持就可以。不管情感聯繫的形式是哪一種，當兒子身邊發生重大的問題時，這會是一座最好的橋樑，讓母親能夠走進兒子的生活，直接與男孩對話。

夏綠蒂的兒子朗十五歲，他剛進高中時對於新來的女同學珍珠非常迷戀。珍珠很迷人、美麗，也願意回報朗的熱情，因此這兩人之後就經

常在一起。夏綠蒂並不鼓勵兒子建立這段關係，她覺得他終究會對珍珠失去新鮮感，兩人會漸行漸遠；另一件事讓她比較煩惱，從珍珠的言行舉止來看，夏綠蒂覺得珍珠吸毒。

有一天，校長打電話給夏綠蒂，原因是警方懷疑珍珠在學校裡仲介學生買賣毒品，而他們也想和朗談一談。夏綠蒂當時嚇壞了，完全不知所措。她跟丈夫把朗載到警察局，從珍珠的口中，他們聽到毫不保留而又令人失望的事實：珍珠不僅吸食海洛因，她自己本身還是中盤商。朗完全被騙了，他知道她有服用海洛因的習慣，在他們的關係一開始時，他自己也曾短暫嘗試海洛因。朗說，他後來停止了，並決定將珍珠從她的毒癮裡拯救出來。珍珠被送到其他城市中的煙毒勒戒所戒毒，夏綠蒂認為這是讓朗建立他自己的興趣、規劃未來藍圖的時候了。

夏綠蒂與丈夫小心地避開規勸者的角色，他們與朗進行了多次的長談，一再清楚地表達他們的愛與信任，相信他擁有善良、正直的個性。朗一直與父母非常親密，他們時時討論家庭的價值，討論毒品與謊言對朗的是非觀念所做出的挑戰。

夏綠蒂也避免批評珍珠，因為她知道戀愛中的朗定會盡一切可能為珍珠辯白，認為他們之間有光明的未來。夏綠蒂只是安安靜靜地與朗談話，以一個母親與女人的身份來分享朗的觀察，並向他解釋青少女在不同環境之下的想法，協助朗了解珍珠的為人，以及隱藏在她那有害、自毀選擇背後的意義。她誘發朗說出自己的想法，讓他有機會探索並說出自己的感情，而不是讓他必須捍衛自己的女朋友，或是批判她的墮落。

朗用了幾個星期自我探索之後，他又對那曾被毒品、朋友以及戀愛

關係搞得一團糟的生活找回了期待。他開始找回以前的朋友，經營之前的友誼，並參與那些他曾經深以為樂的活動。他也開始考慮進大學的事，為了想要進入心目中理想的大學，他盡力拉高自己的成績。

在朗需要陪伴、需要談話、需要重建他的校園生活與社交圈時，夏綠蒂所提供的是非常特別的支持。在毒品事件發生後幾個月內，朗決定結束他與珍珠的關係，對他而言這不容易，但無論如何，這是他的選擇。因為有他的母親實質上與情感上持續的支持，讓朗能夠探索自己的需求，獲得更多的啟發，並為自己的未來做出明智的決定。

●丹與媽媽：留一點空間給其他的關係

第一次的事件裡根本還沒有女孩子，只是一個女孩子的照片。那時我七年級，她跟我一樣是學校的樂隊成員，我們坐在隔壁。不管你相不相信，我放學時都幫她背書包。我們上同一所舞蹈學校，我想，我們都很喜歡那種被明確配對的感覺。我們從未接吻，我也不曾帶她進我房間，但在我曾經把紀念冊拿給媽媽看，告訴媽媽哪一個是她。我不記得照片照得好不好，她長得不錯，但並不是我們班上公認的三大美女之一。

「你覺得她怎麼樣？」我問媽媽。

「她很上相。」

「什麼意思？」

「意思就是說她很上相，在照片裡看起來很美。」

「你是說她很美嗎？」

「不，我是說她在照片裡很好看。」

「你是說她很美嗎？」

「嗯，好吧，就算是了。」

當時我並不知道我希望從媽媽口中聽到什麼，我想，我只是想聽媽媽說她看起來像是一個我會覺得很特別的女孩，或許我想要的是認同，是母親投下的信任票。我記得，當我看到她給的回應如此保留，雖然我並不覺得被觸怒，但心中有一點點小小的震驚。

在我高中時的戀愛關係裡，她的態度一直維持如此，即使到我大學時情況也沒變，我知道，她對我交過的幾個有政治傾向、反社會的女友很反感。有一個女孩太土裡土氣，超過她所能容忍的範圍；另一個讓她對於清潔婦寄予無限的同情；還有一個離經叛道，總是挑戰她媽媽的權威，讓我媽媽想保護我，讓我免於遭受單親家庭中長大的孩子情緒傷害。我從不知道媽媽對於這些女孩的看法，總是在我與她們分手後才有所耳聞。我也從不知道，那個我差點跟她結婚的女孩是媽媽最中意的，但當我們分手時，媽媽卻從不懷疑我的決定。對於介入我其他兩個兄弟生命中的女孩與女人，媽媽的態度也是如此。

當我最近跟她談起這件事，告訴她我有多感激她處理我跟女朋友之間的關係時，她的答案讓我再一次嚇了一跳：「當我了解我只有兒子時，我就知道我必須跟你們結婚的對象好好相處，不然我就會失去你們了。你知道那句俗語『有了媳婦忘了娘。』我不希望看到這個局面。

所以，這些年來，她對我們的女朋友們都維持著一個冷靜的態度，

盡量給予不帶判斷的回應，有時會有點小小的波動，但一定沒有歡欣鼓動的時刻，也不會有嚴厲的批判。即使沒有明說，但她的態度很明確，我交什麼樣的女朋友是我的選擇，不是她的；如果她在處理時感情有所偏誤，她一定會在我的感情關係中偏袒我。

當母子關係表現出同步的和諧時，我們看到的是母親把教養孩子當成是一種練習，像是練習靜坐或瑜珈一樣。她們試著透過兒子的眼睛去看這個世界，以便了解兒子的需求。這種樂於從孩子身上學習的意願是父母最重要的特質，對於有兒子的母親來說更是重要，因為她要了解身為男孩子的經驗與男孩子的世界，她必須學習的東西太多太多了。經常練習「媽媽禪」讓一個母親更能加強與兒子之間的連結，即使彼此之間的實際距離再遠，對他們的親密關係也不會有所影響。

●麥克與愛森、泰勒與蘇珊：學習放手

作為她的私人治療師，我得以有許多特權介入蘇珊最後幾年的生活。她死於胰臟與肝臟癌，卒年四十七歲。她在過世前約十八個月打電話給我，表示她希望進行治療，並希望一直持續到她過世為止。我們談了很多，其中一個主題是在談如何幫助她的兒子——二十三歲的愛森與十九歲的泰勒。蘇珊已經離婚了，多年來她母兼父職，很多工作都自己一手包辦，不過她也請她的好朋友訓練兩個男孩照料家務。

她與兩個兒子非常親近，愛森在大四那一年的春天花了許多時間陪伴他，一個星期中，有三個晚上母子是同眠的，而泰勒則是離家到大學

裡當新鮮人。從暑假開始，他們三個人決定一同生活，愛森決定要留在家裡直到媽媽離開，而泰勒準備在秋季再回學校。

到了七月底某一天，一向好脾氣的泰勒開始摔門，對窗簾、地毯以及任何擋到路的東西生氣，最後，愛森與媽媽在討論到底什麼事困擾了這個小弟，而愛森建議小弟先休學待在家裡，等到下一年再回大學復學。一小時內泰勒安靜下來了，媽媽蘇珊走近他。

「泰勒，」她說，「愛森說你今年想休學，今年秋天不回學校了。」

泰勒點點頭說是，然後說：「媽，妳什麼時候會死？」

「嗯，我也不知道，」她說，「為什麼這樣問？」

「因為我告訴同學說妳今年夏天會死，而我會在秋天回學校。妳今年夏天沒有死。」

「對，很明顯的我沒死。」

「所以，」泰勒繼續，「如果妳今年夏天沒死，妳要等到明年夏天。」

「我不確定自己等不等得了這麼久。」

「那妳必須在放假時死，」泰勒說，「不過要除了聖誕節之外，不然我們每個聖誕節都很傷心，因為到時每年我們都會記得妳。」

蘇珊了解到十九歲男孩的想法有限，她繼續說道：「我不覺得我可以計畫在放假時死。你明年要休學，跟我和愛森待在一起嗎？」

泰勒大叫，然後鬆了一口氣說：「是的，我很想。」

泰勒算計母親的死期只是因為他想知道什麼時候要控制整個情況而已，或者說，他在害怕一個情感空虛的秋天終將來臨。每一次，當蘇珊

利用機會發掘這兩兄弟的感覺時，她同時也安撫了他們的恐懼，讓他們準備好等待痛苦的日子來臨。在詢問泰勒想要做什麼時，蘇珊是把自己當作他的顧問，讓他有機會說出自己的感受。

三月時，蘇珊做了多次化療，幾個星期後，蘇珊的癌細胞有很明顯的蔓延跡象，範圍一直延伸到她的肝臟，看來死亡無可避免，而愛森在家裡也開始變得不可理喻，充滿憤怒。有一天，他告訴媽媽，說現在他在計畫在她過世後到西藏旅行，問媽媽家裡有沒有錢讓他實現這些計畫。蘇珊的反應不是表現出陰鬱與失望，相反的，她知道他的旅行計畫背後只為了逃開這傷心的一切，而她的心支持他。之後他們談了很久，談到她的死亡有何意義，愛森終於承認他的恐懼，告訴她，他不確定當那一天來臨時他可以承受傷痛。他想像孤獨一人的西藏之旅會是一帖良藥，一旦把全副心思放在旅行上，他就可以忘掉痛苦。蘇珊幫著他了解事實，告訴他要逃離自己的感覺是一件不可能的事。他必須親自經歷痛苦，並從其中找到出路。蘇珊向他解釋，他的失落感不會完全消失，但她所給予他的溫暖記憶卻會永遠與他同在。

在他們直接對談的幾天後，愛森真的展開了他的療傷之旅，跟他原來的旅行計畫完全不同。

當我問起愛森，他與母親之間最深刻的記憶是什麼時，他跟我說起了這次的對話，並說他希望他們有更多談話的時間，但她的體力已經愈來愈弱了。即使如此，他猜想「自己真正需要知道的，是母親無論如何都會無條件愛你——無關乎你有沒有拿到書卷獎，無關乎你是否離了婚，是否下午兩點鐘坐在小酒吧喝著悶酒，也不管你是否已經四十五歲

了。我跟她提到這些，她看著我，然後說『我愛你，非常絕對，非常完全，而且全心全意。』」

愛森說，在她還在家中的最後幾晚，有一天，他對她唱歌。「我知道我想唱『你是我的陽光，我唯一的陽光……』那首歌給她聽。」他說，並在我面前哼了一小段。「但你知道，我根本唱不下去，基本上……嗯，你知道的。然後，她，你知道……她為我唱完了其他的部份，我想那是我真正想聽到的。我一直希望她能夠抱抱我或是溫柔的對待我，然後我們真的擁抱了，她對我說：『這會有幫助的。』真的。」

蘇珊在生命中最後一年對兒子表達出的愛有許多不同的形式，但不變的是，她總是找得出他們的需求：她讓他們參與跟醫生的會談，讓他們盡可能了解她的病情。她了解他們在情感上的掙扎，透過談話引領他們表達，並為他們建立起勇氣，這是蘇珊留給兒子們最後的禮物。

在默利斯・桑塔克（Maurice Sendak）所著的著名童書《野獸國》（Where Are the Wild Things）中，有一個叫麥斯的小男孩整個下午都在想著各種惡作劇，後來他告訴媽媽，並且還威脅要吃掉她。媽媽很生氣，把他鎖進一個安靜的房間裡，讓他好好反省一下，也讓他明白他無法「吃掉任何人」。

獨自待在房裡的小麥斯展開了一趟幻想之旅，走進了一個充滿可怕怪獸的夢境裡。這些怪獸很喜歡麥斯的野性難馴，要求他留下來做「野獸之王」。這片充滿野性的樂園一開始是個很棒的地方，但麥斯並不想長久住在那兒，因為，在那兒他是孤孤單單地長大，沒有人會關心他。

他對於怪獸們的要求做出了一個非常明確的回應，毫無遲疑地拒絕了牠們的提議；他選擇回家去，在那裡充滿著安適，而且所有的人都愛著他。最後，他在自己的床上醒來，空氣裡充滿著食物的香氣，原來，媽媽已經準備好了熱騰騰的晚餐等著他。我們相信，對於一個養著「小怪物」的媽媽而言，她只需要給他一點空間與時間，他就能找到他自己。

令人害怕的小麥斯提醒我們，每個年紀的男孩都在不同的情感領域探索著，面對著不同的挑戰，用憤怒或是激烈的行為當面具，隱藏著他們內心的混亂。當男孩漸漸長大，會逐步脫離母親的保護，尤其當他步入青春期，開始面對殘酷文化的磨難時，他特別需要有母親的形象常駐心中，因為有著母親給他的愛與對他施予的情感教育，讓他產生安全的力量。他需要明白一件事，就是無論他與母親之間的聯繫以何種方式來維持，他永遠可以找到一個供他安歇的地方，在那兒有人會無條件的愛他。

在孤獨的城堡中

我是一塊石頭，我是一座島。——賽門與葛芬柯 Simon and Garfunkel，《我是一塊岩石》 *I am a rock*

當男孩邁入青春期時，情感的封閉幾乎變成了一種反射動作，他學著否認自己的情感需求，並且將自己的感覺偽裝起來。因為生命充斥著殘酷文化，來自同儕的威脅與羞辱無孔不入，人與人的信任逐漸消蝕，讓男孩們必須面對一項殘酷的心理交易：他要不是藏起自己的感覺，要不就等著接受更多的磨難。這使得當男孩遭遇越大壓力時，他的情感就退縮到深層的地步。

　　接受治療的青春期女孩通常的問題在於感覺太多，她們太擔心自己與他人的情緒回應，與青春期男孩所遭遇的問題正好完全相反。女孩們通常會跟朋友談談自己的高、低潮，對她們而言，這完全沒什麼不妥，但這時期的男孩卻總是避免與他人談起自己的感受，他們會自己獨力掙扎，而這通常會帶來悲劇性的結果。男孩在感情上的抽離常會被浪漫化，例如，男孩們在電影中所看到的超人就是感情退縮的典型。每當他的生活壓力太大，他與惡人之間進行永無休止的纏鬥，或是他被愛情關係搞得太複雜時，就退縮回他那冰冷的、遠離塵囂的高塔中，一座透明的孤獨城堡裡。蝙蝠俠是另一個例子。蝙蝠俠自幼失去雙親，這齣悲劇一直縈繞在他心裡，讓他化身為對抗邪惡的鬥士，展開永不止歇的戰鬥。在每一回合終止時，他會退回他的「蝙蝠洞」中，那是一個地下洞穴，到處是精巧的機械裝置、最新電腦科技以及最棒的跑車，但是，那裡沒有任何感情的慰藉。

　　這些漫畫書的英雄在他們的城堡中來去自如。當一個男孩斬斷與父母、朋友或是同儕等有意義的連結時，他必須獨力面對青春期所特有的

社會壓力。沒有外在的協助，本身也沒有適當的情緒裝備讓他脫困而出，許多男孩因此受困，將自己的情緒愈埋愈深，築起一道道堅固的門牆防止情緒流洩，一直到情緒被完全深鎖，再也無跡可循。在十幾歲的男孩中，情感抽離是沮喪最明白的徵兆，情感的抽離可能會引發更深一層的憂鬱，甚至引起一些像虐待、隨意的性行為等自毀的舉動。

因為與情緒保持距離，使男孩失去了情感成長的機會。在人生的成長過程中，當我們正視那些引起我們煩惱的困擾時，我們才得以在生理上、心理上獲得成長。才能了解煩惱的根源，才能知道究竟該怎麼辦。當一個情緒上自我孤立的男孩遭遇麻煩時，他的反應可能是找尋代罪羔羊，認為周遭人士、環境才是該為問題負責的原因。如果男孩或是父母親無法察覺到男孩的情感孤立，總有一天會讓男孩精疲力竭，爆發出所有潛藏的情緒。即便這個男孩成功地藏起自己的情緒，這也只是讓男孩的生命更添一頁悲慘。

●馬丁：逃避情感的傷害

馬丁是個受人尊敬的錄影帶製作工程師，回憶起他的童年生活。他的父親是公司的高級主管，高IQ但低EQ；他的母親是個負責的女人，但與馬丁之間一直不親密。馬丁在學校裡的表現不盡如人意，至少，並不是他父親所能接受的範圍，他給兒子的批評總是毫不留情。馬丁甚至不記得他們之間有過親密的對話，沒有一次，他們的談話是從頭到尾都充滿愉悅的。

　　中學生活開始了他生命裡最悲慘的時光。馬丁算是個蠻用功的學生，但他的成績一直平平，他的體育不太好，每一次要在體育館裡做練習時，他就不自覺的退縮。在家裡，母親總是忙著照料他那一對三歲大的雙胞胎妹妹，根本沒有時間管他，而馬丁總是避免跟父親打照面，以免又引來連番的責罵。

　　馬丁在班上有幾個「學校裡的朋友」（school friends），也只是一起吃吃中飯，但他們在放學後很少在一起。對於馬丁而言，他的生活簡直一無是處，他的成績壞透了，他幾乎沒有社交生活，父親又總是尖刻地評斷他，這些在在提醒他是個「失敗者」。

　　「每天，我放學後就跑到樓上我的房間裡『唸書』，但做功課的時間都不會太長，因為我根本沒辦法追上進度。所以我多半只是坐在那兒，然後痛恨我自己。真的是痛恨，然後總免不了要想為什麼我那麼失敗。我很害怕想到父親，我可以想像，他一知道我的考試成績後臉色會有多難看。」

　　當他再也無法忍受自我痛恨的情緒時，他開始退縮，不管就字面意義還是實質來看，真的是退縮。他躲到小閣樓的角落裡，用美工刀在樑柱上劃下痕跡，算著學期還有多久才會結束。他會坐在閣樓的小窗前向下望，百般無聊地望著人們走過他的腳下。後來他發現了他爸爸的舊收藏，一個大箱子裡裝滿了《花花公子》的舊雜誌，透過性幻想，讓馬丁在痛苦的感受中獲得少許的解放。

　　「我會整個下午都待在小閣樓裡，沈浸在X級的性幻想中，」馬丁說，「一開始很棒，但之後就不是這麼一回事了。即使當時的我正值青

春期，我也覺得在那裡『做那個』是件很浪費的事。那一段時間大概是我生命中最寂寞的時候，性幻想給了我一些我迫切想要的幫助。我不知道我不在的時候有沒有人注意到？我爸爸還是對我的成績嘮嘮叨叨，但那時候的我開始只是把它當作噪音，我把這些煩人的事都鎖在午後的閣樓外。」

在馬丁高三時，學校的導師給了他一些建議，他的父母聽從建議，為他安排了學校諮詢。諮詢顧問鼓勵馬丁發展職業上的專長與興趣，最後讓他成為一位工程師，並找到一份任職於當地電視台的工作。然而，因為他從前仰賴性幻想給他情感上的安定，現在則是依賴錄影帶，讓他與女人的關係只能維持在很膚淺的層面。在馬丁二十八歲時，他的一位女朋友看出他仍為情緒的痛苦所糾纏，之後才引介他進行治療。

許多時候，通常是老師、父母或是朋友等「外人」察覺出男孩的症狀，發現到他們內心可能有問題，引領他們向外求助。但即使是這些願意付出關懷的人有時候也會產生猶疑，遲疑著自己是否應該闖入男孩的城堡，因為，在這個年紀的男孩對隱私有很高的要求。為人父母者看到男孩的疏離，卻無法分辨這是正常的狀況，或是他已經面臨麻煩的信號？

令人感到難過的是，青春期男孩的冷酷形象非常普遍，使大家習慣把男孩所表現出的疏離視為「正常」現象，也因此，一個十六歲的男孩殺死了五名家庭成員後，他的祖母會向報章雜誌說孫兒「（他）跟其他年紀相仿的男孩一樣，……他很安靜，大部份時候都待在自己的房間裡。他喜歡音樂。」一個十五歲的學生持槍自戕後，他飽受驚嚇的老師

是這樣說的:「他獨來獨往,常常悶悶不樂,但跟其他同年紀的男孩沒什麼差別。」

父母親希望我們明確告訴他們,在看到男孩逐漸要求增加獨處的時間、開始離開家庭後,到底何時應該開始擔心。正常的青春期發展歷程包含了對獨立的需求,孩子們會要求關起房門,要求自主,與朋友在一起的時間比與家人相處的時間還長,這都是正常的。這個時期的男孩熱切地追求實際上與情感上的獨立,沈浸於他所感興趣的事物中,這是非常普遍、非常自然的。

我們能做的,是建議父母親要注意一些明白的「信號」,當這些信號出現時,就表示男孩子已經進入深層的情緒孤立狀態了,這些信號包括:持續的心情低落、遠離朋友、成績的下滑等。其中任何一個信號都是警告,一旦父母親察覺到任何徵兆,不需要猶豫,應盡早提供孩子協助,或尋求外界的支援。但我們也知道,並不是每一個情緒孤立的男孩身上都會出現這些特徵,有許多男孩終生幽居在自己的巢穴中,心理的成長大受戕害,但表面看來卻再正常不過了。在面對這些男孩時,成人必須更細心,必須同時提供他們所需要的自主,並試著破除男孩的抽離與孤立。如果一個男孩無法用言語來表達他所逃避的是什麼,無法或不願意說明什麼在困擾著他,那麼對於成人來說,要把孩子拉出生命的幽谷將會是一件艱鉅的工作。

●丹與湯尼:他沒有說出整個故事

　　湯尼剛剛滿十六歲，他在一家郊區的中學念十年級，這所中學聲名卓著，在學業表現以及體育活動方面都有優異的成績。湯尼的口語表達能力甚佳，同時也是一個傑出的美式足球運動員。他很高，留著一頭金髮，頭髮很長，長的都已經遮住他的眼睛了。每一次他開口，眼睛總是盯著他腳上那一雙耐吉的球鞋。他的聲音輕柔，有時候有點喃喃自語。雖然機會不多，但有時候他也會表現出生氣盎然的樣子，興高采烈的他會抬起頭，注視著我的眼睛。湯尼像是個站在門外的旅人，在寒風裡瑟縮不安，卻又沒有勇氣敲門進來。

　　他來的時候是四月，快到了結算學期成績的時候了，湯尼之所以被送來接受諮詢，成績的滑落是主要原因。他的父母與導師不知道成績下降的原因是什麼，希望我能夠找出來。在看完湯尼的校園生活檔案後，我了解他的老師們認為他的表現與實際的能力之間有一大截的落差。

　　「你的幾位老師希望我能跟你談談。」

　　「嗯，我知道，爸爸也要我來見你。」

　　「告訴我這是怎麼一回事。」

　　「我的英文課成績很差。」

　　「怎麼個差法？」

　　「嗯，事實上，我不及格。」

　　「為什麼？」

　　「嗯，我應該要考好一項重要的考試，但我考砸了，所以我整個學期的成績都完蛋了。」

　　在某些案例中，像他這一類的失敗並沒什麼大不了，但湯尼的情形

則不大相同，因為他的考試成績一向很高，閱讀測驗是湯尼特別的拿手項目，他的成績已達全國的前二%，問題絕不是出在他做不完那一份大型的考卷。湯尼整年都沒什麼表現，尤其是在上英文課時，他的漠然態度更是明顯。對於這一類的低學習成就，老師們習慣把它歸類為個人因素。從他們的評語中，我很清楚地了解到他們都喜愛湯尼，但卻又對他覺得很失望。在九年級結束時，他的英文老師給的期末評語是：「在課堂上，我聽到湯尼發言的次數比以前少很多。雖然這並不影響他的寫作能力，但多一些課堂參與應該可以讓他的想法有所延伸。」九年級時，導師給湯尼的綜合評語是：「就我的觀察來看，雖然湯尼很努力，但是他的工作一直都不見成效，他自己可能也感受到挫折。」

「你喜歡英文課嗎？羅伯先生是個好老師嗎？」

「嗯，我蠻喜歡英文的，但是羅伯老師的課有點無聊，他叫我們讀的書都很蠢，那些書老是在說我們如何摧殘印地安人，要不然就是我們如何壓榨婦女或黑人，這些都不是什麼好書。」

「那你喜歡哪些書？」

「像史蒂芬‧金（Stephen King）就不錯。」

當他父親一起加入會談時，我看得出來他的憂心忡忡，因為十一年級的成績對於申請大學是很重要的。他的父親談到湯尼踢足球的情形，湯尼在剛入學時就參加過校隊，父親覺得湯尼應該可以藉著美式足球拿到大學的獎學金。

「但是如果他的成績還是這樣，他是在糟蹋他自己。」他的父親說。「好的大學甚至連面試的機會都不會給他。這些年，我花在讓他打

美式足球的錢都夠買一部凱迪拉克了，現在這些錢眼看就要付諸流水了。」

他自顧自地說著，彷彿湯尼並不在場。

他完全不顧湯尼的感受，某種意義上來看，他父親是把湯尼當作是商品。

穿過桌上一大疊的文件，我遞給湯尼一張圖片，要求他看圖說故事，這是我對湯尼所做評估的一部份。圖片裡是一個男人，穿著很隨意，整個人椅在牆邊。湯尼寫出來的故事結構很不錯，幾乎沒有拼字或文法上的錯誤，但內容卻頗叫人傷感：

約翰在聯邦監獄裡被關了八年，他並不是你一般常見的罪犯，他沒有瘋，甚至他也沒有犯罪。他只關心自己，從來不會找獄卒的麻煩，監獄裡的其他犯人也不會招惹他，即使是最暴力的犯人也一樣。他曾經有過一個叫彼得的好朋友，但有一天彼得被警衛殺死了。現在，約翰知道他要不就得越獄，要不然他也會像彼得一樣，死在牢裡。

很明顯的，湯尼把自己鎖起來的，內心充滿著絕望。我看著他，我想，有一個如此精於計算、又毫無感情的父親，一個男孩是應該會發瘋的，要不然，也至少會覺得很傷感。我看到這個男孩，他應該可以把這些苦水向朋友吐一吐，以求減輕這些煩惱加諸在他身上的壓力的，但他沒有，他只是困惑了，他根本不知道自己怎麼了。

「你覺得你的成績為什麼會這麼差？」

「我不知道，我猜，我應該更用功一些。我的生活實在有些雜亂無章，學期一開始我試過要好好用功的，但那一次的考試把一切都搞砸了。我想，現在長春藤聯盟也不會要我了。」

「那你有什麼感覺？」

「我不知道。我真的好累，我常常熬夜熬到很晚，希望把我的書唸完，但看起來沒什麼用。因為熬夜，讓我每天在學校裡都很累，這讓我一點學習的熱忱都沒有了。」

「這讓你很困擾嗎？」

「我不知道，我只是想得到好成績。」

當一個男孩表現出沒有精力進行討論時，通常會使得父母和老師覺得受挫，讓他們覺得這個男孩築起了一座高牆，不願意與人分享他的感受。但像湯尼這一類的男孩只是不明瞭自己的感受罷了。男孩可以承受得起親人死亡的悲痛，可以承擔父母離婚的傷害，可以撐過身體傷害或是性侵害，但是他不見得能表達這些行為讓他感覺有多糟。男孩只會注意那些他能解決的問題，一旦發生問題，男孩子會外求，以找出問題的原因。就拿湯尼來說，他覺得成績下降是因為他不夠用功，但他從未察覺到，他的表現不佳與他對父親的憤怒之間可能有所關連。

男孩在學校表現不佳有許多原因，就像湯尼一樣，他們是在用全副的精力打造一塊情感的盾牌，藉此來保護他自己。他的內心有一股強烈的情緒，他想否認，想壓抑，害怕這一股情緒會流洩出來。這使他耗盡

了全副的心力，根本無法顧到功課。或者，另一種是不想長大的男孩。退回孤獨的城堡意味著這個男孩不願意走到他應該走的地方，他希望永遠都是個孩子。好成績通常會伴隨其他的期待以及對未來的規劃，有些男孩會對這個部份感到焦慮，而「留級」是一種避免長大的消極方式。

●堅忍

驕傲與堅忍常常一起糾纏著男孩們，彼此也會互相強化。男孩子常常無法順暢地表達自己，而驕傲也鼓勵他們不要揭露自己的感受，讓他們堅持隱忍下去。在面對心理壓力時，男孩們會表現得像鐵達尼號的船長一樣，勇敢地站在船頭，看著船一吋一吋地沈入海底。他們都一樣，希望自己看來強壯而勇敢，當然，不同處是並非每個男孩都要面對沈船悲劇，大多數的男孩只是為年輕而掙扎，為了附加在他們身上的過度期待而掙扎，為了取悅父母而掙扎，甚至，是要為了未知的自己而掙扎。

麥克與丹尼：強壯、沈默

十五歲的丹尼有過多年成功的體育生涯，但現在，他發現自己在足球場上的表現大不如前，他不知道原因是什麼。教練看得出來他很努力，但是這些心血並沒有讓他脫離低潮。丹尼為了自己的表現每況愈下非常自責，同時，他一直維持中上的學業成績也開始下滑。丹尼的爸爸鼓勵他來找我，認為我可以拉他一把，當我們坐下來談話時，我察覺到

丹尼周遭有一種輕鬆、信任的氣氛，很明顯的，丹尼沒有生理上的憂鬱症，他太有活力了。但是，他同時也對於去年所發生的事覺得非常地沮喪與氣餒，他在談論這些事的神情像是個超然的分析者，彷彿在場外分析其他球員的教練：「我知道我應該比自己表現出來得更好，」他說，「當我在球場裡面，我覺得自己分了神，看到自己在球場上的表現。當我覺得自己表現不如預期時，我會覺得很生氣，然後我會打得更差。」

他的憤怒不只影響體育表現，同時也影響學習與專注力。父母的期待加重丹尼的壓力，但丹尼對於與父母之間的關係持正面的態度：「他們讓我覺得我們是站在一起的，」他說，「我們之間可以談話。」他還說父親告訴他一時的退步是正常的，這是對人格的一種考驗，而丹尼擁有完備的人格去「面對挑戰」。然而，父親的鼓勵並沒有效果，事實上，父母親支持的態度更讓丹尼覺得沮喪，他很難過自己讓雙親失望。他不斷地向他們保證，他在球場上以及學業上的表現一定會有所進步，但卻一直沒有看到好結果。

「我希望讓過去的事就過去了，只專注在未來，希望能再有優異的表現。」丹尼這麼告訴我。

但我們之間不只是討論未來，相反的，丹尼跟我一起再一次檢視過去，試圖找出讓他分神的原因。這不難，丹尼的問題是因為去年兩次小事件所引起：

去年秋天丹尼跟一群朋友在體育館打打鬧鬧，結果拉傷了小腿筋，讓他沒辦法再做出完美的上籃動作。這次的受傷讓他錯過了校際對抗賽的前三場重要比賽，他的隊伍輸了。如果丹尼當時可以上場的話，他們

學校應該不會輸的。這次的受傷後來痊癒了，但從此之後丹尼就不斷地自責，認為自己太愚蠢了。

第二次的失望並不是一個事件，但卻帶給丹尼同樣羞愧與自我憎恨的情緒。丹尼在第二年時很積極要加入學校的曲棍球校隊，雖然他很有運動細胞，之前也打過曲棍球，但第一次選秀時因為體型與力氣不如其他的大男孩，讓他備受威脅。這是第一次丹尼覺得不確定自己的能力。即使如此，他還是很努力地為加入校隊而努力。他的表現還好，但還沒有達到他應有的水準，最後，丹尼告訴教練說他想退出。

在他的心裡，這次的事件讓他覺得自己是在逃避挑戰，當父母問起選秀進行得如何時，他只是聳聳肩，只告訴他們部份的事實，說他看到許多大個兒也沒有加入曲棍球隊，於是決定自己應該專心留在足球隊中，好好培養一門專長。他沒說的是當時根本說不出口的心情：他覺得自己像是個臨陣脫逃的膽小鬼，他恨死了自己的作為。當他高高掛起曲棍球具那天，丹尼認為自己是應該脫下這一身裝備的。曲棍球是他從八歲開始就會玩的運動，一直到九年級他都玩得不錯，也從中獲得了無上的快樂，但自此之後，曲棍球的存在卻變成了羞辱。

那年之後，丹尼的心中充斥著這些不舒服的感受，這些傷害不斷蠶食著他的心。他沒有告訴任何人，因為一旦承認他覺得不好受——即使是對自己，也就同時承認了自己是怯懦的，而他再也經不起任何懦弱的感受了。當他最後要尋求協助時，我們要處理的已經不只是他的憤怒或自我憎恨的情緒而已，我們必須拉高他的成績，並讓他找回球場上的往日雄風。這麼久以來丹尼的態度都是隱忍不發，這種態度讓他可以藏著

痛苦，但是也讓他錯失採取有建設性行動的機會。

　　丹尼所需要的，只是提供一個可資信賴的氣氛，讓他排除心裡怯懦的感受與自我痛恨的情緒。因為之前丹尼的選擇是自我孤立，讓他花了一年的時間才能跟別人談一談，我們之間的對談只進行了四次，但透過這些會談為他開了一扇門，困住他年餘的心理負擔終於卸下，他的專注力與球場上的表現也慢慢恢復往日的水準。

　　丹尼渴望恢復他性格中的樂觀與活力，這是激發他尋求外援的動機，也讓他能用一種全新的眼光來看待自己的失望，然而，對於許多其他男孩與男人而言，他們仍然在情緒上孤立自己，仍然隱忍，遠離家庭與朋友，讓他們自我憎惡的情緒找到了滋長的溫床。

●情緒孤立的另一種面向：以攻擊作為防衛的手段

　　情感的孤立有許多不同的面向，有時候是以憤怒、譏諷或是敵意作為表象，因為這些男孩們只看到事物沒有價值的一面，但事實上，這是他們對自己的感受，認為自己全然無價值。情感的脆弱可能來自於父母的批評或是無理的期待，或者是來自於同儕的羞辱。這些男孩不該沉默地承擔一切，相反的，他們用一種「我什麼都不在乎」的態度反擊這個世界。這些男孩的內心或許是最難窺見的，他們的行為是如此乖張，少有人願意對他們寄予同情。

丹尼與肯及愛許：卸下防衛

　　不管用任何標準來衡量，愛許都是一個社會邊緣人。他的生理有缺陷，而且沒有任何社交優勢，他與受歡迎的人物之間永遠是沾不上邊。從他一進學校開始，他的同學都認為他是個怪胎，而他從來沒有機會為自己撕下這個標籤。在七年級的時候，丹尼開始把「怪人」當作是一種「榮耀」。他有一項生存優勢，就是他聰明，而且在學校成績很好，但他把這一點過度放大了，讓他的同學開始鄙視他。他是個牙尖嘴利的孩子，而且總是有辦法找出每個人的弱點，他開始把同學當成磨刀石，用尖刻的言語來對抗他們。

　　十年級時，愛許把自己變成了令人憎恨的基地台，對於所有跟他信仰不符的事物，他都竭盡所能的批評，有時非常殘酷。看起來，愛許好像要用加倍的殘酷來對抗這個對他不仁的世界。愛許勇往直前，因為，就社交地位而言，他實在沒有什麼可以損失的了，老師很擔心，不知道他將如何逃過大家的反擊。

　　我不知道為什麼，但我還滿喜歡愛許的，我想，可能部份是因為我看到的他並不像表面那樣吧！即使伶牙俐齒，他仍然因為不被他人接受而深深困擾著。在我了解了他的家庭環境之後，我更是同情他。

　　他的雙親都是很難預測的人，可能昨天兩個人還有說有笑，今天又翻臉不認人，大吵一架，甚至大打出手。在愛許十歲之前他們都有嚴重的酒癮，家裡無時無刻都是憤怒的咆哮聲，要不然就是彼此漠不關心。家裡與學校都不能給愛許安全感，愛許也因此長成郊區的野孩子。

　　愛許在進中學之前行為都還好，不管別人有多討厭他，不管他們怎麼嘲弄他，他都是打不還手，罵不還口。在同儕中他不信任任何人，也

沒有老師挺身而出為他說句話。

　　當他的行為變得越來越粗暴後，校方決定將他送到我這兒來，這並非因為他們想要幫助他，而是他們已經不知道該如何控制他了。

　　不僅是我喜歡愛許，我發現愛許也喜歡我。我的行為是可以預測、可以信賴的。我總是信守承諾，也對他明白地表示關心。我們的會談時間通常在午餐時間，當他要求我為他買一個大披薩時，即使我明白這超過他的食量，我還是買給他了。我把自己的隨身聽借給他，並在他生日時給他帶份禮物。他的童年時代都在別人的拒絕中度過，我明白他需要這些東西來證明我真的喜歡他，證明他真的可以信賴我。他對於政治的知識非常豐富，我們經常討論在華盛頓發生的事件。有時候，他會用他偏右翼的想法來挑戰我自由主義的觀點，但我不上當，不假裝同意他，我只是傾聽，不用其他老師在跟他衝突時所採取的震驚或是憤怒來對待愛許。

　　在我們開始會談的前兩年，愛許的行為沒有明顯的變化，我經常要在校務會議中為他辯護，而他的好成績也讓他得以逃過較嚴厲的處罰。他仍然沒有朋友，仍然千山獨行。

　　有一天，他問我是否可以帶一個朋友參與我們午餐的約會，他說：「他叫做肯，我想他比我還需要你。」

　　第二天中午，肯出現了。

　　肯對我說：「愛許說如果我對你說我瘋了，你會買個披薩給我。」

　　「我跟你說，」我回答，「如果你不瘋，我也買個披薩給你，如何？」

在肯的敘述中，他的父母有一些不合，經常有劇烈的爭吵。爭吵之後，肯的母親就帶著孩子離家出走。肯有一個弟弟，小男孩患有嚴重的專注力缺失症（ADD），他的病讓整個家筋疲力竭。肯的爸爸打過越戰，退伍後仍在後備軍人單位服務，他常常忘了自己是在撫養一個家，而非訓練一支軍隊。在那一次見面之後，愛許與肯是焦不離孟，孟不離焦，兩個人總是在一起。

他們發現彼此之間非常相配，不管是好是壞，這讓他們因此建立起友誼。他們之間的聯繫，讓兩人可以一起去對抗這個世界。除非我制止，要不然一個下午都會聽到他們有創意的、激烈的、帶有譏諷意味的對話，數落著其他同學與老師的缺點，或是批評那些不贊同他們政治觀點的人。

但，我也看到他們生命中柔軟的一面。肯會告訴我愛許有多照顧媽媽與家裡的貓，愛許則告訴我肯經常長時間照顧弟弟，無怨無尤。隨著時間過去，他們之間建立起來的友誼讓兩個男孩願意承認心中的恐懼，他們會彼此開著玩笑，說要介紹自己的表姊妹給對方，或者說要約著一起去看小電影。有時候，我會請他們互相分析對方，他們非常相像，在談論這自己的朋友時，男孩們也學著看到了自己。

「嗯，肯，你先說吧。為什麼愛許要一直嘲笑普度羅（班上另一個拉丁裔的學生）？」

「好吧，金德倫博士。我想，這是因為愛許沒有安全感吧！他藉著攻擊其他人來隱藏自己的不是，而且，你知道的，少數民族在我們這個社會中常會變成代罪羔羊。」

「謝謝你如此尖刻的評論。愛許，你覺得肯說的對嗎？」

「應該對吧！但這並不表示普度羅就不是個蠢蛋，也不表示肯不會做相同的事。你問問他怎麼欺負那些七年級生的吧？」

最後，這兩個男孩都撤除了他的防衛姿勢。他們更了解隱藏在自己行為背後的不安全感，並開始可以對自己自嘲，也不再需要與老師或其他同學們對抗。他們的政治觀點沒改變，但他們試著用一種較具建設性的方式來表達，就是加入學校的演辯社。演辯社的老師對於他們的表達能力非常讚賞，他們也贏得了社裡其他人的尊重，尤其是其他低年級的男孩更是把他們視為偶像。他們甚至還討論著要跟附近女校的辯論社來一次校際聯誼。

愛許與肯的例子是非常極端，但相似的動態變化可以在許多男孩的身上發生。男孩子會使用不同的盾牌來防止別人靠近，可能是易怒、譏諷、漠不關心、隱忍或是其他方式。不論他們所使用的是帶有攻擊性的才智與幽默，或者是其他的體力手段或工具，像愛許與肯這樣的男孩都只是在創造一個誇大的強壯形象，來掩護他們心中深層的恐懼。

●麥可與佛斯特：走進他的城堡，再領著他出來

「這都是我媽的主意，」佛斯特一邊說一邊坐下來，「我沒什麼好說的，嗯，我沒有什麼問題。」

佛斯特是一個矮矮胖胖的男孩，十三歲，他在家裡四個孩子中排行老大，最近開始跟弟弟妹妹疏遠了；從前，他們之間一直很親密，彼

此很享受在一起的時光。而他與媽媽的相處時間也比以前少了很多,他媽媽說:「從前我們很親的,我很想知道他究竟發生什麼事了,我根本不知道他好不好。」

佛斯特的母親患有長期的腎功能失調,現在情況控制得很不錯。雖然她定期做檢查,但是子女仍為了母親的健康而憂心忡忡。佛斯特的父親做生意,最近生意失敗,這使得家裡所面臨的壓力更加沈重了。佛斯特的母親認為此時佛斯特與父子倆應多增加相處的時光,但在這兩個男人之間的對話卻時時出現緊張,不斷地以怒吼或是沈默收場。

現在,佛斯特坐在我的辦公室裡,在他的膝上玩弄著鉛筆,他很緊張。很明顯的,佛斯特把他自己跟生活隔開來,讓別人無法接近他的內心世界,如果治療要起任何功效,必須先讓他試著放鬆。在事先徵得他父母的同意後,我帶著他到附近的商店做一趟短短的旅程,那是街角的一家可愛的小店。這家店的店名叫「藝術迪可二十四」,走進店裡,我讓他從架上挑兩種他最喜歡的零食。我經常與男孩們來一次這樣的旅行,讓他們卸下防衛,讓我們有一些不帶威脅的話題可談;談話的內容必須有主題,像是飲料或是餅乾、糖果就會是一個不錯的選擇。佛斯特很小心地考慮,最後他拿了一罐可樂跟一包巧克力糖球。在我們走回辦公室的路上,我跟佛斯特討論起垃圾食物的價值,並用美食的眼光來分析市面上的洋芋片口味有什麼不一樣。

我知道佛斯特太緊張了,他根本無法討論內心的感受;他了解部份的情緒,這些情緒讓他很害怕。另外有部份情緒卻是模模糊糊的,這種感覺帶給他的恐懼更是有過之而無不及。所以,一開始我只是把主題放

在垃圾食物與其他表面的話題上。在跟佛斯特討論幾個星期關於洋芋片
的話題後（我懷疑會計會不會把我買這些零食的支出當作營業費用），
我開始進入治療，這個部份包括了解他的家庭背景，我們談著他家鄉的
地形地貌，之後才談起他的感覺：

「我從你母親那兒聽說，你父親最近工作不太順利你知道這件事
嗎？」

「知道。」

「你擔心嗎？」

「嗯。有時候。」

「你想他是不是很沮喪？」

「是吧？……可能。……我不知道，或許吧？」

「很令人害怕，是嗎？」

「但他現在好多了。」

「很好啊！你覺得，當他情形最不好的時候你會害怕嗎？你是不是
也跟著很沮喪？」

「嗯，或許吧！事實上，我滿擔心的。」

「你有沒有想過爸爸會自殺？」

他抬起頭，一臉驚愕。

「嗯，我想過，但後來我一直想『他一定不會這樣做』。」

男孩通常喜歡這種直接的問法，佛斯特就是。很明顯的，那一整
天，甚至是一直以來，佛斯特一直很擔心家裡的狀況，他很小心控制自
己的心情，並且憂慮父母的煩惱。在整個治療過程中，佛斯特明瞭家裡

的問題對一個男孩而言是太艱鉅了點，雖然他無法為家裡所面對的挑戰做出有力的貢獻，但只要他願意正視他的恐懼，並且把他的感受說出來，這些難題對於他的生活所產生的支配力量就會降低。

在治療進行後的四個月，佛斯特終於不再隱藏感受，他的改變顯而易見：他的暴烈行為消失了，取而代之的是充滿活力的情感表達與熱忱。他期待著我們的會談，也期待著小店的旅行與洋芋片。後來的情況與他第一次來訪時大不相同，在討論感覺時我已不需要再唱獨角戲了，這次的治療已經達成它所應有的效果：提供一個安全的環境，讓病人可以安心說出所有的難題。

佛斯特開始與一些喜歡溜冰的朋友出去走走，跟著他們一起溜冰。佛斯特雖然沒什麼練習，但佛斯特很快地就熟練了。第二年治療繼續進行，我們開始談他對父母婚姻的感覺，並討論他對於父母親健康狀況的疑慮，同時間，他與朋友相處的時間愈來愈多，他們組成了一個溜冰的同好會，這些男孩的花式技巧吸引了許多觀眾的目光。很快的，佛斯特身邊有了一群固定的同伴。

佛斯特的母親看著兒子重拾對朋友與活動的興趣，也看到他在學校的表現一天比一天優異。他與母親之間仍然不多話，也不像小時候與母親那樣親近，但是，她已經不再需要為他太擔心了。

令人傷感的是，佛斯特家裡的問題並未因此迎刃而解，他父親的生意愈來愈糟，最後家裡面臨沈重的經濟壓力，使得他必須另外找工作，而佛斯特的母親接下了家裡的經濟重擔。最後，他們走到離婚的局面。即便如此，佛斯特在學校裡的表現並未受到太多的影響，不管是社交或

是學業方面都很成功，之後在大學裡也是一帆風順。他當然無法對失望或沮喪免疫，但他已經能夠好好地去處理情緒所帶來的挑戰，不需要將自己與生活隔離開來。

我們清楚地看到，佛斯特已經學會如何閱讀自己與他人，也學會與他人建立並維持充滿活力的情感連結。雖然他的家庭問題無法解決，佛斯特也能清楚地將自己與家庭難題分開，為自己創造獨立的生活，同時也與父母雙方仍然維持著聯繫。

佛斯特嶄新的情感變遷並不能拯救他的家庭或他父母的婚姻，但，確確實實拯救了他自己。

男孩子究竟是情感抽離，或者只是短暫的沮喪，之間的區別並不明顯，這一部份我們在下一章會作更詳細的解釋。我們所要了解的，是即使面對情感孤立的男孩，只要我們願意提供一個安全的環境，許多男孩都可以因受鼓勵而走出來。這並不容易，成效也非立竿見影，男孩子可能必須要克服多年來錯誤的情感教育，改變行為與態度，才能走出自己的孤堡。他們必須重新找回信賴。明智、有耐心的父母可能誘使男孩們走出孤寂，或者，充滿熱情的心理治療也可以拉男孩們一把。男孩們想要走出來，因為沒有人喜歡覺得孤寂，沒有人喜歡孤孤單單地被遺落在世界的角落裡。

男孩與沮喪、自殺的對抗

在靈魂的暗夜裡，時光總是停駐在凌晨三點整，日復一日。──史考特‧費茲傑羅，《崩潰》*The Crack-Up*

羅倫生活一團糟，現在的他正值不愉快、易怒的十四歲。他在班上還算努力，但卻是一個愛抱怨的學生，他叫老師「蠢蛋」，同學對他來說都是一群「傻子」。他的老師多次將他列為「案例」，意指他是一個「有問題」的學生，他們在校務會議上經常討論學校是否應該留下羅倫。他在家裡的態度也好不到哪兒去，他經常發脾氣，一生起氣來就亂丟東西。他的父母互相指責，認為對方應該為兒子的問題負起責任，這使得家裡又多了幾分的火藥味。面對羅倫，他們的態度也是搖擺不定的，有時候會選擇冷卻一切，支持他並鼓勵他；但在他搞砸一切後，就以怒氣或懲罰相向。

羅倫患有憂鬱症，在許多男孩的身上也有相同的徵狀。一旦憂鬱症出現，情況與只是單純的傷心、低落的情緒不同，但相同的是，這兩種情境都會有易怒的狀況。他不喜歡自己，不相信別人會喜歡他，也絕望地認為這一切都不會有任何的改變。後來他接受了診斷，利用抗憂鬱的藥物以及暑假時的個人與家庭治療來改善整個情況。在新學年開始時，羅倫已經痊癒。羅倫並非一個絕望的案例，而他的病癒也不需要仰賴奇蹟。他確實病了，但是他周遭的人急著去對付徵狀，而非找出病因，是他病情惡化的主要原因。

憂鬱症男孩的病徵很難被察覺，他們不會表現出一副傷心或是「憂鬱」的樣子，而是表現出憤怒、敵意與反抗；此外，因為男孩子必須滿足文化對於男性的期待，而社會要求男孩子們要隱忍、保留情感甚至是抽離情感、退回自己的城堡，有時候，這些行為甚至是被鼓勵的，這使

得男孩的憂鬱症更容易被忽略。只有當憂鬱症影響到男孩的學業與其他生活表現，或者讓男孩子誤觸法網時，我們才會注意到它的存在。

沒有人會希望看到一個男孩有憂鬱症的問題，也不想看到他們絕望地渴求感情慰藉。憂鬱症為男孩子們帶來羞辱，我們為此感到極度的不安；因此，我們將憂鬱症理想化成「成為男人」的艱苦訓練過程，讓這種想法保護我們，減少對於憂鬱症的恐懼。

為人父母、師長者都不認為病理性憂鬱症是因天性使然，也不會期待患有憂鬱症的男孩靠自己的力量去克服它，但我們仍看到許多男孩與他們的苦惱獨力相搏，一直不曾向外尋求援助，因為他們認為自己必須如此，或者認為自己有能力處理這個問題。但要自己克服病理性的憂鬱症即使不是一件不可能的事，也是一件非常困難的任務。

許多男孩深信，如果要變成男人，他們必須「超越」自己的感覺，這讓他們無時無刻不處在心理的衝突中：他們要試圖去控制自己的感覺，但感覺所造成的影響往往太過強大，或者感覺的成分太過複雜，讓他們根本無法控制。一旦這些衝突無法再被壓抑，憂鬱症就變成男孩表達心靈的一種方式。

這是非常要命的結局。憂鬱、羞辱、情感的不擅表達，加上男孩們身上普遍易見的衝動性格，如果再能輕而易舉地拿到武器或是習慣用暴力解決問題，我們就可以預見自殺的發生。統計資料指出，與過去相比，有愈來愈多的男孩自殺，年齡層也有下降的趨勢。❶自一九五〇年以來，青少年的自殺率升高了三倍，當中成功的自殺者大部份是男孩。以年齡區分，在年紀較長的青少年自殺群中，男生佔了八六％，在年紀

較輕的青少年群中則佔了八○%。

並非每一個有情緒問題的男孩最後都會衍生出嚴重的憂鬱症。不論憂鬱症是生理造成或是情境的產物，對於一個長期被訓練成要逃離情緒交流、要將情緒轉化為沈默或是咬緊牙關默默忍受的男孩而言，一旦掉入憂鬱症的泥淖之後，要掙脫出來絕非易事。

●憂鬱的心：青少年的情感與騙局

「我真不知道他到底怎麼了，」法蘭說，口中的「他」是她十四歲的兒子布魯斯，「我想他應該是碰到麻煩了，他不像以前那樣常打電話給朋友，對每件事都表現出興趣缺缺的樣子，現在他甚至連棒球都提不起興趣，以前棒球幾乎是他的生命。當我問他話時他都很不高興，我先生叫我不要煩他，他說布魯斯只是遭遇一些心態的問題，他終將會克服的。但我真的不知道他碰到了什麼問題，也不知道自己應該怎樣去想。」

有時候，我們很難去分辨什麼時候是情緒低落，什麼時候又是憂鬱症，青少年的心情變化很快，改變可能發生於一夜之間。一個男孩可能忽然之間發現他和朋友之間沒有太多的相似之處，他會對從前的興趣失去了興味，或者認為這些興趣一點都不酷了，然後決定放棄。對於許多男孩來說，青春期的情緒高低起伏是很正常的，大部份的青少年可以在不對自己或他人傷害太深的情形下，成功地度過這段時間。不論低潮的心情有多令人不悅，這些負面的情緒並不必然等同於憂鬱症，但因為現

代青少年患有憂鬱症的比率愈來愈高，我們必須開始對憂鬱症投以更多的關注。

現代人的發育良好，男孩子經歷青春期的年紀比以前來得早，在一八五〇年代時，生理的發育期大概從十六歲開始，今天大概是十二歲，甚至更早。然而，卻沒有證據顯示情緒的成熟時間也有相同的趨勢。男孩們更早面臨藥物、酒精以及性的引誘，也比過去更早擁有較多可以自由使用的資源，如金錢以及課後的自由活動時間等，在生理與心理的發展差距加大的趨勢下，使得青少年的處境更加困擾與危險。

●憂鬱症：真實的存在

在一般日常的對話中，「憂鬱」的含意是「不開心」，但在嚴謹的醫療界中，「憂鬱症」（depression）則有它明確的意義。醫學上的憂鬱症必須經過嚴格的診斷，病情會有程度上的差異，會出現一些可分辨的症狀，也有不同的治療選擇，包括藥物控制或心理治療，通常都是兩者並用。憂鬱症持續的時間可能持續幾個星期、幾個月甚至是幾年，會對病人的體力、熱忱、愉悅以及生存的希望產生絕對的影響。

憂鬱症看起來有一點像是悲痛，像是行屍走肉，生活毫無生氣；形成這兩種情緒的原因也頗類似，都是來自於失落或失望，但憂鬱症還包含其他的病徵，像是焦慮、總是提心吊膽地防範有什麼可怕的東西會出現。患有憂鬱症的人通常會覺得孤獨，覺得不被愛。與憂鬱症伴隨而來的，還有一些負面的情緒，像是罪惡感、羞辱以及自認毫無價值。憂鬱

症患者會自認自己該為所有的問題負責，因為他的存在是沒有價值的，類似的思考方式讓患者更難以逃脫憂鬱症的糾纏。在憂鬱症侵擾下的人生很難成功。

憂鬱症男孩許多都非常聰明、富有創造力或是在學業與社交能力上深具潛力，但在憂鬱症的陰影籠罩之下，這些帶有天賦的男孩們卻無法好好發揮才華，看到的總是自己的弱點與失敗，或者將自己囚居在失落之中。憂鬱症在他們身上所加諸的負擔讓男孩們耗盡了心力，再加上憂鬱症讓他們表現出易怒、暴躁，使憂鬱症男孩總擺脫不了「任性」的刻板印象。雖然憂鬱症一般是由特定的失落、失望情緒或是創傷所引發，但對於某些受害者來說，憂鬱症的出現並無特別的緣故，憂鬱症將他們的情感生活變成一片廣袤的沙漠，讓他們的人生變成一段麻木的旅程。

重度憂鬱症（major depressive disorder）是憂鬱症中較嚴重的病症，而輕度憂鬱症（dysthymia）則是較不極端、但持續時間較長的憂鬱症，兩者之間有明顯的程度差異。這兩類的憂鬱症在孩子身上都很少見，約只有二％的小孩會患有這兩類的疾病，❷但約有七％的青少年會變成患者。

重度憂鬱症的症狀包括每天持續性感到憂傷、空虛以及易怒，至少持續兩個星期以上，但通常會更久，平均的病期為八個月。一般說來，重鬱症的患者會對所有的活動失去興趣，無法從活動中感受到愉悅與樂趣。他們陷入罪惡、鄙夷以及絕望的境地，失眠以及注意力不集中是最常見的問題，體重的改變也非常明顯。如果不接受治療，重鬱症可能會毫無期限地持續下去，隨著時間過去，病況也會愈來愈嚴重。

　　輕度憂鬱症也稱為是「低度」、長期的憂鬱症，因為輕鬱症的病徵較不明顯，持續的時間會較長（平均說來，輕鬱症的病期為四年），但不必然一整天或每天都會有強烈的沮喪感。除了沮喪之外，病患尚能有其他較正面的感覺與情感交流，但出現的頻率很低，時間很短，而且高興的程度也很低。他們同樣也為低度自尊所苦，但自貶的程度較輕微，他們覺得不被愛，有時也會表現出憤怒、焦慮以及易怒等情緒。在引發更嚴重的問題、需要更多的關注之前，輕鬱症可能已經持續了幾年但都不為人所知。許多父母在面對兒子被診斷出患有輕鬱症時常常十分驚愕，並說他們之所以沒有在更早之前尋求協助，是認為孩子的性格本來就是懶惰、傾向負面思考或是憂鬱的，而這些不過是「正常男孩」也都會具備的特質。

　　值得慶幸的是，一旦憂鬱症被診斷出來，許多受苦的男孩都能獲得幫助，從中解脫。心理治療非常有用，尤其是專門設計用來改變負面思考的認知行為治療（cognitive behavioral therapy），可以提供相當的助益。藥物控制也有相當的功效，新近開發出的抗憂鬱藥品像是百憂解（Prozac），以及其他衍生出來的如樂復得（Zoloft）、Serzone、Wellbutrin以及其他藥物等，都有相當的療效。父母以及其他認真看待青少年憂鬱症的人應立即尋求專業協助，可以求助心理健康專家。特別是家族中有憂鬱症或酗酒等病史者，更不應有所遲疑。

　　憂鬱症並非青少年情緒麻煩的唯一解釋，但當我們看出青少年有情緒或是行為的難題時，必須慎重考慮孩子是否正在承受憂鬱症的折磨。

如果我們問男孩們一些簡單的問題，像是「你覺得一切都很糟糕嗎？」
「你的生活裡有什麼麻煩嗎？」通常孩子給我們的答案都會是肯定的；
當孩子察覺出「不愉快的事」，我們可以就此引領孩子討論與事件相關
的難過感受。通常男孩們的憂鬱症都由失落所引發，可能是因為失去了
父母、友誼，或者是在體育或是學術活動上遭遇挫折，讓男孩無法再扮
演自己所定義的角色；也可能是失去了對孩提時期活動的興趣，或是在
與父母抗拒、掙扎的過程中失去了自尊。當然有時候原因並不單純，也
不一定非常清楚，但當我們聽到男孩子說他正在經歷持續性的悲傷、空
虛、為難、困惑等感覺，或是看到他對於生活中的失落有極端的反應
時，應將憂鬱症列為考慮的重點。如果一個男孩明顯的表現出孤立或者
是失落，我們必須更貼近他一些，看看在他心裡究竟發生什麼事。

丹與韋瑟：情緒孤立

　　每一個人都認為韋瑟一定是碰到麻煩了；剛進中學的時候他是個優
等生，科科都拿A，但他現在大部份的科目都只勉強拿個C。他一天到
晚在蹺課，有些老師覺得他可能在吸毒，但沒有人能真正知道他的問
題，或是知道他到底怎麼了。他的父母都很擔心，他們知道韋瑟幾乎已
經沒有機會進入好大學了。在他們所居住的社區裡，沒有辦法進入好大
學簡直是一項罪過。

　　韋瑟安安靜靜地走進我的辦公室，臉上掛著勉強的微笑。他很高，
很瘦，長長的金髮駁雜著其他的髮色，看起來一副久未梳理的樣子，但

他也沒有把頭髮編成辮子或是其他更時髦的樣子。我們握了握手，他的手很柔軟，輕輕地握了一下就抽走了。即使他的表現有些不禮貌，但看得出來他已是盡最大的努力了。我們頭幾次的會談都是試驗性質，試圖培養起兩個人的耐心。治療者在面對不願意開放的男孩時可以先談談棒球或是老師等話題，一般男孩可以由此展開對話，但韋瑟明白表現出抗拒，他似乎對所有事都興趣缺缺。他喜歡音樂，但即使我很努力的要跟他談流行音樂的趨勢，他所喜歡的搖滾樂團對我來說還是太難懂。他很有禮貌，對於我無法成功建立起溝通模式，他一直覺得很抱歉。我們不斷嘗試，每週的會談約進行一個月之後韋瑟才漸漸打開心房。他說他在晚上睡不著覺，早上也因此很難爬起來。他希望高中生活早點結束，而大學早被他拋到九霄雲外去了。

「你有沒有想過中學畢業後要做什麼？」

「我不知道。……我想加入和平組織，到非洲或是其他地方去服務。不過我想他們可能不會要我，他們需要一些有特殊專長的人。」

如果從他的背景資料、學校成績或是老師評語中來看，很難找出有什麼理由讓他會覺得這麼消沈，但這其實就是典型的憂鬱症男孩行為模式。外人對這些男孩的觀感（一般多是正面與信賴的）與他們對待自己的想法（充滿失敗主義，像認為自己呼吸氧氣都是一種浪費）是有差異的，這些差異就是因為憂鬱症的陰影所造成的。很清楚的，韋瑟是一個聰明、體貼、富有潛力的年輕人，但他卻了無生氣。

在校務會議上，他被納入「需觀察的學生」名單中，但老師們對於韋瑟的觀點卻十分不同。有些老師認為他很懶，有一些覺得他患了學習

障礙，有一些覺得他抽大麻，還有一些認為是慢性的過勞症。沒有人提出任何憂鬱症的可能。

雖然我不清楚韋瑟的憂鬱症所為何來，我假設跟許多憂鬱症的病例一樣，一定有部份是生物性的因素，而他所接受的錯誤情感教育讓整個問題更形惡化。在我們的對談中，韋瑟開始發展出他的情緒語言，讓他能夠表達他的感受，並讓他對較柔性的感情如悲傷、害怕等表現得較自在，以減輕憂鬱症給他帶來的羞辱、自我憎恨等感受。與抗憂鬱藥物雙管齊下，透過治療，改變他的行為表現，也讓整個療程的效果更顯著，讓韋瑟重新贏回了他的生命。

許多男孩都像韋瑟一樣，總是跟自己的情緒保持距離，一旦患上憂鬱症，旁人與自己都必須花上加倍的心血才能為他們找出病因，才能拯救他們脫離苦海。女孩們的成長過程當然也是很艱辛的，但她們比較能夠談論自己的感覺、行為以及背後的原因，對話與反省可以提供孩子們成長的機會，但在男孩慣於沈默的世界裡，卻少有對話的機會。

我們看到男孩的痛苦與尊嚴；他們盡可能地忍受痛苦，盡可能地表現得像個勇敢的戰士，一直把痛苦向下深深埋藏，直到贏得戰役。生活中的問題他們也了解，明白父親工作過度、情緒不好或是個酒鬼，也知道母親不斷地壓抑著他的焦慮。一旦有個至親死亡或是有更壞的事件發生，真的會讓人很沮喪。但男孩面對這些困阨時常常會減少自己的感情成分，有點像是克林·伊斯威特（Clint Eastwood）的個性，男孩們想像自己可以挨下子彈——也就是可以承擔情緒的痛楚，然後表現出一副滿不在乎的樣子。他們深信，如果自己的表現夠強壯、夠勇敢，就可以

百鍊成鋼，無憂無懼。

●故事裡的蛛絲馬跡

　　在我們的執業生涯中，男孩們會到我們的辦公室來多半是因為面臨創傷性的事件，像是父母離婚或是至親死亡等，父母擔心這些事件會引起男孩們的情緒分裂。父母的直覺是很準確的，離婚、死亡、分離、失落或是其他生活的改變都可能引起憂鬱症，大部份我們看到的憂鬱症男孩也都告訴我們類似的故事。許多憂鬱的成年男子在童年或青春期也有相同的經歷，而他們的憂鬱病症一直沒有受到適當的治療。相較之下，那些被父母送來接受治療的孩子，算是較幸運的一群。

麥可與裘弟：一個為父親深深悲傷的兒子

　　裘弟第一次來的時候十二歲，也是他父親因癌症過世後的第四年。他的個兒很小，很清瘦，一頭黑髮梳得整整齊齊。裘弟非常愛他的父親，他的父親也很愛他，兩人非常親密，有許多共同的興趣。父親死後，裘弟就陷入了情緒低潮，但是相較於母親與姊姊外顯的悲痛情緒，沒有人注意到小裘弟憂鬱而消沈的內心。

　　在治療過程中，很明顯地看出裘弟與父親感情上的緊密聯繫，他拒絕與其他成年男子如老師、叔叔、家庭朋友建立起較親密的關係。他也給我相同的信號，明白告訴我他不需要任何父子似的關係。任何與父親

形象相連的關係都會讓裘弟陷入忠誠的衝突，讓他覺得自己像個背叛者，否定了之前與父親之間的愛。裘弟要對父親完全忠誠，因此他遠離那些可能與他建立相同關係的人。

到現在我仍記得他眼中的傷痛，而他父親死亡所帶來的難過並非傷痛的全部，另一半來自他的孤獨。他表現出的難過讓他自己變成戰場，讓所有的人不想靠近。沒有人會享受別人的悲傷，也不會有人想要處理一個小男孩的悲傷，而裘弟又是一個如此憂愁的男孩，彷彿你只要看他一眼，你也要跟著心碎了。他的傷心如影隨形，讓別人只想快快從他身邊逃離。儘管我也想要衝出房間，但我要坐在那裡，我是個患有「感覺癮」（feelings junkie）的人，身為一個心理學家，我知道裘弟的身上有些什麼，而且我所受的訓練就是要坐下來、好好面對問題。如果當我面對這個男孩時也忍不住有想逃跑的念頭，我可以想像其他人的感受。

佛洛伊德（Freud）曾說，他有許多病人都因「阻斷的悲痛」（strangulated grief）而受苦，阻斷的悲痛是那些還未完全表達的傷痛，仍停留在傷痛發生的階段，無法釋懷。男人與女人的身上都會有「阻斷的悲痛」，但從社會文化上來說，男人以及男孩特別容易遭遇表達不完整的傷痛過程。為什麼？因為表現哀傷看起來既不強壯，也非男子漢應有的行為，相反的，這是軟弱的、脆弱的以及依賴的行為。哀傷表示你將你的愛與思念投注那位已經離開的人，但許多男人無法忍受這種無助的愛與思念，更不能忍受他們無法控制整個情況，而這種訓練早在他們還是小男孩時就已經開始了。因為面臨著要成為男人這項「不可能的任務」，男孩子們陷入了感情的桎梏，否定了表達悲傷、取得安慰的自

由，這使得很多男孩變得像裘弟一樣，因為悲傷而被孤立，等到情況惡化成為憂鬱症後，更沒有人想要接近他們。

麥可與達爾利：一個分神、憤怒與恐懼的男孩

達爾利長得很清秀，也很強壯，「看起來」一點都沒有憂鬱症的傾向，大部人都會認為他不過是個天性安靜的人，話不多，真的不多。十四歲的他是一個非常勤勉用功的孩子，就讀於一所競爭激烈的公立學校，成績單上不是A就是B。他一直被當作是個好學生，是八年級中最優秀的學生之一，但情況最近有所改變。他的學術成績以及社交成就並沒有讓他減少到校長室報到的次數，在過去四個月中，他已經被留校察看了好幾次，同時因為咒罵老師而被禁足。達爾利在自然科的測驗中作弊，結果被抓到，他恐嚇同學，並且對兩個班上的女同學大肆批評，其中夾雜許多不堪入耳的言語。最近某天的一個早晨，他媽媽抱怨達爾利不認真做功課，他對媽媽大吼大叫，口出穢言，這也是他父親跟我預約會談的理由。

我對達爾利的生活做了一些了解：他是家裡三個小孩中的老么，他的哥哥姊姊都已經上大學了，不在家裡。他家很平凡，住在一個安靜的郊區裡。雖然居家的周邊環境很安寧，但在家中卻隨時都有風暴。他五十二歲的父親有一家小小的公司，專營高級轎車出租服務；母親身體虛弱，與厭食症奮戰多年。達爾利的母親在會談過程中從未露面，只有爸爸陪著他。我對這個現象感到很好奇，因為在一般的家庭會談中，媽媽

幾乎都會出席。

達爾利是個高瘦憤怒的男孩，他坐在父親的身邊，看起來拚命要把自己隱藏起來的樣子。他看起來很疲憊，最近在學校的表現也讓他對自己與生活產生負面的觀感，但他仍倔強地說那些是「錯誤的判斷」，並認為所有的事只不過是正常生活裡的小小出軌。

「大部份時候我都很好，只是有時候不好，有時候做些笨事。」

他用英文寫下了一篇關於卡夫卡（Kafka）的短篇故事，題目為〈飢餓的藝術家〉（The Hunger Artist），內容關於一個男人如何讓自己挨餓。很顯然的，母親的健康問題盤踞在達爾利的心裡。

「你很擔心媽媽的健康嗎？」

「也沒有。嗯，有時候吧！就是當她要去醫院的時候。」

「什麼事讓你擔心？」

「我不知道。她一直在生病。」

「她的情況讓你很難過嗎？」

「嗯，有一點。我猜，有時候吧！」

「有時候難過，那有時候……有時候她讓我覺得要發瘋了。她看起來好像病得很嚴重，沒有辦法做什麼事，但是她總有力氣來抱怨與批評我。」

「你跟媽媽談過她的病和你的感覺嗎？」

「沒有，」他聳聳肩，「沒什麼好說的，真的。」

當然，他們之間有很多需要談、需要傾聽的心情，但達爾利從未談論自己的感覺，如果要由他自己開始做個改變，這會是一件很困難的

事。很明顯地，他很擔心母親的健康，而且是一直都很擔心，每天他都害怕母親會離開，這種想法讓他非常難過。達爾利告訴我，他的父母有時候會起爭執，但如果他們知道達爾利在家，他們會找個藉口開車出去「兜兜風」。但是他知道他們會在車子裡吵架，他很怕父母會因此出車禍。達爾利經常在客廳裡等，一直到他看到車子平安駛進車庫才放心去睡。達爾利知道爸媽經常為他在學校裡的表現吵架，當他對我說他擔心父母出車禍時，事實上他有更深一層的恐懼，就是害怕雙親婚姻的破裂；在他們婚姻衝突中他的角色極為尷尬，這又加深了達爾利的恐懼。

雖然在智識上達爾利對於厭食症有所了解，但他並不接受母親持續使自己挨餓的作法；當他對母親的行為感到憤怒時，他又覺得非常愧疚。這種情形像是染上酒癮，達爾利陷入了惡性循環。他把無法改變母親的自毀行為當作是自己的失敗，同時認為父親應該為這件事負更多的責任。

但是達爾利無法說出他的無助感，以及他對於「正常」生活的渴望。他決定要很「堅強」，也就是不承認自己的難過，不管是為他的母親、父親或是他自己，他都不要感到悲傷。他可以做到，他要努力地將自己與傷心隔離，他要在學業上維持優異的表現，即使要作弊也在所不惜。他將自己對於母親病情的關注做了移轉，透過一篇小小的短文，來表達他對她的關心。當情緒緊張的張力太大時，他的發洩方式是憤怒、粗暴地對待老師與同學，或是做出一些令人難過的行為，像是作弊。

我抽出紙筆，在開頭寫下：「親愛的媽咪，」然後問達爾利心裡有沒有話要跟媽媽說。一開始他遲疑了，抗拒地說他不知道應該怎麼說。

但之後他還是開口了，一開始，他先向母親道歉，說他那天不應該對她大吼大叫，對她罵髒話。他說他很難過，我把他的話都寫了下來。之後，他說他會試著更尊敬她，也希望媽媽能夠多尊重他。我繼續把他的想法寫下來，直接了當地用他的語氣與文字，沒有一點修改。

過去不識字的人很多，如果你要寫信，你要找到一個能讀、能寫的人來協助。你要告訴他（她）你想要寫什麼，他（她）就可以幫你完成。我跟達爾利現在就在做這件事，這個男孩不知應該如何表達出他的感受，他需要有人引領，走過一些必要的過程；他需要一名「翻譯」協助他分辨感受，並將他們說出來，然後才能了解自己的情緒。他不必把這封信寄給媽媽，但他必須要把這些心情寫下來，讓他的感覺與想法具體化，他才能明白自己的情緒。在這一封信中，最重要的不是他說了什麼，而是他終於說出來了。許多男孩都像達爾利，情緒激烈但不知如何表達，他們缺乏感情語言，這使得他們無法了解自己的感覺，也無法善用感覺。他們所需要的是一些基本的協助，像是幫助他們分辨感覺，之後他們才能了解要採取什麼行動。

●從憂鬱到自戕：孤獨、憤怒與憂傷的殞落

社會文化把青少年自殺視為單獨的個案，是一種驚駭、悲傷的生命結束方式。但是，我們從統計資料上看出一些不同的型態，顯示我們應對於孩子自殺的原因做更多的研究。特別是關於男孩子，因為男孩自殺的人數急速攀升，這代表另一種警訊。在眾多相關的統計資料中，有一

項結果特別具震撼力：在嘗試自殺的青少年中，女孩所佔的比率高於男孩，比例約為二比一，但真正自殺成功而身亡的卻是以男孩居多。平均每年有一千八百九十名十五歲到十九歲的自殺者，其中有一千六百二十五名是男孩子。最近的資料顯示，平均每年有三百三十位十到十四歲的孩子自殺，其中二百五十三名是男孩子。在童年期與青春期，不管是哪一個年齡層，男孩子自殺死亡的人數都高於女孩。❸不管男孩或女孩，一個孩子會走到自殺的局面都是個悲劇，但男孩占絕大多數這項事實，顯示男孩子的情緒反應出了問題，使他們暴露在更高的風險中。

在企圖自殺與實際自殺死亡的統計資料中也顯現出性別差異，有些專家認為這只是統計方法的盲點。當被問到是否曾企圖自殺時，女性比較不傾向說謊，事實上，男女企圖自殺的比例是一樣的。另有一些專家指出男性自殺時會使用容易致命的武器（約有六〇％男性自殺死亡者用槍，女性則有四〇％），因此男性死亡的比例較高，但他們沒有被計算為企圖自殺或重複自殺的統計數字中。女孩子較常使用藥丸自殺，因此會有較多的時間，容許旁人阻擾、急救。另一種說法，是認為女性的企圖自殺只是在呼救，某種程度而言，她們並不真的想死。男孩子比較會因為感覺到脆弱而羞憤，因此，他們傾向選擇無法呼救的自殺方式，或者是選擇不必在痛苦的情緒中忍受太久的方法。因此我們應該審慎看待自殺的理由，特別是對男孩。

麥可與凱斯：自殺便條絕非玩笑

在第一學期快要結束的時候，凱斯傳了一張紙條給他的朋友，說他在放學後要從附近的橋上跳下去自殺。在這張字條中還有一些對父母無情的攻擊，甚至有一些咒罵的字眼出現。有兩個非常關心凱斯的朋友把紙條交給我，我馬上跑出辦公室，把凱斯從歷史課上叫了出來，跟他談論這件事。

我看到了凱斯，如果你把他打扮得乾乾淨淨，他會是一個面容端正的男孩，但現在的他可不是這個樣子。他穿著一件學校的制服，但是把兩邊的袖子都剪開成鬚鬚狀。他的短髮很整齊，但是染成火紅的顏色，還在眉毛上穿孔。穿孔本身並不是什麼危險的信號，對於許多青少年來說，穿孔的意義跟六〇年代的長頭髮是一樣的。但是，凱斯本身卻發出危險的訊號，因為他每天的所做所為就是想著如何叛逆。

對於我能拿到他的紙條，凱斯覺得很氣憤，他想要知道是誰「忤逆」他。他試著把我推出整個事件之外，堅持這張紙條只是個沒什麼大不了的玩笑。雖然當時的他能言善道，試圖說服我，但我仍很認真地看待他的紙條，並請來他的父母。

最後我找到了凱斯的母親，她是位忙碌的律師，明白地表示出怒意。她向我保證這只是她兒子的黑色玩笑，沒什麼特別的。她要我不要過度反應，否則會引起校方不必要的關注。我被她的反應嚇著了，我向她解釋，自殺威脅並非兒戲，一定要認真看待；除非她或她的丈夫來跟我與凱斯談一談，否則我不會讓凱斯離開學校。她很憤怒，但同意跟凱斯的導師與我見個面。在會面的過程中，凱斯的母親要求看看那張紙條，她匆匆地瞥了一眼，然後把它揉掉。

　　凱斯的父親也充滿敵意。當我問他們家族中是否曾有憂鬱症的病例時，他的父親承認自己曾為長期的輕鬱症所困擾，也接受過治療，但堅持那是他自己的問題，「跟凱斯愚蠢的小玩笑根本八竿子打不著。」或許沒關係，但是，事實上憂鬱症是與基因有關的，很可能在家族中一再出現。他父親也是位律師，學校的主任聽說凱斯的父親「與美國國稅局（IRS，Internal Revenue Service）之間有些問題」，並正在接受調查，目前他的事業看來岌岌可危。

　　無疑地，他母親眼中的憤怒以及父親的否認顯示這個家出了許多問題。因為父母專注於自身的事業，他們根本不想面對凱斯有危機這個問題。

　　對於我們提出的治療以及其他建議，這對父母總是說：「是，是。」但他們卻沒有真的採納。第二年，他們把凱斯轉到另一所學校，在那裡，凱斯變成了嚴重的自殺未遂者。

　　之後，他被送到醫院裡，經過長久的拖延，終於開始接受治療，醫院發現他在八歲到十歲間曾被一個叔叔長期施虐。他威脅小凱斯不得告訴別人，這個恐懼的男孩只能痛苦地保守秘密，時間長達四年之久。他的父母非常震驚，終於承認兒子是不快樂的，並回想起凱斯在當時由一個幽默、活潑的男孩轉變成憂鬱、愛譏諷的男孩。他們本來以為這項轉變「對男孩來說是正常的」，但當凱斯的態度愈來愈惡劣，他們也就愈來愈不喜歡他，這幾年痛苦的生活讓凱斯的情緒一直處於低潮。

　　凱斯遞給朋友的字條是求救的呼喊，他的痛苦一直為人忽略，凱斯無言的承受著，直到有一天他再也受不了了。他的企圖自殺是為了引起

父母的注意，希望揭露這個痛苦的秘密，這個秘密盤據在他的心頭已經好長一段時間了，他青春期中最美好的幾年也在恐懼的烈火中燒成灰燼。

一位自殺學家傑・卡拉漢（Jay Callahan）在急診室的心理治療服務多年，與自殺未遂者相處了將近十年的時間，他說，自殺未遂後存活下來的男孩也不一定就能清楚說明自己的感覺，他們根本不了解到底是什麼情緒讓他們生不如死。特別是青春期的少年，他們很可能只是把企圖自殺作為結束「難熬的事」的一種手段。

「如果能從企圖自殺的行為中學到一些較正面的教訓，其實也不錯，」他說，「但大部份的自殺未遂者只是在獲救後鬆了一口氣，慶幸他們沒有真的死。就好像一個孩子試圖要挑起爭端，卻又暗暗希望他的朋友能夠把他拉回來。」

治療學家有一套標準的檢驗自殺風險程序，一點都不複雜。當有人提到某個男孩想結束生命時——就像是凱斯的紙條，或是英文課寫出的作文等——只要孩子有任何想要自殺的暗示，我們應該馬上跟孩子談談。要尋找是否有任何明顯的徵兆、實質的虐待、最近遭遇的失落或改變，比方說，跟女朋友分手、父母離婚或是孩子對於性別認同產生疑問等。雖然統計資料並沒有明確的數據，但有同性戀傾向、又處在一個對同性戀帶有惡意的環境會提高自殺風險。❹當一個男孩終於願意開口談論自己的傷心難過時，如果直接問他關於自殺的問題，他們通常會有實質的回應。我們可以直接了當問他是否有自殺的意圖或打算，像：「你想過要自殺嗎？」等。如果一個男孩的自殺計畫愈清楚，他會自殺的機

率也就愈高。

丹與吉漢：有計畫的男孩

　　我從吉漢升上七年級第一天就認識他，一直到他畢業離開學校。之前他一直為低落的情緒而掙扎著，有些時候真的很想自殺。吉漢是個可愛的混血兒，很幽默。他的同學們都看到吉漢的幽默感，但都沒察覺到在這之後的傷痛。他的父母對吉漢有很高的期望，他所就讀的學校競爭激烈，必須很用功才能跟得上。雖然他很聰明，但吉漢一直沒辦法讀得很快，再加上他的通勤時間很長，讓他幾乎一整年都要苦苦地追趕學校的進度。有時候吉漢考砸了，他父母補救的方式就像是在騎師對待一匹精疲力竭的馬兒，不停地鞭笞他。他們會譴責他，要他把所有的課後時間都花在做功課上。吉漢很用功、很努力，至少在短跑上是這樣的，但其他科目像西班牙文或是自然科學等，總是在及格邊緣。

　　他在社交活動上也頻頻受挫。本身是個混血兒，在這所以白人為多的學校中，吉漢經常要忍受一些殘酷的評論。對於白人學生而言，他的棕色皮膚讓他變成「黑人」，對於非洲裔的學生來說，他也跟他們不一樣。他也與學校大多數的人不同。他之所以能進這所學校，是因為接受了一項專為郊區低所得少數族裔所設立的獎學金，這還包括了來往於他家與這個富有區域的免費公車。放春假時，吉漢的同學不是到阿爾卑斯山就是熱帶的度假村度假，但吉漢哪也不能去，只能待在這個城市裡。

　　在學校的第二年，瑣碎的事開始讓吉漢有了大麻煩。他的成績一直

不見起色，這讓他可能因此無法再搭免費巴士，也無法再領獎學金。父母親的婚姻也開始崩潰，夾在他們之間讓吉漢非常地緊張。吉漢看起來真的很糟，我為他擔心。要解構我的擔憂是很不容易的，成分很複雜，可能是因為這個男孩的姿勢、聲音或音調，或者是他的缺乏精力。有一次我參加一個學術研討會，遇到一位研究自殺的專家，我們一直要求她寫出個程式，讓大家知道她如何判別出哪些青少年是真的想自殺，哪些只是試圖呼救，她說：「相信直覺。」看著吉漢經歷生命中的低潮讓我心跳加快，但當我真正問他是否嘗試過自殺時，他的答案還是讓我大吃一驚。

「你要怎麼做？」

「我只要走到鐵軌上，躺下來，等著第一班火車開過來。」

「認真的？」

「該死的！我是認真的。」

研究指出，不管哪一天，如果一個十五歲的男孩被問到「你是否想過要自殺？」時，一四％的人會回答「是。」❺如果再往下問，「你有計畫嗎」或「你怎麼做」等問題，他的答案會讓你知道他心中真正的意圖。雖然吉漢沒有選定日期，沒有挑好時間，也沒有告訴我他有槍或是足以致命的藥物，但他的鐵軌計畫對我而言已經夠真實了，真實到讓我必須請他的父母過來一商。

幸運的是，吉漢的父母很認真地看待這件事，盡力協助他在學校與家裡得到社交支持。他的父親試著與他溝通，在情感上更親密，並減少批評。我們定期見面，讓吉漢在學校裡有個安全的天堂，讓他可以自由

地談論他的情況，並開始建立一些生存所需的情緒策略。我們永遠不會知道一個男孩是否會真的自殺，但我深深感覺到，當時的吉漢正處在危險邊緣，等著別人推他一把。

●未經治療的憂鬱症：通往犯罪的岔路

如果未經治療，憂鬱症會讓男孩的生活品質惡化，進而領他走向自殺之路，另外，憂鬱症也有可能演變成實質的暴力、虐待或濫用，約有三分之一的憂鬱症青少年患者同時也有暴力或濫用問題，包括藥物濫用與酒精濫用。這些濫用常引發青少年犯罪。不管是在學校裡或街上，常可以見到患有憂鬱症的少年惹上麻煩。當一個男孩自絕於支持他的父母、親友之外，就非常可能從酒瓶、大麻、厭惡或是自我傷害中尋求慰藉。不必明說，沒有適當支持的患者很難從憂鬱症中恢復，也很難擺脫與憂鬱症隨之而來的負面行為。

如果未經治療，憂鬱症可以持續三到六年——這幾乎就是整個青春期的時間了；而且，這會帶來嚴重的副作用。憂鬱症患者與世界的互動經驗多半是負面的，甚至根本沒有任何的互動，阻斷了心理情感與社交的成熟。長期以往不僅可能引起更嚴重的憂鬱症，而且童年時期的悲傷記憶將會持續，使得患者日後傾向以悲傷的眼光來看待他的生命與整個世界。

常常，我們會聽到有人說男性的憂鬱症是一種「隱藏性的憂鬱症」，但是這是錯誤的。根據我們的經驗，青少年並不會刻意隱藏他們

的憂鬱症；如果要說有所隱藏的話，是憂鬱症把他們藏起來了——把他們藏在悲傷、憤怒、自毀以及藥物濫用之後。一個患有憂鬱症的男孩可能看起來總是故意地要脫軌、帶有敵意或是悶悶不樂，但事實是這些男孩生病了——他們被憂鬱症所苦，他們根本無法選擇用其他的態度來面對生活。男孩用來隱藏憂鬱症的最好方式是盡力讓自己生病的心看起來仍像「正常男孩的行為」了。

〔第九章〕
烈酒與迷幻藥：
填補情感的空隙

● ●

我們都接受一種印象，認為要作個男人就意味著要能「大碗喝酒」，並成天找樂子。 ——吉福瑞·卡納達 Geoffrey Canada，《擁有男子氣概》*Reaching Up for Manhood*

在一場專為八年級學生舉辦的「了解藥物」課程中，學生們被要求寫下自己的人生目標與夢想。可以預期的是，一些孩子寫的是未來的職業規劃，像是要當運動明星、老師、從政或是做個科學家等等；有一些則寫的是令人感動的心願，比方說要幫助病人重拾健康等。藉著這次的課程，老師們引領著學生討論酒精與藥物對他們人生夢想的戕害；對於成人而言，這是個非常明確的事實，但青少年卻多半還懵懵懂懂。當問一個對未來有著遠大期待的年輕人為什麼要吸毒或酗酒時，男孩的反應多半是笑笑，說：「因為未來是未來，而現在是現在。」

在青少年的世界裡，「當下」是重要的存在，「把握現在」是服用藥物或飲酒最主要的原因。如果問一個三年級的男孩在上中學後是否要喝酒，他會說不。如果你把同一個問題問一個五年級或六年級的男生，大概十個裡面會有一個說他也許會在上中學後試試啤酒，而這只是為了增加經驗。但當男孩子到七年級或八年級時，他們的態度會開始轉變。

在心理學上，青少年與藥物、酒精之間的關係像是一支美妙的雙人舞蹈，酒精與藥物身後所隱藏的滿足感深深吸引著青少年。同時，這個年紀的男孩子也愈來愈覺得藥物與酒精無害，就像三年級的男孩普遍都決定不喝酒一樣，大一點的男孩子幾乎都會接受飲酒。❶

在男孩子讀到十年級之前，他們已經有許多喝酒的機會。服用大麻的情形也在日漸增加——過去五年以來，八年級男孩吸食大麻的比例提高了三倍。男孩子有許多機會可以接近類似的藥物，而且，男孩服用大麻的比例與父母所受的教育程度成正比。有三〇％的十年級男生在過去

一年中曾經吸食大麻，十二年級男孩吸食大麻或是飲酒的機率更高。十二年級的男學生中，每十個中將近有四個在過去一年中抽過大麻，三分之二有酒醉的記錄，將近有四〇％在過去一個月中曾喝醉過。這個年紀的男孩中，七％的人每天都抽大麻，有許多男孩是大麻與酒精一起來，通常是混合服用。❷

大麻是效果比較輕微的藥物，而其他更「嚴重」的藥物使用情形又是如何？

比起酒精與大麻，男孩子比女孩更會去嘗試其他的藥物。總體而言，像海洛因（heroin）、古柯鹼（cocaine）、快克（crack）、吸入劑（inhalants）與迷幻劑（LSD）等「強效藥物」的使用機率並不高（例如，八一％的十二年紀男生喝過酒，但只有一四％試過迷幻劑，七％試過古柯鹼），但男生使用這些藥物的機率遠高於女生。在十二年級的高中生中，男生服用藥物的比例約為女生的一·五到二·五倍。在習慣性大量服食這些藥物的青少年人口中，男性所占的比例更是驚人。

●誘惑

為了跟上世界脈動，掌握現在，七年級或八年級半大不小的男孩子亟欲要長成男人，他們找尋生活中的成年男性或是大男孩作為目標，想知道自己到底應該怎麼做。從一些「早熟」的朋友身上、家裡的哥哥、親戚或者是媒體中的男性身上，他們看到周遭許多男性偶像都會喝酒或是服用藥物，而且看來非常快意享受。小男孩子通常不會再退一步看，

至於認識藥物課程或是電視上反毒廣告所說的後果根本並不在他們的期待中，他們所看到的，是那個（些）他們想模仿的人喜歡喝酒或是服食藥物，因此也跟著模仿。

喜歡運動的男孩子較可能先接觸到酒精，因為在主流的運動團體中，酒精就是他們主要的「藥物」。最近有一份關於大學生的研究指出，運動員比起非運動員的學生飲酒量就大得多。❸這一點都不讓人驚訝。在成長的過程中，每一位對運動狂熱的男孩已經不知道在電視上看了幾千次的啤酒廣告。體育活動與啤酒的交互出現，讓男孩子將兩者做了緊密的聯繫，酒與運動在他心裡產生了一種同步的和諧。這些廣告商的目的也在此，他們要將自己的啤酒品牌融入專業的體育活動中，讓啤酒變得跟大聯盟棒球賽一樣安全，並且要建立起家庭對於啤酒品牌的忠誠度，就像家庭對特定球隊的支持一般。當然有些運動員也吸大麻、蘑菇（mushrooms）、迷幻劑或是非主流的其他藥物，但這些大多是比較非主流的運動項目，像是滑雪或是溜冰，比較少有足球選手。雖然凡事都有例外，但一般我們都會有個刻板印象，認為一個高中男生如果留著一頭長髮，喜歡歌手費雪（Phish）或是搖滾團體「死之華」（Grateful Dead）的人比較可能會吸毒。

丹與一群有飲酒及使用藥物習慣的高中生

朗迪、戴文、譚以及幾個剛進高中的十年級學生，他們坐在一間空教室裡，要討論飲酒與藥物等相關的問題。現在已經是放學時間了，有

一位同學在訪問他們，整個活動是為了要交一份指定的報告。這一次的
訪問是匿名的。

「你什麼時候開始吸毒？」

「第一次是跟我哥哥以及他的朋友一起，他們剛剛進大學，那時候
我讀八年級。」朗迪說，「我吸了大約有兩管，但沒有什麼很興奮的感
覺。在之後那一年的暑假，我又吸了好幾次，但我真正開始吸應該算是
讀高中的第一年。」

「現在你多久吸一次？」

「一個星期至少兩次到三次。」朗迪說。

「你為什麼要吸大麻？」

「它會讓我覺得很興奮，有點像是參加舞會或是那一類的，」朗迪
說，「你只要坐著享受就好。」

「你什麼時候開始喝酒？」

「要升十一年級的那年暑假。」朗迪回答，「那時我大概每三個星
期才喝一次，但從學期中開始，我大概每個週末都出去喝酒。」

「所以你是每個星期都喝一次？」

「我不知道。有些週末我會在星期五、星期六晚上都去喝酒，但第
二個週末我卻滴酒不沾，但我想大概是每個星期喝一次吧！」

「每次喝多少？」

「大概六到八瓶啤酒。」朗迪說。

「你喜歡嗎？」

「喝酒滿有樂趣的。」

「什麼意思？」

「我不知道。」朗迪說，「我想我沒辦法解釋。」

戴文說他在十一年級時開始喝酒，現在幾乎每個週末都喝。

「你為什麼喜歡喝酒？」

「只是找樂子。」戴文說，「沒什麼別的。」

譚說他自己以前喝得更凶，幾乎是每個週五、週六晚上都沈浸在酒精裡，一次可以喝完半打啤酒，但他現在再也不喝這麼多了。為什麼？

「我猜我已經明白喝這麼多有多蠢，所以我決定要冷靜下來。現在，如果要喝酒的話，我也盡量控制，頂多一個月喝一次而已。」

「你喜歡喝酒嗎？」

「喝酒只是找樂子，可以從一堆亂七八糟的事情中解放出來。」譚說。

「你的意思是說喝酒可以逃避問題嗎？」

「不！當然不是。我只是想跟朋友一起，享受一下、瘋一下。」譚說，他很強調這一點，但沒有再進一步說明。「一開始我會喜歡喝酒是因為新鮮，現在我只在派對上喝酒。我猜我自己也不知道為什麼這麼喜歡喝酒。

之前我有一次喝醉的經驗，那一次我跟幾個朋友一起，我們大家都喝醉了，但還想喝，找不到人再去買啤酒，然後我們就跑去玩一種『車庫採購』的遊戲，就是跑到附近人家的車庫裡去看看有沒有啤酒可以偷。我們幾乎被逮到了，有幾個媽媽已經氣瘋了，拿著鏟子追出來。最後我們跑進便利商店後面的樹叢裡繼續喝，喝到大家都幾乎站不起來為

止。」

許多孩子都像朗迪一樣，一開始是因為其他大孩子帶著才開始接觸酒精，並從此找到飲酒作樂的樂趣。

四十幾歲的漢克是一名工程師，他回憶起自己早期的酒醉經驗。青少年時期的酒醉經驗讓許多男孩覺得熱血沸騰，無法用言語形容。「當時我七年級，我記得是跟一個朋友及他爸爸去參加一個在海邊舉辦的宿營活動。我從班上另一個同學那裡要來了一瓶白蘭地，把它塞進我的背包裡。我跟我的朋友在他父親睡著以後跑到海灘上喝酒，我們帶了那一瓶酒，再加上一瓶蘇格蘭威士忌。之前我們兩個連啤酒都沒試過，所以我們一下子就醉了，飄飄欲仙。我們把酒瓶傳來傳去，一口一口地灌下這些充滿誘惑的酒精；在發現自己已經醉倒時，我們已經喝光了大半瓶酒。雖然那天晚上我最後已經失去了知覺，但讓我記憶非常深刻的是，我覺得那天自己發現了一個大秘密，就像是：『我終於知道了！為什麼大人總是喜歡在飯前喝點酒，原來喝醉的滋味這麼美妙！』。真的是這樣。」

「我們步履蹣跚，兩個人互相扶持，沿著海灘走，看到海灘上有另一群大孩子在辦營火晚會。雖然我們比他們小了好幾歲，但我們毫不猶豫地就在兩個女孩身邊坐下來，跟她們聊天，最後還跟她們拉拉扯扯起來。她們看得出來我們醉了，一直躲著我們，但我們兩個一點也不在乎。那時候，我們覺得站在世界的頂端。」

對於許多青少年來說，第一次喝醉酒、覺得興奮的經驗無疑是讓他們睜開另一隻看世界的眼睛。藉著酒精所提供的勇氣，男孩子可以將恐

懼拋開，並因此獲得釋放。「就像是權力的感覺，一種不滅的感覺。」一位戒酒成功的青少年這樣告訴我們，「你可隨心所欲，做任何你在清醒時做不出來的事，根本不會想到後果。」

　　酒精會對腦神經系統造成傷害，包括影響主管情緒表達與感受的系統。目前已知酒精會降低焦慮的感覺，酒精中的乙醇在藥劑學上的作用與苯二氮平衍生物（benzodiazepines）相似，痲醉藥物像煩寧（Valium）也可以減輕焦慮。❹在青少年的生活中總是時時充滿著焦慮，可能是要強迫自己咬緊牙關忍受一切，也可能是要勉勵自己達到成為男人的不合理標準，或者是要避免同儕殘酷文化所施予的嘲弄。很少有男孩可以經得起這麼多壓力，也很少人能時時覺得很有自信。與男孩們外在所表現出的狂妄與冷靜相反，他們無時無刻不在抵抗內心的恐懼與焦慮。當男孩們面對成長的挑戰時，酒精可以扮演安慰劑的角色，為他們帶來及時、舒適的解放。就像譚所說的，酒精可以讓你「從一堆亂七八糟的事情中解放出來。」

●酒精與藥物：沒有出路的成年禮

　　藉著飲酒，看到自己「渺小」的男孩子可以從羞辱與焦慮中解放出來。殘酷文化是讓男孩子覺得自己弱小的原因之一，讓他們在證明自己擁有男性雄風的競賽中飽受挫折，躊躇不前；藉著飲酒，男孩子可以一下子就變成「真正的男人」。對於男孩子來說，飲酒作樂並不像字面那樣的單純，意義遠遠超過只是要從中找點兒樂趣。男孩子第一次的酒醉

經驗是一種通行儀式，意義像是失去童子之身或是得到駕照，可以「像個男人一樣喝酒」讓男孩子們意識到一種性別驕傲。

喝酒所帶來的壓力—酒量—也是非常巨大的。我們認識一位亞裔的大學男生，他是個橄欖球員，每次在比賽之後都會痛飲一番。即使他知道自己如同其他亞洲人一般缺乏代謝酒精的酵素，仍照喝不誤，這使他比別人醉得更快，在宿醉之後要比其他隊友忍受更多身體的不適。但對他而言，跟上大夥兒的腳步是非常重要的，他必須做到。

「這跟有人在你手上塞進一支大麻叫你抽不同，」另一個男孩說，「抽不抽是你自己的選擇，但當有酒瓶在大夥兒間傳來傳去時，你總是會想要參與大家，做人家都在做的事。」女孩子也會因特有的原因而試著飲酒，但並不包括把飲酒當作是成為女人必要的方式。對於女孩來說，因害怕而不敢喝酒並不會造成心理上太沈重的負擔。

在狩獵社會中，男孩會盡力去扮演一個提供者或保護者的角色，藉此來證明他對於社會的價值；比方說，他可能藉著搏殺水牛或是獅子，來表現他對於部落有實質的貢獻。猶太人的成年禮（bar mitzvah）、天主教的堅信禮（confirmation）以及其他許許多多的宗教都有相似的成年儀式，來堅定男孩子的宗教信念，並接受他成為這個宗教社會中的「成人」。不幸的是，類似的宗教成年儀式意義無法影響男孩在更廣泛的文化社群中所處的地位，當然也無法對男孩子在次文化的地位有何影響。現代男孩需要上戰場的機會愈來愈低，讓他們又少了一個可以證明自己成為男人的途徑；飲酒與嗑藥幾乎變成唯一的選擇，他們要藉此來證明自己的「勇氣」與能耐，來獲得其他人的接受與認可。

　　男孩們的酒醉故事就是他們的「戰爭故事」，充滿冒險與戲劇化的
情節中，他們不斷地測試自己力量與忍耐力的極限，找出誰才是最強
壯、最勇敢的人。每一次，喝酒對於男孩來說就像是要上戰場，他們期
待著之後的歡呼。

　　男孩子「勇敢」的訓練很早就開始了，小時候，他們在遊樂場中會
找個高的地方跳下來，以證明自己的勇氣；勇於承擔危險是成為男人的
必要過程。青春期男孩會飲酒或服藥是一種承擔風險的自然行動，就像
吉福瑞・加拿大在《通往男人之路》一書中所說的：「在成長的過程
中，我與我的朋友們隨時都在接受風險。我們從屋頂上跳下，我們攀爬
滿是薔薇藤的圍牆，或者是拿石頭來打仗。再大一點，我們接受的一種
印象，認為要作個男人表示你必須要能『大碗喝酒』，並成天找樂子。
我們也知道，要找樂子表示你必須要冒險，但是對我們來說，『冒險』
本身已經變成了一種生活方式。」❺

　　紐約有個大學生在參加兄弟會的舞會後醉臥河堤邊，校方馬上對於
全校學生施以密集的飲酒教育活動，但即便學校有如此積極的行動，最
後仍不了了之，在校園裡行之有年的酗酒文化仍然存在，沒有任何消失
的現象。一位大學新生告訴《紐約時報》的記者，說他入學的第二天已
經見識到校園中的飲酒文化：他的室友非常驕傲地宣佈自己的海量，說
他當晚已經灌下了五杯的龍舌蘭酒與兩杯啤酒。❻

　　「之後他們自誇自己喝了多少，」他說，「就是要表現出自己到底
有多能喝，讓我們知道他們喝了這麼多還站得住，完全喝不死。」

●充滿危機的事業

彼得十九歲，跟一群朋友在荒廢的海灘上喝酒，這些朋友們想拿他來開開玩笑。「當時我們都喝得不省人事。」他說。他的朋友們從後車箱拿出一把鋁製的海灘椅，用繩子把彼得綁在椅子上，然後用一件T恤塞住他的嘴巴。他們對自己的惡作劇覺得非常興奮，愈玩愈高興，其中三個男孩把彼得連同椅子一起抬起來，把他放到海岸邊，然後再回到車子裡去睡，只留下悶哼的彼得。十五分鐘後，一個浪頭打來，把彼得整個人翻了過去。

「如果我的朋友沒有回來看看，或者沒有注意到我不在那兒了，我可能就死掉了。」彼得說，「他們回來找我之前，我已經在海水裡待了好一陣子了，再過幾分鐘我可能就要支持不住了。」

酒精對於腦部最危險的影響之一，就是讓人失去判斷力。我們可以很簡單地說，有愈多男孩一起喝醉，他們所做出的事情也就愈蠢。這些喝醉的男孩子覺得自己是無敵的、不滅的，根本是在法律所能管轄的範圍之外；結果是，星期一的早晨經常會聽到男孩子說：「我真不敢相信我真的那樣做了。」

就青春期的男孩來說，不管他喝多少都會是「有問題的」，❼因為一旦他們一開始喝酒，就很容易喝得太多。事實上，男孩子很難抗拒同儕夥伴「再來一杯啤酒」的提議，所以，一般說來，不管青少年在什麼時間、什麼場合下喝酒，他們都會有飲酒過量的問題。這並不表示成人

就不會有酗酒的問題，但許多成人可以在整個晚餐中只喝一杯酒或啤酒，絕不超過量，而青少年的特質就比較無法只享受淺酌微醺，他們喜歡尋求不斷的刺激。

喝得太多經常會引發出高風險的行為。根據統計資料指出，十名十二年級的男生中曾有四個會酒醉駕車，三個會因為喝了太多而醉得失去了知覺，十八歲以下男性因酗酒或嗑藥被送進勒戒所的比率是女性的十倍。公共衛生官員對於青少年飲酒的問題非常關注，原因之一是酗酒常是車禍、意外溺水的元凶，並使得青少年的抽煙問題更形嚴重，因而直接或間接造成青少年的死亡與傷害。過早接觸酒精會提高感染愛滋病的危險，因為年幼的酗酒者通常會有較多的性伴侶，並且在性行為中較少使用保險套。❽

從青少年的口中我們聽到過太多酗酒的故事，有些像彼得的經驗，幾乎已經到了致命的邊緣。泰德現年十八歲，在參加完舞會開車回家的路上睡著了，等到他的車子明顯偏離車道時才忽然醒來，趕緊把車停在路邊。他說，自此之後，他再也不會把手上的啤酒完全喝完。另一個十六歲男孩則在喝完「漏斗伏特加」（funneling vodka）後幾乎陷入昏迷的狀態。就像它的名字一樣，所謂「漏斗」是指這種酒不用酒杯來喝，直接對嘴灌，大口大口地吞進胃裡。很幸運的是，男孩的朋友夠清醒，並且注意到他的昏迷不像是一般喝醉酒而已，馬上叫來了救護車，撿回一命。

對於許多有過類似經驗的男孩而言，他們在日後都會記得當時自己有多幸運。但對於許多男人來說，他們卻始終沒有放棄飲酒的樂趣，甚

至曾經有過致命經歷的人也不見得會放棄飲酒。有一群人彼此是大學同學，目前都已三十幾歲，也都是成功的企業家，每年都聚會一次，租一部大轎車，一起飲酒狂歡，大醉一場。就像二次大戰一起出生入死、互相扶持躲避德軍轟炸的士兵一樣，這些男人也彼此相扶，一起到大街上去尋歡作樂，他們的冒險旅行可能還包括逛逛脫衣舞秀場，或者其他臨時想出的花樣。去年，他們的樂子是回到母校，打破與他們死對頭兄弟會的窗戶。每一年，他們會在一個酩酊大醉的夜晚說故事，重溫這一年所做的瘋狂冒險。當然，他們說的都是自己的「戰爭故事」。

●尋找別人：當你僅有的伙伴都是些醉漢時

在畢業紀念冊上，學生們總是要放上充滿著美好時光的照片，我們通常看到的都是一些「經典」：一群長得很好看的男孩們，或許六個，或許八個，彼此勾肩搭背，開懷地笑。當然，他們之中一定有人醉過，甚至是醉死過。在青少年的文化中，酒精與藥物是好時光的助興品，可以破除重重的情感藩籬。在喝酒時男孩子會將情緒喜形於色，因為飲酒屬於男性文化的一部份，男孩子酒後在情感上的坦白是被接受的。你不會因為喝醉酒之後的行為被責罰，因為所有的事情在第二天都會消失無蹤，所以，對男孩們來說，藉著酒精，短時間對別人表現出親密是很安全的；酒精可以短暫地解除疏離與孤獨所帶來的傷痛。

酒精是一種止痛劑，會對腦部內生的麻醉系統產生影響，引發一種類似嗎啡的物質分泌，可以減輕人們的傷痛感。❾多數人都知道，藉著

氧化作用，酒精可以分泌出天然的麻醉劑恩多芬（endorphins）。比較不為人所知的是，當腦部麻醉系統產生作用時若又伴隨著身體的接觸，可以對我們的情緒產生平撫的作用。

在現實生活中，觸覺所產生的反應不僅可以讓我們避開傷害，像是在碰到發熱的物體時可以快速反應，急速把手抽走，還可以讓我們在接受父母的撫抱、愛人的愛撫或是與朋友接觸時產生安適的感受。所有的身體接觸都會引發天然的止痛劑分泌。當一個擦破膝蓋的孩子步履蹣跚向著母親跑去，母親所給予的擁抱不僅可以提供他心靈上的確定與安全的保證，更可以在實質上讓他解除痛苦。

男孩子會因為要避免恐懼、羞辱或憤怒而拒絕身體的接觸，因此無法獲得充滿情感、安適的擁抱，他們會利用酒瓶來釋放自己的情緒，但這並非真正的治療方式。他們學著如何表現得像個男人，自己承擔傷痛；而他們沒有在情感上建立足夠的勇氣與信賴，承認自己想要談談某個問題，或是想要改變與某個人的關係。他們不是去找人談談，而是跑到酒吧喝酒，然後把情感孤離所帶來的傷害一次一次倒入酒精裡麻醉自己。

但男孩子也是人，他們也想要跟他人——尤其是女孩子——建立起關係。飲酒讓他們能更順暢地表達情感，更自在地從事社交活動，但這都只是一種人造的安適，因為酒精無法提供有意義的溝通，也無法帶來安全感與滿足感。酒精與藥物可以降低痛楚及壓抑，腦內麻醉系統會提供類似擁抱的溫暖感受，但效果都十分短暫，之後只有讓男孩子們更依賴這些物質。

在飲酒或服食藥物時，男孩子把注意力放在活動的本身，讓他們可以暫時從複雜的情感中逃離。要男孩子思考週末要跟朋友到哪兒去喝酒，或者是要到哪兒去買些啤酒，總比要他們想著要如何自我檢視情感的成熟度來得容易得多。但是，情感教育的缺乏會使男孩們的問題更形惡化，讓他們更難以了解生活中所發生的事件對他們的影響，忽視周遭他人的情感，而無法採取有效的對策。

簡單來說，如果你只是選擇喝酒，你最重要的工作只是要使自己保持清醒，別人不會對你有太高的期望。如果一個男孩子對於在社交上、情緒上或是性方面感到不安，他可以藉著酒瓶撕下這些標籤，使心靈麻痺；對他而言，喝酒會是一種很不錯的解脫方式。要男孩們去面對不確定性是非常痛苦的，像是花一個晚上的時間與一個關係曖昧的女孩坐在一起，或者與朋友們參加一個氣氛不明的社交場合，那裡充滿著未知與可能的拒絕，對男孩子來說，這真是件苦差事。

男孩們經常被要求要「自我控制」，要駕馭自己的情緒感受，這種要求對男孩來說毋寧是一件太艱鉅的工作。設身處地的想，如果我們是個男孩子，也許也會選擇酒精；因為酒精會簡化情緒的波動，一旦人喝醉了再也複雜不起來。另一方面，能在酒精的影響下維持控制代表著一種勇敢，也是一項被接受的男性成就。如果你喝了太多，你所要做的只是讓自己保持清醒，其他人就不對你要求更多。

就像年輪標示著樹木的年齡與成長過程，藉著追溯男孩子開始接觸酒精與藥物的年代，我們可以探知他們情感成長所受到的限制程度。在許多男性的身上，情感發展的限制明顯地表現在對酒精與藥物的濫用

上；但大部份的男孩子都無法看穿這點，因為他們本身缺乏情感的經驗，也不夠成熟。

●付出代價，做自己主人

男孩子通常不會正視恐懼，主宰恐懼；相反的，他們習於藉助酒精與藥物來獲得慰藉，找到一個避風港。尤其是一群與他情境相似的男孩在一起時，他更無須面對別人對於酒精與藥物的挑戰。因此，有太多的因素會引領男孩子接觸酒精與藥物，他們可能來自不同的方向，但相同的都是在情感路上迷了途，最終走到高危險的致命終點。許多為人父母者無法真誠接受男孩也有悲傷與壓力，無法面對男孩子之所以落入酒精與藥物的深淵，原因竟然與成人大同小異：這些物質會讓人產生釋放的感覺，男孩們可以藉此放下心頭的重擔，暫時不必擔心生活裡瑣瑣碎碎的憂慮。

青少年有誇大的習性，再加上判斷力的不足，他們經常會放大了酒精與藥物的益處，對於潛在的危險視而不見。使用（或濫用）酒精與藥物的男孩像是在懸崖邊緣跳舞，但他們只感受到興奮所帶來的刺激，而忽略了跌落萬丈深淵的可能。

麥可與泰德：年輕的酗酒者回首來時路

泰德十八歲，父母分別是大學教授以及高中輔導老師，他們一直沒

有注意到兒子有酗酒的問題，而且時間已經長達五年了。泰德被捕了三次，還發生了數次酒後鬧事的事件，被送到醫院的急診室。泰德的雙親對他下了一道最後通牒：要不然選擇戒酒，繼續住在家裡，要不然就要搬出去。

在治療的過程中，泰德變得比較願意談一談自己所面臨的問題。一般說來，男孩之所以會沈迷於酒精或藥物，是因為他無法更進一步面對自己的問題。泰德逐漸康復，他希望與別人分享自己曾走過的成長歷程，並幫助其他男孩做出更好的選擇。復原之後的泰德讓人十分驚訝，他是一個俊秀的男孩，變得能言善道，社交能力強，並廣受女孩們的歡迎。他說話的方式非常體貼，充滿著想要幫助別人的努力與渴望。當然，有許多關於他的事是戒酒無名會（Alcoholics Anonymous）告訴我的。沒什麼值得訝異的，他對這個組織也算得上貢獻良多了。

泰德第一次喝酒是在讀七年級的時候，同年他也開始吸食大麻。在進高中的第一年時，他已經染上酒癮了。泰德說，他之所以會走上酗酒的路，一開始是因為愚蠢的好奇以及受到男性朋友所鼓勵，他們經常一起喝酒，每當有人醉得不省人事或是生病時，也會互相照應。酒精就像是這一群人的「膠水」，沒有酒精，他們之間也不會建立起如此緊密的關係。在酒精的作用下，無論他們的感覺已經被磨到多鈍，彼此之間還是可以談談他們所剩不多的感情，也可以一起分享同儕之間的友愛——如果他們是清醒的，這一切就會變得很荒謬。

跟其他十三歲的男孩相似，當時的泰德並未深思自己濫用酒精與藥物的原因。

「我只是為了想喝醉而喝醉，很難說到底為什麼。我猜大概是醉了之後就可以忘記一切，但又不會真的忘了重要的事。除了喝醉的感覺之外，我沒有真的去想為什麼喜歡喝酒。嗯，我喝醉是因為喜歡喝醉的感覺。我記得喝醉以後就只是坐在那兒，並且對自己說：『試著去想想別的可以讓我擔心的事，試著去想想一些可以讓我擔心的事。真的去想一些會讓人擔心的事。』但當時我根本不會擔心，因為我只活在當下，那真的讓我感覺到不可思議的快樂。覺得自己可以做些事，而那些事一點都不會傷害到你。即使，第二天你清醒時會說：『喔！天啊！昨天晚上我到底做了什麼』之類的，但至少在喝醉當時你確實做了、說了或感覺到了你真正在想的事，當時我真的有點像是瘋了，喝醉酒很有樂趣，我會在酩酊大醉時做一些平常絕不會做的行為——你知道，喝醉時會活得自由一些。」

「喝醉酒幾乎像是一種逃避，你可以變成你希望的樣子，等醒來後再想想結果，但跟清醒時的思考是完全不一樣的。像我的朋友們會在喝醉酒時去調戲女孩子，如果我覺得那個女孩並不怎麼吸引人，我可以說：『我喝醉了。』並且只是敷衍他。對我來說，我們的行為其實不過是借酒裝瘋而已，可以不用理會。但如果我們都是清醒的，我的處理方式就會大不相同，因為我知道沒有藉口。如果你喝醉了，你做出一些比較愚蠢、比較不勇敢的行為都是可以被容忍的。」

「為什麼我會喜歡喝酒？為什麼許多人都喜歡喝酒？我猜，原因之一是你在喝醉時可以無須考慮行為的結果。就像是社會文化接受喝醉的人可以有些愚行，喝醉的人可以醉言醉語，到處閒逛，然後說：『我只

是喝醉了。』一切行為都會被諒解。這個法則適用在每一個人身上。」

泰德非常清楚地了解，酒精可以作為一個非常方便的藉口，而且廣為社會所接受，你可以用來逃避行為責任。喝醉後的他會毆打或是以粗暴的手段對待一個女孩，或是做出一些非常混蛋的行為，而他完全不必強迫自己對此負責，他也沒有動機去檢驗自己的行為，以便讓自己下次表現得更成熟一些。泰德擁有一個永遠適用於青少年的好藉口。

泰德誤入酗酒與用藥的歧途有五年之久。他就像是小說中的人物李普‧范‧文柯（Rip van Winkle；編注：美國作家艾爾文的作品《見聞札記》中的男主角）一樣，在人生的路途中大睡一場，失落了多年寶貴的生命，失去情感學習的機會，少與朋友、愛人建立起親密關係，也荒廢了應該努力的時光，丟失了個人價值。康復之後的泰德有許多情感功課需要學習，這些無法靠惡補填鴨，更沒辦法帶小抄作弊。男孩子之所以會想要尋求酒精與藥物的慰藉，無非是想尋求一些感情的連結，殊不知這些化學品只是把他們帶離自身的情緒反應，也讓他們無法觀照他人的情感，危險不只是會讓人上癮而已，許多沈迷其中的男孩並未看到慘痛的代價。為此，他們會失掉發展感情的機會，失去長大成熟的機會。

丹與艾芮克：脫離隱藏的男孩

那一年夏天艾芮克快滿十五歲了，還有一年就要進高中了，他選擇跟朋友天天一起抽大麻。當時的他處在正尷尬的年紀——他的年紀太小，無法找到比較有意義的工作，也無法考駕照；但如果叫他去參加夏

令營又嫌年紀大了點兒。他有時會去打打零工，像是幫鄰居剪剪草，讓他可以賺得一些額外的零用錢。他有一個朋友手頭也滿寬裕的，只要手邊有錢，他們就會一起去買些麻醉藥來試試。

　　艾芮克的父母知道他抽大麻，但他們並不確定他到底抽得多凶。他的雙親在讀大學時也抽過大麻，因此，父母可以接受艾芮克某種程度的實驗，覺得不必過度反應，不必對艾芮克太過苛責。另一方面，他的父母已經將近六十歲了，經驗讓他們知道藥物濫用會產生什麼後果。因此，艾芮克的父母陷入兩難，不知應把容忍的尺度設在那裡。他的母親發現艾芮克說的話基本可信，他說他第一次抽大麻是在一個舞會上，跟著朋友一起嘗試，之後又試過兩次，最後他決定不應該讓藥物在他的生活中占有太重要的地位。但艾芮克的故事只有一半是真的。後來，他跟另外一群孩子為伍，頭髮愈留愈長，開始買一些破破爛爛的乞丐裝，並且放棄了他喜愛的籃球。至此，艾芮克的父母開始擔憂，不知道他的問題到底有多嚴重，於是他們把他送到我這兒來。艾芮克一直想要逃跑，但他們連一點機會也不給他。

　　在第一次的會面中，我跟艾芮克談得滿愉快的，因為我們都很欣賞大鳥博得（Larry Bird）與麥可喬登（Michael Jordan）的打球方式；對於許多男人與男孩而言，運動常常是架起病人與諮詢者之間溝通橋樑的最佳話題。我們循著運動的話題漸漸深入，最後艾芮克終於願意談論他的用藥歷史讓我知道。

　　「你星期六晚上都做些什麼？」

　　「我都跟約翰和陶比一起出去。」

「做什麼呢？」

「就出去蹓達蹓達。」

「你們找到什麼很有趣的樂子嗎？」

「嗯，我們會去參加提姆（他的另一位同學）辦的舞會，有一些人總是會帶些不可思議的藥來，我們就跟著一起吸。」

「有些什麼人？」

「大部份都是我們學校的學生。」

「還有些誰呢？」

「嗯，我們開始吃藥後，會看到一些從別的地方來的辣妹，我不曾見過她們。」

「你跟她們聊過天嗎？」

「沒有，我們只是變得很興奮，坐在一旁聽音樂。」

約在一個月之後，艾芮克開始跟一個在舞會上認識的女孩約會，她比他小三歲，還沒進中學。後來，我們之間的談話都集中在這段關係上。他認為她真的很漂亮，而且與她有了性行為。他很驕傲地告訴我，說她還是個處女。對我而言，我認為這是艾芮克之所以會這麼喜歡她的原因之一：她完全無法威脅他，在他們的關係中艾芮克完全居於主導地位。她則很得意自己可以跟一個中學生約會，並對艾芮克帶她認識的世界深深著迷——當然，在這個世界裡包括如何尋求刺激。

所以，我開始針對這段關係挑戰他：「如果依麗莎跟你一樣大，你還會一樣喜歡她嗎？」

「或許吧。我的朋友說我有戀童癖而鄙視我。她跟她的朋友們在一

起時也很辛苦，她的朋友都是一群笨蛋，只會坐在一起，為了一些無聊的事大笑。」

「當你覺得很刺激、很興奮的時候，你在乎這些嗎？」

「不是那麼在乎。這就是刺激的好處，沒有什麼大不了的。就好像你為了一件蠢事很擔心，然後你抽大麻或是別的，只要一下子，你就會覺得剛剛的煩惱很愚蠢，或是根本就忘記了。或者像在舞會上，你只要坐在那兒，享受音樂，一點都不要擔心其他的無聊事。」

幾個月過去，我們繼續對談，談談他一起吸毒的朋友，並拿來跟學校其他的孩子做比較。我們也談依麗莎，談他為什麼會喜歡年紀這麼小的女孩。在討論這些的時候，艾芮克真的非常認真思考，我看著他跟自己進行辯論。在某個議題中，他會先選擇一個立場，然後再駁倒自己。比方說，他會說他知道吸大麻會影響他的功課表現，但之後他又會說這讓他變得更有創造力。他的論點就是一直這樣來來回回，搖擺不定；他會誠實地檢視自己，然後又表現出退縮。他的反省讓他看到了更多的真相。這種情形持續了好一陣子，我看得出來，艾芮克已經愈來愈清楚地知道自己行為背後的動機。有一天，艾芮克走進我的辦公室，告訴我他決定戒毒，並跟依麗莎分手。

「怎麼了？」

「不知道，我只是有一點恍惚了。」

「怎麼說？」

「我也不知道，感覺很怪。我看著依麗莎，看到一些女孩做出愚蠢的行為，然後我想：『我怎麼會在這裡？』你知道，我有點害怕，怕自

己有問題還是怎麼了。真的很難解釋。我很恍惚,感覺上我的腦子動得太快,讓我的行動跟不上想法。就好像是我一定要出來走走,透透氣,所以我向她編了些藉口。我離開的時候,心裡覺得冷靜下來了。」

「然後你決定戒毒?」

「不是,我是昨晚才下定決心的。昨晚陶比想出去找刺激,而我想:『這真的滿蠢的,我不需要。』」

「有效嗎?」

「還好。在學校裡比較容易,我不像以前那樣想吸大麻。我想我也許會再試,但我一定要設法冷卻下來,至少,要離開學校之後才能吸。」

在那一年剩下的時間裡,艾芮克沒有再碰大麻;第二年春天,他開始跟一個他校的同年女生約會。不再碰大麻並未完全解決他的問題,比方說,因為自己一些愚蠢的行為,他在高中最後一年跟老師起了嚴重的衝突,最後幾乎畢不了業。但他從錯誤中不斷學習、成長,試著去面對自己的問題,而不是逃避、躲藏。如果艾芮克繼續在歧途上執迷不悟,到了他畢業那天,一切也不會有太多的不同。差別可能是他進不了心中第一志願的大學,只能進第二志願;或者,他會繼續帶著玩玩的心態,跟一個女孩子約會,而不是像現在開始謹慎考慮兩人之間的關係。無論如何,差別不會太明顯,但隨著時間漸漸累積,酒精與藥物所造成的效果會愈來愈大。酗酒與吸毒的代價是漸進式的,會慢慢地蔓延開來。就好像是使用信用卡的循環利率,每一個月的花費看起來都還算合理,一直累積到有一天,你發現那些循環利率已經高得嚇人,自己需要好幾年

才還得清銀行的債務，之前的消費已經沒辦法再為你創造任何的樂趣了。

　　只要我們的社會文化仍堅持把情感的孤立當作男人的應有的態度，青少年對酒精與藥物的需求就不會減少，相反的，市場會愈來愈壯大。男孩子缺乏基本的情感教育，讓他們在面臨問題時無法做出更好的選擇，只能長期地依賴這些化學物質。這些男孩子很容易就跌進逃避感情的世界，如果身邊的人沒有足夠的情感資源幫助他們定位，那麼就很難引領迷途的羔羊知返。

與女孩們：
從真心到無情

或者，我只是被自己需要你的方式嚇住了。——保羅·麥卡尼 Paul MaCartney，《或許我被嚇到了》*Maybe I am amazed*

每一個男孩子都有成為浪漫、體貼情人的潛力。男孩的浪漫故事早在女孩加入之前就展開了，一開始只有一個男主角，說的是青春期少年的性覺醒，是一個男孩對於性的態度與認知。男孩子的性慾大部份來自先天的生物因素，這是毋庸置疑的，但這並不表示男孩子的性慾就排除了感情上的親密與穩定的親愛關係。男孩子的性慾驅使他們展開漫長的旅程，探索之路從簡單的生理需求乃至於建立負責任的關係，一路上充滿了挑戰。對於每一個男孩來說，這都是一段艱辛的路程；而對於那些仍踽踽獨行，遊蕩在寂寞的性滿足與親密關係之間的男人而言，探索之路仍漫漫無盡頭。

到底，男孩子所擁有的是一段刻骨銘心的愛戀，亦或是無愛的性關係，端看男孩如何在其中做移轉——通常，他們會同時追求兩者。由男孩子處理情事的態度，我們可以窺見他內心複雜的感情世界；在了解男孩子可能會因魯莽尋求性經驗而傷害女孩後，我們應肯定男孩仍有表現關懷與愛的潛能。男孩子因懷著愛與被愛的渴望而尋求愛情關係，當然，他們也會從中發現「性」的面相。對許多（或者是說大部份）男孩來說，愛情關係的建立沒辦法像是水到渠成般自然，因為男孩們面對許多心理力量的衝突，再加上情感教育的失敗，使得男孩們無法準備好建立親密關係。

對於青春期遭遇到關於性別經驗的心理與生理困惑，許多男人都記憶猶新；年輕時的困惑中包含著渴望與焦慮，女性對於類似的困惑少有經驗。媽媽看著自己的兒子逐漸邁入青春期，從他日漸冒出的鬍子，日

益加寬的肩頭以及開始變沈的聲音中，生理成熟明顯可見，但是，其他更讓男孩子迷惑的像是期待、希望、恐懼以及情緒的衝突等等，卻是為人母者較不易察覺的。從女孩的角度來看，她們認為男孩子的情慾主要是來自於生理因素，來自於對不同性別的好奇；對於男孩子行動中的感情成分，她們並不十分理解，多半只是用自己的主觀意識來解讀；但這種了解本身已經有所偏誤，因為性別的差異，女孩自有特有的性別與情感發展，與男孩的思考方式大不相同。

當然，在討論青少年感情問題時理應包含同性戀；至少約有二％的男孩是對女孩子毫不感興趣、也永遠不會感興趣的，即使現代對於坦白性傾向的容忍度已經大增，但這些男孩子在經歷害怕自己是同性戀的年紀時，仍是非常迷惑與痛苦，感情路對他們而言更是艱辛。我們並未處理過太多關於青少年同性戀的議題，因此，當我們在討論愛情、情慾以及情感關係時，會將範圍限於異性戀的框架中。即便如此，我們認為本章所討論的許多問題仍適用於所有男孩，所有的男孩子也都有能力找出適當的方法，建立令自己滿意的親密關係，無關乎他的性傾向是什麼。

我們在青春期男孩身上看到的是一則則充滿情慾與親密關係的複雜傳說，伴隨著因恐懼、希望與期待所形成的緊張。從古至今，愛情持久不衰，不管是現代或四百年前莎士比亞的羅密歐，少年都會大聲喊出對愛情的渴望，對親密關係的想像。就像是羅密歐對茱麗葉的愛慕一般，大部份男孩子第一次拜倒在女孩兒的石榴裙下時，所演出的都是一幕幕充滿感情的戲劇。在我們與男孩們一起相處的經驗中，我們看到他們的傷痛、他們的掙扎、他們的無知，有時候也看到他們的希望有多麼不切

實際。我們更看到他們是如何缺乏愛與信任的能力，使得他們無法讓自己的生活獲得平衡。

●男孩的渴望

每當你看著男孩內心的希望與恐懼，你就會了解為何一個情竇初開的少年會有如此的掙扎。他所面對的是複雜的內在需要，他想要性、想要愛、想要成為一個男人，而在滿足這些需要的同時，他不想被拒絕，不想被傷害。這些內在的需要中隱藏著許多難以克服的障礙以及難以承受的結果，對於男孩而言，實在是一項艱鉅的任務。

男孩渴望愛與被愛

男孩子渴望感情的連結，但是他們並未有太多的機會來練習。在進中學之前，男孩子與同性朋友一起玩的都是充滿競爭的遊戲，彼此作弄，或者玩一些「作大男人」的遊戲或實際嘗試。當他們漸漸長大，許多人才發現，在分享親密關係時他們所表現出的溫柔有多不自然。男孩希望與女孩們建立連結，但因為他們缺乏情感溝通的經驗，有時候，他們連親密關係到底是什麼都無法想像。在成長過程中，他們少有機會去「閱讀」他人，也學不會如何從對話、表情或肢體語言中發覺別人情緒的蛛絲馬跡。如果無法了解別人的感覺，一個人很難對別人感同身受。而男孩子一向就不被要求要建立同理心，這使得他們經常誤解發自女孩

的社會線索或是性別線索，他們根本就找不出女孩子所想的、所要的到底是什麼。在情感複雜的親密關係中，男孩子很容易迷失，他們會用簡單的性關係來取代親密關係，或者乾脆就放棄，像是變成：「喔，這真的是太複雜了！我們還是去打籃球算了！」

男孩希望滿足性衝動

男孩子的性衝動一般而言都很強，他們最初的性經驗都是非常私密的。早在青春期開始之前，男孩子對於「性」的關心，包括生理發展以及對於生理的感知等，在他們的生活中都扮演一個非常重要的角色。不同男孩的「性別導向」其發展強弱當然有所差異，但不論如何，一個男孩子在青春期時都會關心「性」這個問題。如果要說男女之間的性慾有何差異，最明顯的，應該是男性較女性更易於被挑起慾望。有部份原因是因為男性的世界充斥著女性的性感形象——信箱裡塞滿了充滿性感美女的運動畫報，電視中充斥著「海灘遊俠」（Baywatch）節目裡或是啤酒廣告中的性感美女，網際網路中的色情網站時時可供瀏覽。甚至，有一些是他們每天一同上課的同班同學們，這些身材姣好的少女穿起短裙與緊身衣來展現自己傲人的青春。面對這些誘惑，即使男孩們有心，他們也很難遏止自己的性幻想。為了要滿足自己的慾望，幾乎所有的男孩子都會自慰，而且是經常自慰。

在青春期男孩的生活中，自慰是非常普遍、自然的經驗，男孩子在經歷擁有伴侶的性經驗之前，他已經享受過性所帶來的歡愉了。當他將

慾望引入包含愛的成熟性關係時，他所做的是一種跨越，將充滿回報的、可以預期的私人狂喜經驗轉向一個活生生的女性。就「技術」的觀點看，自慰幾乎沒有「失敗」的問題，但如果加入女性，這一項原本看似簡單的任務就會在生理上與情感上變得複雜起來。複雜來自於潛在的挫折與失敗，如果一個男孩子沒有學會如何管理類似的負面情緒，情緒一旦發生，他就會選擇用敵意或是憤怒的態度來回應女孩。

男孩希望成為男人

男孩子希望符合文化與同儕團體所賦與的能幹、獨立的雄性形象，但這個形象與建立圓滿關係所需的特性形成了直接的衝突。基本上，這個形象期待男孩能幹、強壯、獨立，使得男孩子對於互相依賴與互相信任等行為盡量保持距離，但互信、互賴是所有親密關係的核心。在童年期與青春期，男性世界的殘酷文化非常絕對，要求男孩子們要堅強，不可以表現脆弱的一面。依賴女孩子是一種「娘娘腔」的表現，會被男孩群的夥伴極力嘲弄。男孩群會不斷地對「見色忘友」的夥伴增加壓力，以免失去一個一起喝酒的朋友或是一起打球的球伴。男孩群也會對女孩表現出嘲弄的態度，採取一種「誰需要她們」的防衛姿態，以證明自己是強悍的，或是一種酸葡萄的心理，來挽回自己的面子。

男孩子之所以害怕對女孩子產生依賴，主要是恐懼拒絕，以及那些隨著拒絕而來的羞辱與痛苦。男孩子要求肌肉強壯的程度總是高於他們對於心靈的要求；而且，如果你容許自己依賴某人，依賴她的微笑、她

的愛來滿足自己的性需求與自尊，你也將因為她而落入痛苦的深淵。

男孩情緒生活中有三大挑戰：親密、慾望與權力，男孩子面對這些挑戰時所採取的態度決定了親密關係品質。每一個男孩長成男人的過程中都有自己獨特的情緒經驗與教育，與父母關係親密或是父母婚姻關係和諧的男孩有較多的學習機會，他們較能為愛與親密關係做好準備。他們認知到親密關係是一個可行的真實存在，可以從經驗中學習。不幸的是，這一類男孩並非多數，大多數的男孩對於如何處理愛情關係的複雜都毫無準備，因為他們缺乏表達感情的基本技巧，不懂得同理、認知，也無法順暢地表達情緒，他們更不懂感情上的互相依賴是一種資產，絕對不是負債。

要能有意義地探討男孩生活中的性與愛，我們必要先將性別議題、性別憎恨以及互相攻擊放在一旁。男孩子們自有他們的故事。在與男孩們談話的過程中我們發現，他們之中有許多人對女孩心存敬畏，對於性充滿好奇，也對與女孩們的相處充滿挫折。他們害怕自己毫無經驗，也因為對自己不確定而深深恐懼。他們的發展過程是從性別覺醒開始，從獨立的練習到有夥伴的親密關係；在這過程中，他們不斷經歷著內心的掙扎。許多男孩都願意努力建立男女間的關係，可能是群體約會，可能是純純的愛，可能是「經常一起出去」，也可能是轟轟烈烈的愛戀。在男孩子的情感尚未準備好之前，這些愛情故事已經發生。許多男孩的第一次性經驗發生在青春期，經常是在十六歲之前。這些男孩在情路上經常迷了途，有的變成只是一個「性漂流者」，在不同的床上流連，不甚認真，對伴侶甚少要求，也甚少給予。有一些轉成「性探險者」，毫不

體貼，變成無心無情的伴侶。另外大多數的人仍不放棄，在情路上仍尋尋覓覓一段充滿愛與安全的親密關係，但受限於本身的不擅表達情感，終未能如願。

　　一個男孩子會成為獻身於愛的伴侶或是性探險者，會變得體貼或是無情，決定於男孩早期的情感經驗、所處的社會環境、所接觸的同儕團體以及他所面對的女性文化為何。從早期的性別經驗以及青春期對於性的興趣與好奇中，男孩子會逐漸發展出他對於親密關係的看法，決定他所想要的愛情究竟是哪一種。

●強納生：一個年輕男子的甦醒

　　我們認識一個大學生，一個聰明、關心他人、體貼的年輕男子，他對我們談起他的性經驗：「七、八年級的女孩其實是很『好色』的，但她們太小，我不會跟她們發生關係的。但我們幾乎每天都可以聽到一些故事，像什麼『琳達』告訴『喬司』說她要跟他上床，或是誰又跟誰怎麼樣了，每一個人都在說別人的性生活。我的朋友約翰就認為自己已經準備好了，他曾經有過許多『手排』的經驗，也看過好幾次小電影。另一個女孩，愛蜜麗，一天到晚都在說想要有性經驗，她從讀初中時就跟約翰開始約會，她說他們一天可以做五次。這些是都發生在八年級的時候，才八年級耶！」

　　「那，在高中的情況怎麼樣？」

　　「新生中，長得最好看的女生追著高年級的學長跑，而男生的話，

你知道的嘛！他們要不就還在發展，要不才剛剛成熟，還處在很尷尬的狀態，他們之中有一些會愈大愈好看，而你真是恨死這些人了！如果你還得帶著牙齒矯正器，那就一切都沒指望了。」

「我記得那時我對女孩子真的是又敬又怕。我還在發育，對自己的外表覺得很羞愧，一切都在改變，我完全沒辦法想像要如何去交一個女朋友。我也有跟一些女孩子出去，沒發生什麼，但我有一些朋友就不錯，像我最好的朋友耐德，他們幾乎在高中第二年之前就已經有了性經驗。我沒辦法，你知道的，高中女生根本對我看不上眼，她們可能會對我有興趣，但什麼事也不會發生。」

「我上大學之前都是這樣。大學之後就不太一樣了，學校裡女生比男生多，我剛剛拿下牙套，忽然之間，好像初中時代大家對於性狂熱的年代又回來的，只是，現在男人變成了主角，大一那一年，我整整跟十個女孩子糾纏不清。」

「大家都在跟別人上床嗎？」

「嗯，不一定。如果你長得不錯或是個運動員，你幾乎每個週末都會有女伴，找到人拍拖。附近有個滿酷的舞廳，每個人都在那裡流連忘返，直到夜深。最後舞廳會放一支慢舞，你會找到一個伴，之後各自帶開。」

「『拍拖』是什麼意思？是說有性關係嗎？」

「是指跟一個人很親密。牽手算不上，至少要有親吻才是，當然上床也是。有人會跳過中間的過程，直接就發生性行為，但我不會那麼直接。對我來說，拍拖是一件很新鮮的事，我的意思是整個過程都是一種

新的體驗。」

「那，你『拍拖』的目標是什麼呢？」

「為了……為了……」

「上床？」

「嗯……也不盡然。我希望自己第一次的性經驗是有意義的，之前我已經聽太多人覺得遺憾，說她們的第一次太輕率了。我不希望我的性經驗發生的像是「我想跟你上床」這樣直接了當，雖然有時候我也會有點急，想要把關係再往前推進一點，但我還是期待第一次的性經驗是有意義的。」

「什麼意義？」

「一種讓你心存感激的感覺。那是我大二的時候，我去參加一個露營旅行，然後遇到她，雪儂。雪儂那時大四，是整個戶外活動的負責人。我們之間相處得很好，那個週末，我們幾乎都在帳棚裡度過。之後我們回到學校，經常互相約會，一起打鬧。她並不知道我還是個處男，我生日那天她為我煮了頓豐盛的晚餐，我們喝了一點酒，互相開著玩笑……然後，她跟我說：『你要我拿一個保險套給你嗎？』我本想告訴她我還是個處男，或者是問她『妳真的想要嗎？』這一類的話，但我想一想，那個感覺對了。我真的愛這個女孩，她也愛我。接著，她躺下了，我一點都沒感覺到自己在慫恿她或是強迫她。我們都覺得很舒服，那是自從我們回學校後第一次裸裎相對。雖然之前我們並沒有發生性關係，但是我們也會做一些別的。那天晚上我們做了三次，完全不同的姿勢。之後，她說：『我很高興是跟一個知道自己在做什麼的人做。』我告訴

她這是我的第一次，但她不信，只是說：『嗯，不管怎樣都好……』，但我很堅持的告訴她說：『不，我跟妳說真的。』她有點嚇到了，然後覺得有點受寵若驚吧！之後她說：『我很高興你沒有事先告訴我，如果我知道這是你的第一次，我可能不會跟你做。』因為女孩子其實也有相同的想法，她們也把第一次的性經驗看得很重要。」

「但之後我的觀點改變了。幾個月後我又認識了另一個女孩子，我們之間的交往是建立在性基礎上，我的意思是我們的關係大部份都是性。她四月底要去舊金山，她也知道我要畢業了。我很尊重她，我問她：『妳真的想要這樣的關係嗎？我這個學期結束就要離開學校了。』她的反應像是：『哇！』她認為這樣很酷。」

「女孩會比男孩浪漫嗎？」

「男生可以一走了之，一點也不需要浪漫，所以許多男生根本不在乎自己浪不浪漫。男生其實是占有優勢的，他們大可拍拍屁股走人，根本不需要對女生卑躬屈膝。但一旦你固定跟同一個女生約會就不一樣了，我想這時彼此會多一點浪漫。如果你同時跟不同的女人約會，你就不必要浪漫。」

「我跟史黛妃之間有過一段。我真的很愛她，整個情形看起來真的很不健康。我在想，要是她不愛我的話，我再也不會愛上任何人了。大一時她跟另一個朋友約會，我們在大二到大三時才建立了這一段奇異的關係。之前我們也在一起瞎混、胡鬧，但看起來就像一般的好朋友，享受彼此在一起而已，我們並沒有互相約會。之後事情變得有點複雜，所以我們就分手了。或許分手也是件好事，因為我當時實在太依賴她了。

但現在我遇見了蓋兒，也停止了跟愛倫的交往，我跟愛倫之前一直維持著性關係。現在，如果我跟蓋兒突然之間要分開，我想我也不會覺得心碎了。」

「在大一的時候，我的目標就是要釣馬子。之前我不曾做過，對當時的我來說，這是我心裡最重要的一件大事。我常常去夜總會，然後想著『今天我可以帶誰回家？』對於離家在外的我來說，追女孩子真是一件刺激的事。我經常參加舞會，對自己真是自信極了！我時常跟著我的室友彼德一起到舞會上獵豔，我真的是完全沈迷在其中，不可自拔。我就只是挑個長得好看的女孩，在她身邊坐下來，開始聊一些有的沒的，一個小時之後，我們就躺在池邊的長椅上廝混，然後我們回到我的房間裡，盡情胡搞一番。之後，問題就出來了。她希望跟我約會，但我一點也摸不著頭緒。我有沒有在她的門口貼紙條？沒有。這是校園裡要進行約會的第一步驟。我一點也不了解這些遊戲規則，她假定我們應該出去約會，等著我約她，最後她終於對我發脾氣了。在舞會之後的第二個週末我們在一起，她的朋友們認為我們是一對，但在三個星期後我約了她的朋友一起出去，她整個心都碎了，生活也變得一團糟。我猜我的作為是一種羞辱，她很難過，但我當時不明白，真的不明白。我不知道她所期待的是一種『關係』。之前我沒有跟女孩建立過關係，我只是，你知道的！我真的不知道。自從那一次之後，我一直只想玩玩而已。」

在強納生坦白的回憶中，他所訴說的包含了一種長期、不求回報的關係，他愉悅的第一次性經驗，對象是一個他「喜歡」但並不「愛」的女孩，還有他一系列「釣馬子」的故事。在他的故事中包含了男性性慾

的基本元素——他急於證明「在床上很行」的渴望，證明「他知道他在做什麼」，以及他在進大學後第一次處理感情問題後，在感情上的毫無頭緒與不懂得同理。他寧願選擇「玩玩」，把自己從「關係」的複雜性中抽離出來；我們看到他因性渴望所表現出的力量，也看到了他對浪漫與愛的看法。這些都是男孩在處理性活動時必須對抗的力量，許多男孩甚至在比強納生更年輕時即已經遭遇這些衝突。為了應付這種種不同的力量，男孩們自有一套議事規則：他們希望建立起關係，但同時也希望維持自己的男子氣概。如果男孩子對於「男子氣概」的定義排除了情感的分享，往往會使這兩種願望產生抵觸。一個富有吸引力的男孩如果只是一味表現自己的陽剛氣息，他身旁的女性將成為受害者。

我們有一位醫學界的朋友，她治療過許多青少女，她說當這些青少女在面對男孩時，「在情感上是完全地不受保護」，因為女孩們都相信當男孩子說愛時是真的愛；只要男孩子說他從不曾有過性行為，她們也都願意相信。她們也相信，當生理危機像是懷孕、墮胎或是性傳染病等結束之後，男孩子還是會像從前一樣愛她們。「現代的女孩在性方面已經比較聰明、老練一些了，比起過去，已經愈來愈接近男孩的心態了。」她說，「但是，相較之下女孩還是比較脆弱的，因為她們仍然願意相信『關係』的存在。」

許多男孩會因為他們對性的隨意或是露骨而變成傳奇人物，在這些流傳校園的傳奇中，有一個很明顯的事實核心，而男孩與男人也不斷地親自驗證這些傳奇。

一個四十多歲的朋友對我們說：「當我一想起我在高中時做的那些

事時，我就不能不為我的女兒擔心。」另一個朋友，快四十五歲了，他則說：「我開始緩和下來了，現在終於可以不用整天想著性，真是一種解放。」另一個男人一直為了保持對婚姻的忠誠而掙扎著，當他五十歲時，用一種終於解脫了的口氣對我們說：「我終於可以不用再想我的『小弟弟』了。」

無可否認的，許多男孩都在對愛不感興趣的狀況下追逐著性，最後終於在充滿諷刺、犧牲的情況下劃下句點。但對大部份的男孩而言，憤世嫉俗或分手絕非他們一開始就想要的結局。

● 男孩們由愛父母開始

包括男孩在內，每一個降臨到這個世界的孩子都會想愛父母，同時被他們所愛。在一項長達四十餘年的感情連結研究中顯示，如果沒有父母之愛，孩子會死亡或是遭遇嚴重的情緒傷害。撇開嚴謹的研究不談，就一般常識與臨床經驗來看，人類生命的開端無疑是渴望被愛的，無關乎性別、種族或是其他因素。初生的男嬰與女嬰是一樣的可愛，也同樣渴望討好身邊的人，男嬰對於愛與被愛的渴望與女嬰一樣地深切。

小男孩會試著扮演成母親愛人的角色，他擁抱母親，親吻母親，為她帶來驚奇，與她分享所發現的事物。一個老師在教導孩子自製故事書時發現，不論男孩或女孩，他們在致謝辭中幾乎都會寫上母親的名字，簡單但熱烈地表現出對母親的愛。

在童年時期早期，男孩子可以很自由、完全地表達愛意，因為他們

不必害怕表現出對他人的依賴，早期的母子關係會延展到成年後的親密關係行為上，包括如何獲得他人的注意，如何利用與性無關的方式，表現出撫愛、體貼以及其他情感的親密。嬰兒期與學步期的男孩是完全依賴的，他們全心全意愛這個女人，也就是母親，也期待母親給予他們愛的回報。在彼此的互動中，也為男孩日後的戀愛關係提供了基本的模式。

再長大一些，男孩子會將他們對母親的愛移轉到對女孩的興趣之上。有些男孩會記得他們在幼稚園把女孩推倒的情形，有一些則是告訴我們說，在十三歲之前，「我無法告訴你女孩子是什麼。」而更多的男孩子所說的是他們希望體驗愛情，他們不只是要獵豔，他們熱切地想去討好女孩子，並期待自己能讓一個女孩印象深刻，之後開展出一段羅曼史。男孩子們會在學校舞會舉辦兩個月前就談論不休，他們心裡蘊藏的是充滿浪漫的希望，而不是性征服的情節。他們很熱切地希望墜入愛河！

許多男孩都希望擁有穩定關係所帶來的安全感，因為約會讓他們恐懼。一個男人回憶起自己青澀的愛情，開始於高中、一直維持到他大二為止。他說自己跟一位特別女孩所建立起的關係是「如此的自在，愛情是件美妙的事。約會的過程卻是如此痛苦，因為我想要確定我們之間彼此承諾，我要確定我們之間的關係已經穩定了。這些是跟性一點關係都沒有的。」

但是男孩子很容易性衝動，而這些強烈的感受並不全然受歡迎。性衝動有點像是你餓極了、卻只能站在餐廳外癡癡地妄想，因為你身無分

文。幾乎是所有男孩子都知道如何私下壓抑類似的痛楚；隨著痛楚的釋放，伴隨而來的是羞愧。許多男孩都渴望著成長，想像有一天自己真的長成大人，可以跟一個真正的女孩做愛，而不必再依靠成人雜誌中的插頁。有一所私立男校的校長在演說時對我們說起「男孩的真相」，他所指的是男孩們對於內在世界的沈默，他說：「男孩們並不希望有人太靠近他的內在生活，因為那個部份跟他們的自慰行為關係太密切了。」

一個十三歲男孩的雙親來找我們，討論他們的兒子最近為何拒絕談論「私事」。媽媽問：「為什麼他不再跟我談話了？為什麼我每次問他都只能得到一些是與否的回答？」

當我們試著提供意見，認為男孩可能是在發展對於自主的需求，對於隱私權的需要，或是需要私下的性幻想來自慰時，這位有教養、聰敏的母親半開玩笑地說：『我想他還沒有做『那個』吧！』她的先生在一旁則說：「讓我想一想……七年級……嗯，我在七年級時已經會自慰了。」做媽媽的在聽到爸爸這麼說時，表情極為尷尬，但很清楚的，這位父親已經感覺到兒子最近的變化到底與什麼問題有關。

另外有一個母親也來找我們做諮詢，她的兒子十三歲，最近她發現他常常私下熬夜，偷偷上網瀏覽一些「X級」的網站，這有點像是早期男孩偷偷讀藏在床墊下的《花花公子》（Playboy）。我們並不想責怪網路色情，只是向她解釋在這個年紀的男孩會有的性好奇以及自慰行為，這些事情在男性的生命中是再正常不過了。我們說著說著，她則是一臉尷尬、急急地想打斷我們：「我們可以跳過細節，直接進入主題，由你們告訴我應該怎麼做嗎？」

我們當然可以「跳過細節」，但如果你想要了解青春期少年所出現的性慾，以及這對日後男孩愛情關係所帶來的影響，你就必須要了解這些細節；尤其是那些試著要了解兒子的母親，更是不可不知！

在男人的世界裡有一些像這樣的笑話：研究發現有九十五%的男孩會自慰，而其他五%的則說了謊，如果一個男孩在他步入青春期前還未試過自慰，那他很可能在青春期早期也會發現並嘗試。到底何時男孩會自慰？來自多福斯大學（Tufts University）的左拉・羅麗雅（Zella Luria）說大部份的父母在兒子十三歲時開時談自慰，但事實上已經約晚了兩年了。

一個三十多歲的男人回憶起他的十三歲：『我大概跟每個人都一樣。在十六歲之前，我很怕女生，根本無法要求要跟她們有什麼性活動；自己在晚上解決生理需要、然後白天跟女生怒目相視還比較容易一些。不管你信不信，我第一次做是當我躺在床上看書時，兩件事幾乎是同時發生的，當時我十三歲，我還確信是我發明了自慰這件事。』

當男孩子開始經歷自慰時，表示他在腦中已經開始打造屬於自己的性記憶圖書館，這項工程早在他從事有伴侶的性行為之前已經開始。男孩控制所有性幻想，在腦海裡，他可以跟任何女性夜夜狂歡，不管是學校最受歡迎的女生、是當紅的電影明星、他好朋友的媽媽或是他的老師都無所謂。這些女人都為他瘋狂，會為他做一切他想做的事。這種想控制性行為的慾望經常是男人願意付錢召妓的主要動力，即使召妓的代價所費不貲也在所不惜。

青春期時，男孩子經常在早上醒來發現自己有夢遺的痕跡，而且這

與男孩的心情好不好、那天是平常時間或是週末都無關,隨時都會發生。男孩子的射精經驗常常是不請自來的,但卻充滿著誘惑,使得男孩子繼續尋求性的愉悅。許多男孩子甚至將他們的外生殖器擬人化,將陰莖想成是一個有思想的主體。

男孩子的身體是一部精密的機械,他們非常享受自己的身體,但性愉悅為男孩帶來的感受並非是「看『我』做了什麼」,而多半是「看『它』做了什麼」。再一次,這種感受反映出男孩子對於性器官的觀點:它是一個物體。

當人們批評男人將性物化,將性本身當成目的,而不是關係的一部份時,他們可能並不了解,男孩子第一次將性物化的經驗在於他自己的身體,利用他自己的陰莖來滿足本身的生理需求。

●性好奇與性實驗

何謂健康的男性性慾是由社會、文化所定義,但它的發展卻來自於男孩子天生對於性的好奇、生理活力以及毫不掩藏的熱忱。在出訪這個世界時,健全的男孩與女孩對於性有相同的興趣與好奇,除非女孩被教導著遠離性,否則男孩與女孩應該一直維持著相同的好奇。過去社會文化教導著女孩們有些行為必須受限,但在媒體與文化對於性態度逐漸開放的現代,再加上校園裡的健康教育日受重視,使得以往被視為禁忌的話題得以被公開討論。也因此,有愈來愈多青春期的女孩在性方面有更多的覺醒,她們之中有許多人在性方面都較過去更主動,甚至是激進,

這也使得現代的男孩有更多的機會，而不只是像她們的祖先只能依賴自己的性幻想。傳統社會文化對男孩的性活動所加諸的限制相對較少，在今天標準更是寬鬆。當機會愈來愈容易取得時，男孩從事性活動或是準性活動的可能性也隨之大增。

　　強調青春期男、女孩之間彼此是「生理上的同志」的觀點愈來愈受注意，這也反映在現代中學與高中的校園氛圍中。

　　多年前，我們曾經拜訪一所位於華盛頓州的聖喬治學校（Saint George's School），那是一個值得紀念的秋日，秋高氣爽，雲淡風輕。一條小河蜿蜒穿越校園，在那個秋日的午後，孩子們乘著竹筏溯溪而上，擺盪在小河裡，笑聲穿過整個寧謐的校園。在每隻竹筏上有兩三名孩子，彼此依偎著，有時候是堆疊著。可能是兩個男孩、一個女孩，也或許是兩個女孩、一個男孩，有時候更多，或有三個女孩或兩個男孩。男孩子的主要任務，是跟著竹筏上的男孩一起負責掌舵，讓小船別弄翻了或是撞倒其他的船。當這些男孩、女孩彼此靠在一起時，他們所感受到的是一種身體接觸的愉悅；因為有小河的限制，讓他們之間的接觸維持在「安全」的範圍之內，這種氣氛讓所有的孩子都覺得十分享受。對於這些孩子來說，今日的經驗正可為日後的親密性接觸暖身。當然，或許在這些孩子中已經有人曾經偷嘗禁果，但對於那些還不解人事的孩子而言，這種群體分享的身體接觸正是難得的練習機會。在學校裡，只要容許孩子們採取自由的坐姿，他們都會選擇傾倒在別人身上或是彼此交疊。

　　然而，現代男孩與女孩之間仍存在著因不同情感教育所造成的鴻

溝，並在情緒的遊樂場中以不同於以往的新面貌呈現。從國中男孩的眼裡看來，女孩子一般說來都是比較成熟的、比較占優勢的，也比男孩們自信的多。這些印象大部份來自於兩性不同的生理發展所引起。

女孩比男孩發育得早，一般來說約早兩年，大概從十歲到十一歲就已經發生變化了。女孩子在此時開始發展第二性徵，在此時期長得比男孩子來得快，男孩子的發育期約開始於十二歲到十三歲之間。差異非常明顯，只要看一看七年級的學生就明瞭了——胸部微微隆起的高瘦女孩，旁邊站的同班男同學卻仍是稚嫩的童音，性別發展的差異在此再明顯不過了。我們經常會在學校裡齣做諮詢時跟八年級的女生會談，問她們是否嚮往進入高中，她們的回答是：「喔，當然是啊！我們等不及要上高中，去看一看什麼叫真正的男孩子。」

有一個七年級的男孩子對於「女同學的變化」感到非常抑鬱，過去她們曾經是易於相處的朋友，但七年級時她們卻變成一群「驕傲自大的傢伙」。「她們過去都很尊重別人，也不會一天到晚說自己是世界上最好的人。但現在她們總認為自己無所不知，而且她們所做的一切都詭異極了。首先，她們幾乎全都一個樣，看起來就好像她們都讀同一本時裝雜誌，都照著書上所寫的方式打扮，學著書上的方法走路，梳著雜誌照片的髮型。就是這樣。這真的是詭異極了！然後她們一天到晚說誰在跟誰生氣，還有一些三姑六婆的事情，像是誰又親了誰之類的。不管在哪裡，她們都說個不停，即使是上課、在教室裡也停不下來。一開始可能是兩個，後來就變成五個，然後就是一大群，一群女生大聲的說那些亂七八糟的事。她們真的很無聊！」

男孩子開始對女孩子發生興趣的年齡因人而異，但在七年級或八年級時，對大部份的男生而言，最重要的工作是要用盡全力保護自己，千萬不要被貼上「膽小鬼」或是「蠢蛋」的標籤。一旦他們準備好，再加上有些吸引力的話，這些男孩不難找到自己喜歡的女孩，而這些女孩因為社會風氣的開放，在性方面也較主動，讓男孩子深覺挑戰，同時也是一種解放。

前面我們所提過的大學生強納生，他回溯了八年級時與一群男孩、女孩共同經歷的性好奇與遊戲。他告訴我們一個很典型的胡鬧故事：「那只是一個很愚蠢的遊戲，當時，我們帶著一群女孩子到一個朋友家去。」強納生告訴我們，在這個共同性遊戲中有一些把戲：「那些女孩子會來抓我們，你知道，就是抓下面，然後男生也會去抓女生的胸部。你知道，這很酷，一點都不是攻擊或什麼的，對大家來說沒什麼大不了。」

我們在此所看到的是，一場由男孩與女孩共同進行的激烈、胡鬧遊戲，透過這個活動，讓這些孩子有直接接觸的性活動。但即使是在這種初期、充滿玩樂心態的活動中，仍然有一股力量在其中掙扎，男孩子仍希望取得主導權與控制權，而且更重要的是，他們必須努力避免被女孩拒絕與羞辱。

●殘酷文化：提供男性性腳本

對於每一個青春期的男孩而言，究竟他們能從事的性活動是什麼？

極限又在那裡？這些問題的答案往往由男孩所處的同儕團體決定，而社會對於男、女性慾的刻板印象也扮演相當關鍵的角色。因為生活環境、學校、種族與宗教等因素的差異，每一個男孩所被教導的性教育也大不相同。不論他手中的性腳本是否符合現實，他的性觀點很可能終其一生主導他的生活。早在男孩子進行有伴侶的性活動之前，他們在腦海中早已上演過千萬遍不同的性幻想，通常這些幻想的內容與權力有關——核心概念是男人必須統治女人。

這些充滿主導的性幻想與造成男性其他激烈行為的原因相似，多半源自於怕被拒絕的焦慮。此外，對男孩而言，他必須維持一個重要的形象，讓自己在性方面充滿驕傲，以對其他的男性同胞誇耀自己的男子氣概。這個觀點經常反映在男性群自大的對話中，不管是今日年紀仍小的小男孩間，或者那些在一起緬懷往日雄風的男人之間，都經常聽聞類似的對話。在一些關於青少年的電影之中，我們也捕捉到這個事實。

電影「男孩的生活」（This Boy's Life）是作家托比亞斯沃夫（Tobias Wolff）對自己青春期的自述，影片中九年級男生就有類似的行徑。影片中兩個男孩相遇在街頭，一個問另外一個男孩〔由十四歲的李奧納多・狄卡皮歐（Leonard DiCaprio）主演〕，他昨天約會發生什麼事。

「你昨晚跟汪達出去了嗎？」朋友問。

「嗯哼。」李奧納多回答。

「那你做了嗎？」

「嗯哼。」

「好嗎？」

「嗯哼。」

「多好？」

「我讓她都流鼻血了。」

那個朋友悶哼了一聲，然後說：「那當然。」

之後，他們一起走到一個友人家看「超人」（Superman）電視影集。節目一開始，李奧納多就開始用怪聲怪調呻吟：「喔！露易絲，來吧！寶貝！我那裡已經有了六吋長了，等著妳……」他的朋友也跟著嘲弄：「來吧！」「露易絲，我真的好想跟妳上床，我一定比超人還勇猛！」

之後旁白的聲音出現了：「有時候我們必須說一些粗言穢語，這是一種慣例，就好像你受洗時一定要浸一下水是一樣的。在這些對話之後我們靜下來看電視時變得平靜，看著超人演出一些荒唐冒險，也不會想再嘲笑這些愚蠢的情節。」

在青春期男性文化是充滿殘酷的，這使得男孩子必須得時時談論力量，必須談論如何輕視女性，以展現他們的力量。這些行為跟男孩子是否真的了解女性無關，而只是一種對於身體的回應，對社會力量的回應，以及對於青春期少女身上早已明顯可察的性感所做出的反應。青春期男孩會花許多精力去談論如何引起女性的注意，如何讓女性目眩神迷，如何跟女孩廝混甚至發生性關係，或者是談論其他駕馭女性的方法，許多男人在年紀稍長之後都會承認，年輕時所說的一切不過都是浮誇之詞，都是充滿不安全感的牛皮。在男孩有第一次性經驗前早就已經

對這些情節耳熟能詳，但他們的內心其實並不希望用這種態度來對待女孩。

　　但為什麼男孩子還是做了？為什麼男孩會用這些粗魯的行為來掩飾他們真正的性趣？我們可以從多方面得到答案。在早期的性別教育中，小男孩被教導著將女孩視為「外人」；他們對自己在生活中的表現深感焦慮，同時，殘酷文化為男孩們帶來壓力，一旦他們表現出脆弱就有可能遭到懲罰，而且同儕也要求他們必須對女性採取鄙視的態度，以作為誇耀自己男性本色的手段。

　　因為在乎表現而產生的焦慮苦苦糾纏著男孩子，其中最嚴重的可能是性表現所帶來的壓力。每一個男人都了解這種焦慮，而女性卻必須從男孩的態度中才能有所領會：他可能因為是新手而惶惶不安，或者他極力想要滿足伴侶，一直惦記著「要把事情做對」。性焦慮可能從他判斷自己的接吻技巧高超與否開始，當他年紀漸長，標準也會隨之提高。他必須讓它站起來，並保持持久，他不能太早出來——對於十七歲的男孩來說，早洩是十分可能的，當然他也不能太慢。在他的腦海中，他必須成為一個情場高手，而她只是個被動的接收者。為什麼會這樣？因為，在他的自慰經驗中，他對於性關係的想像就是如此，在他私密的性活動中，他對性的幻想伴隨著他對於權力關係的幻想，他認為他必須在整個活動中採取主動，並把整件事做到完美。

　　但事實上大多數男孩無法達到這個標準，因為他是如此恐懼，同時也還缺乏經驗，之後他才會逐漸發現他的伴侶有不同的想法——女孩認為性是一件需要彼此合作的事。這項發現是種解放，但這是否也意味著

他並不是如此地「有男子氣概」？或許吧！如果，他跟一個女孩可以配合得很好，但跟另一個女孩卻完全行不通，這又做何解釋？或許，代表著女孩子才是那個有主導力的人？或者，這代表著他的存在並非那麼重要？這就是男孩不斷在思考的問題，常常為此而精疲力竭。

殘酷文化讓男孩的痛苦更加深一層：它讓一個男孩不得向其他同伴透露他是焦慮的，也不能透露他受了傷或是心裡難過。憤怒或是敵意可被接受，這一點可以由星期一早晨充滿自誇意味的性征服言論、對女孩子所表現出的輕視或是「去他的！誰需要女人？」的姿態中可以得到證明。表現良好與否對男孩子來說非常重要，但非常諷刺的是，有些行為的失敗幾乎是無可避免的，而性與親密關係的挫折是其中男孩所不能承認的失敗。

男孩子不僅背負著對於表現的嚴重焦慮，一旦他們在性關係或親密關係中嚐到失敗，他們還必須扯謊，或者至少是必須保持沈默，以避免更嚴重的傷害。

要與女孩建立親密關係，男孩必須要具備體貼、尊重與溫柔等種種特質，然而，當男孩在性方面開始發展、開始對女孩子感到性趣時，他們也同時受到殘酷文化的桎梏；在殘酷文化中所強調的都是權力、主導以及對於體貼的否定。殘酷文化以一種系統性的方式教導男孩，要他們將較柔性的感受歸類為「女性化」，並以同樣的理由要男孩們消滅這些感情。藉由將柔性特質描繪成外來的、不受歡迎的女性特質，男孩文化鼓勵他們將女性視為「異類」，並將兩性之間關係的最終目的定義為取得主導權，這就是殘酷文化的「權力教育」。

殘酷文化下的男孩子學著輕視女性，以控制女性為他自己所帶來的焦慮；一旦他必須跟她們談話、用溫柔的態度相待或是以正確的方式親吻時，這些要求就為他帶來風險，他害怕他達不到，因此遭受挫敗。在男孩—女孩關係的課題中，拒絕是最令人氣餒的，而女孩有能力讓男孩遭受最嚴重的情緒創傷與羞辱，因此女孩成了男孩的敵人。

殘酷文化教導著男孩，告訴他們在男性的領土中，女性特質是最讓人嫌惡的，男孩們對這一類的宣言都會有不同程度的相信，因而痛恨他本身所擁有的溫柔或是其他較脆弱的特質，也將這種痛恨延伸到女孩身上。對於這樣一個男孩以及其他氣味相投的同志來說，女孩代表著社會階級的最下層，因此，利用她們或是虐待她們是再自然、再公平也不過的事了。在這種「男人至上」的姿態之後，隱藏著對女性的焦慮。有時候，這種強調「男性沙文主義」的行徑會受到贊同，「男人不壞，女人不愛」所說明的就是這個現象。除了慾望之外，男孩子對於女孩也懷有深深的畏懼，因為她們手中握有拒絕他的權力；焦慮讓男孩子接收外在線索的能力大受限制，此外因為女孩以及關心表現所引起的不安也讓男孩子產生錯誤的認知，使得線索的意義更為模糊不清，無法引領他建立一種較具有意義的兩性關係。如果男孩們不曾被教導如何同理，一旦遭受拒絕或是挫折，他們的反應很容易就變成是對女性的輕侮。

●麥可與傑瑞：年輕的愛與背叛

傑瑞是一個快五十歲的男人，他一直記得五年級時他有多愛聽卡

蘿‧金（Carole King）與卡利‧賽門（Carly Simon）的唱片，但他只在自己一個人的時候才在房間聽。「朋友來的時候我會把這些唱片藏起來，因為這些一點都不酷。」他說。年輕的傑瑞是一個敏感、浪漫的男孩，但因為當時他必須達到的標準是要看起來很酷，這與他對女孩與愛情的興趣有很大的衝突。

「我一直都很嚮往愛情——我愛女性所散發的活力。」他一邊說著，一邊回憶起他感傷的初戀，那是一段早在他二十一年級時就譜出的戀曲。他還記得他的初吻，對方是一個四年級的女生，就住在他家隔壁。十三歲的他經歷了第一次，跟一個他一直深愛的十二歲女孩。當時女孩的家長把這個十三歲的男孩當作是一個掠奪者，但客觀來說，當時的傑瑞是一個已經墜入愛河的少年，尋得了他夢中的女孩，彼此間有一段熱烈的愛戀。

「我跟她之間很親密，我是真的愛她。」傑瑞說，「她的父母都有工作，經常外出。第一次是我們一起單獨在她家的時候，我們跑到小閣樓上，然後有了關係。那真的很棒。我們的性關係維持了三年。在那個年紀，你要找個地方是很不容易的，但我們真的很有創意。我們幾乎每天都談話，形影不離。」他們兩個人都喜歡課外活動，並同時參加一個兒童話劇團。

傑瑞對他的女友很忠實，並假設她也是用同樣的態度相待，但他錯了。

「有一天她的舉止怪異，我問她怎麼了，然後他告訴我說她跟她姊姊的一個朋友睡。」傑瑞說，「我真的很傷心，很傷心。我把自己灌

醉，然後去找這個跟她睡的大孩子挑戰，他把我拖到巷子裡毒打一頓。」

傑瑞心碎了，並深覺受辱，他放棄了這個女孩，也沒有試著挽回這段關係。他不再見她，他覺得一切都已結束了，但事實上並非如此。他已經失去了信任，並將親密與背叛相連，使得他從此戴著有色眼鏡看待之後進入他生命的女人。傑瑞放棄了情感上的親密，他只是在尋找一個避風港，解決生理需求。性是非常美妙的事，再有一點酒精或藥物會讓一切更刺激，但是愛呢？他一點也不想談。「我跟很多女孩約會，也跟很多人上床。」他說，「我在羞辱我自己，在那次事件之後，我從不卸下防衛。我記得一直想的是『我絕對不讓這種事情再發生！』我一直不再想要感情。從十六歲到十八歲，我跟很多女孩來往，我的表現是無懈可擊的浪漫，但心裡有一個地方卻是淒冷無比。曾經有一個女孩讓我動心，想要重新開始，但我最後還是推開她，因為她太黏了；她對感情的需求讓我害怕。」

傑瑞故事的悲慘之處，在於他處理背叛的方法如此有限、如此典型——他在挑戰那個跟他女朋友睡的男孩，並在事情發生多年之後只是在女孩子之間來來去去，仍避免著情感上的親密。他與女孩只有社交與性兩方面的連繫，他無能處理愛情關係中隨之而來的傷害與複雜性，把自己的感覺抽離許多年。還好的是，在幾年孤單的性關係中傑瑞逐漸覺得厭煩，在二十幾歲時他開始全心全意投入婚姻。

有些男孩在面對關係所帶來的感情傷害時會有不同的反應：他們不見得是縮進自己的世界，相反的，他們會採取攻擊的姿態。

●剝削：利用女孩的男孩

　　一個高中的足球隊員有一天告訴我們一個消息，說隊上另一個隊員在大吹大擂：「昨晚我連親都沒親就上了一個女生！」當這個男孩聽到這件事實，他想的是：「我才不要像這樣，我跟這個男人不同。」男人有很多種不同的類型，有些人很努力地想建立關係，有一些渴望親密、卻總是得不到，還有一些會剝削、利用女性只為滿足自己的最基本的性需求，或是用來確保自己握有關係的主動權，以完全控制女性。有時候，剝削是男孩對過去傷害的一種報復，有時候則是一種模仿，因為男孩子看到他身邊的其他男人也用相同的方式對待女性。

　　最極端的例子，是男孩子本身也曾是性虐待的受害者。男孩遭受性虐待的例子較女孩為少，但不管是在男孩或是女孩被虐的情形中，施暴者通常以男性居多。受虐的男孩通常都會以沈默的態度來擔下身心的重創，他們很少說出去，因為社會文化要求男性必須恪守「隱忍」的態度，而他們也害怕自己是否變成同性戀。雖然被性虐待的男孩為數不多，但性虐待對他們生命的影響卻不可輕忽，尤其是在他們的性生活與情感生活方面，虐待所造成的惡果可能是終身的。如果男孩子曾經經歷過性虐待，他們在處理與女孩之間的關係時常常會導致更嚴重的心理疾病，包括創傷後壓力失調、憂鬱症或是人格異常等。受虐者的負面感受、覺得身體並非自己的、或者對親密關係產生極端的不信任，這些都是遭受性侵害的後遺症。男性較容易用具破壞性的方式來表達感情的傷

痛，所以，當我們看到許多性侵害的施虐者本身在幼年時也是受害者時，也不必訝異。並非所有的受害者都會在長大後將自己的傷痛加諸於人，他們有的是深深自責，並一直避開正常的親密與性關係。

有些男性可能因為運動細胞不夠、發育不良、不夠強壯或是不符合傳統的標準，因而無法吸引女孩；這種現象在中學時尤為明顯。這些魅力不足的男孩所採取的對策可能是等待，等待他們有一天變得有吸引力，或者，他們也會發展出一些較積極的行動，來與女孩子取得連結或是吸引她們。有一些男孩子在運動方面表現傑出，他們符合傳統上認為男孩子要看起來很酷、很有力量的刻板印象，他們最有可能利用自己的受歡迎來取得機會剝削女性。雖然這很自然、幾乎難以避免，而且大部份時候不會造成傷害，但也可能使一個運動男孩在兩性關係上誤入歧途，用帶有毀滅性的態度來對待女性。

如果男孩子的教育中缺乏有系統的同理心訓練，而是被教導著時時要取得主導地位，讓他們產生無須同情女孩的想法，並且被刻意教導著如何去剝削女孩時，我們就會看到「運動員」效應所產生的最壞結果。在兩性關係的領域中，這類「王子效應」不斷上演，是一齣非常拙劣、醜陋的戲碼。許多男孩子都會受到「王子效應」的誘惑——因為這讓他們想起自慰時性幻想中君臨天下的感受。在大學或是中學裡，運動員（尤其是那些出色、成功的運動員）經常都會接受一種思想訓練，對於自己的魅力深信不疑，認為自己是最能吸引女性的人。

「運動員效應」所造成最極端的惡例，就像是伯納德·里夫柯維茲（Bernard Lefkowitz）在《我們的男孩們：完美郊區的強暴事件與秘密

生活》（Our Guys: The Glen Ridge Rape and the Secret Life of the Perfect Suburb）❶一書中所討論的案例。這本書探討一個真實的強暴案例，四個高中足球隊員被控輪暴一名智障女孩，而這個女孩是他們從小就認識的。女孩被引誘到一個地窖去，被迫對他們進行口交，之後還被用許多物體插入，其中甚至包括一支棒球棍。在男孩們的暴行被揭發之後，社區積極捍衛這些施暴者，包括成人領袖份子以及他們的父母、老師、行政人員、他們的女友以及其他人等，都說他們是「好男孩」，而他們的生命將會因這一次的「悲劇」而萬劫不復。里夫柯維茲發現，少有成人跳出來為受虐女孩說句話，也沒有太多人質疑這些施暴者的道德是否有問題，大部份的人在心裡已原諒了男孩們：男孩子總是「過動的」，是那個女孩太淫蕩了。他們所透露出的訊息是：一旦這個女孩跟著男孩子步下地窖時，這些男孩已不必為之後所發生的事負責，即使這個女孩本身智能不足也一樣。

在這個小鎮中，這些男孩子都是「優秀的運動員」，是在社交圈中足以稱王的一群。事實上，他們在運動方面的表現平庸，但他們在鎮上總是接受最多的讚美。他們在學業上的表現也不佳，但因為有運動員的身份作為擋箭牌，讓他們總是有辦法低空飛過。即使在許多方面都如此庸碌，但他們在建立「階級系統」方面卻十分在行，在這個系統中，他們可以任意「使用」任何女孩，來滿足他們的性征服欲與社會地位。面對那些充滿不安全的女孩群（他們大多是十三、十四歲），他們可以很容易地建立起性關係，因為這些女孩會絕望地等待這些「運動員」的青睞，以增進她們自身的社交地位。在舞會上，這些女孩都是被帶上樓、

提供性服務的最佳人選。待在樓下的是一些本身就受歡迎的女孩，被稱作是「小媽媽」，她們可能是啦啦隊隊長，她們的名字一向與那些男運動員連在一起，但男孩們並不期待這些女孩能滿足他們的性需求。里夫柯維茲寫道：

　　這些女孩（小媽媽）對運動員來說是完美的人選，她們與實際上的母親或姊妹不同，她們不會監督你或是評斷你。因為她們所扮演的是一個「母親」的角色，所以，通常這些女孩不會被當作潛在的性伴侶。對於一個對自己性表現感到不安的青少年來說，他最不想遭遇的，就是一個會把他在床上表現不佳的事情告訴全世界的女孩。

　　但「小媽媽」們所遭受的侮辱是更深一層的。一個女孩這樣說那些運動員對她們的輕侮態度：『當你跟這些人在一起時，你總是要接受一些事情。……（他們）好像不懂得怎麼對待別人。』因為是運動員，因此他們不必學習如何以尊重和親密的態度與人相處；事實上，沒有人會要求他們要為自己的行為負責，沒有人要求他們符合道德標準；因為身份的不同，他們手上像是擁有了一張許可證，讓這些男孩認為自己能做一切想做的事、得到想得到的人。

　　運動員的權力無疑提供一種性剝削的機會，但即使男孩沒有這樣的階級地位，他一樣可能做出剝削的行為。在報章雜誌上，我們時時可以看到惡劣的案例發生，就像里夫柯維茲所說的：「對於許多男孩來說，以惡劣的態度對待女性是再自然也不過了，這是社會文化的一部份。」

比較不極端、但情境相似的例子是強迫的性行為，或者有時候也被稱做「約會強暴」。約會強暴在校園中發生的頻率很高，也引起廣泛的討論；很多年輕人會發現，當他們試著建立自己的親密關係或是處理自己的性驅動時，常常已經讓女孩陷入了被犧牲、被剝削的境地。通常約會強暴的發生都有酒精作祟，多半是一方或是兩方都已經醉了，逐漸喪失了判斷力；第二天一大早起來，女孩子會產生自我懷疑與事後的反思，然後覺得自己被利用了。

約會強暴的發生有很多可能，男孩子的行為很可能是依照他自己的腳本上演，充滿著權力與征服，而忽略了當時女性所發出的感情線索。萬一他的同儕團體或社群並未設立較高的行為準則，即使一個男孩本身仍有良知，他仍有可能落入當時的情境，感受到社會文化對於他進行狂暴性行為的默許。可能是當時女孩醉了，或者當時兩人的對話中已經有調情的意味，對之後的性行為發出了邀請函。情況也可能是男孩受到酒精或藥物的影響，或者性慾已起，強度超過他能停止的程度，當然，也可能是起於同儕的鼓譟。以上這些情況可能發生在任何男孩身上，如果一個男孩已經習慣用輕侮的態度對待女性，在面臨類似局面時就很容易失控。

當人們說男孩子「應該知道」女孩子到底是否是真的不想要性行為時，社會大眾對男孩子的要求也太高了，但從另一方面來說，這樣的要求也不足。如果，我們所提供的情感教育無法讓男孩子體察到情緒線索與自覺，就必須用一種更直接的方式與男孩子進行溝通，告訴他們：當你勃起時，你不能只是去強暴女孩。如果你知道酒精會讓你失控，那就

不要喝酒，或者不要喝這麼多。如果一個女孩的判斷力已經被酒精、藥物或是情感上的脆弱所影響，不要利用這個機會侵犯她。不管是在中學或是大學中，年輕的男孩、女孩們應該在事情發生之前多做討論，以建立對他人的同理心。

　　教養男孩的成人擔負著重責大任，他們必須好好訓練男孩，培養他們善良的同理心，成為女性的好伴侶。為人父者可以作為一個表率，以尊重的態度來對待家中以及身邊其他的女性，為人母者可以協助兒子了解女性觀點；而身為男孩身邊其他人的我們，可以協助男孩們用一種正面的觀點，來看待自己與他人的關係。我們所不應該做的，是忽略引導的重要性，讓男孩子自以為是，縱容他們的獨斷與粗魯的行為，最後使得女性必須為社會與親子教育的忽略而付出代價。讓男孩子在兩性關係中處處碰壁或指責他的惡行也無益處，在男孩的生命中已經有太多類似的負面信號了。

●罪惡與成長：通往成熟之路

　　基歐福是一名政治顧問，四十出頭，回憶起他自己對女孩子的剝削行為。年輕時的他很喜歡跟女孩子在一起，也深知應該如何與女孩們維持關係，這讓他十分受歡迎。

　　「我知道怎麼跟女孩子交談、怎麼傾聽。」基歐福說，「我只是找出她們想要的東西，然後給她們。還有什麼比這更容易的？當時我滿腦子最想要就是性，而幾乎所有女生對於一個善於傾聽的人都會提供回

報。比較難的部份是結束之後的交談，上了床之後，幾乎連聽她們說話都很磨人。她們會覺得我之後是故意不想跟她們說話的，但事實是我希望她們閉嘴。還有什麼好說的。尤其，如果我當天表現得很差勁，那真是丟死人了——有時候我會根本起不來，要不然就是射得太快，那會讓我很尷尬、很憤怒，我知道我搞砸了。在中學那幾年，我一直保持著完美的形象，是一個很酷、自我控制良好的男孩，但之後有一些類似的事情發生，我再也沒辦法假裝我是個控制良好的人。非常自然的，我把這些失敗都歸罪到女孩身上，我把自己抽離出來，並拒絕交談；但我跟她們談話時，我所說的都是一些很卑鄙的事，連我自己現在都覺得很不好意思，不願提起。即使是對那些我在乎的女孩，我的態度也一樣。當感情變得很複雜時我會退縮，並開始使用暴力，不是身體上的暴行，而是說一些很傷人、很殘酷的話。在那些不安的日子裡，我會攻擊每一件事，但其實我並不想傷害任何人。當我回首過去，看看自己十幾歲時是如何對待那些女孩時，我真的覺得很羞愧。我真希望能回到過去，向她們說聲抱歉，當時的我真是個道德上的侏儒！」

　　基歐福最後停止扮演一個殘酷的操弄者，有一部份的原因很單純，只因為他個人的成長。就如治療者所深知的，每一個人都有讓自己變得更好的動機。如果不存在這種動機，幾乎所有心理治療都無效。一個青春期的男孩只要未曾受過太嚴重的心理創傷，當他慢慢步向二十歲、三十歲時，他也會變得更成熟。在犯罪學的研究領域中，有一項早已為人熟知的事實，就是大部份的罪犯（多數為男性）在進入三十歲後，會逐漸停止以犯罪的手段來達到反社會的目的。沒有人完全了解這種現象發

生的原因，但在「關係犯罪」（relationship crimes）案件中，我們也看到相同的趨勢。當男孩子漸漸長大，他們在處理兩性關係時會變得比較不剝削、不無情。

另一個男人也曾有過相同的青春期經驗，現在的他是個體貼的丈夫與父親，對過去的剝削有著遲來的追悔。他解釋道：「當時我所知道的只是如何滿足自己，而性是最能滿足我的東西。如果你沒放下感情，跟女性的關係就很單純。當時學校裡、家裡都有一些其他惱人的事情，相較之下，性容易多了。我當時想要的只有三件事：性、啤酒與音樂。」

但後來為何放棄了？

「我不知道，」他說，「我的焦點開始轉變。」

就像許多受父母全心栽培、要成為感情完整的男孩一般，我們深信，在每一個人、每一個男孩身上，都有一股驅使成長的力量，也就是那股期待自己變得更好的希望。在成熟的道路上，有些男性會偏向力量的一方，有些會偏向親密的一方，還有些是在兩者之間掙扎。有一些會習得如何建立關係，有些則終其一生都不明白。有一些課題非常清楚而容易，有一些則非常複雜。但很重要的是男孩需要教育，才能真正體驗寶貴的人生經驗，才會明瞭戀愛關係所帶來的愉悅，也才不會傷害身邊的他人。

〔第十一章〕
憤怒與暴力

●●●●●●●●●●●●●●●●●●●●●●●●●●●●●●●●●●●●

治療憤怒的最佳良藥是延遲。——塞內卡 Seneca

我們會看到很多憤怒的男孩。有一些是在治療時遇到的，他們由父母或師長帶來，起因可能是因為男孩們的暴力行為，或者是他們在作文中所寫下關於暴力或憤怒的主題；我們也會由許多受害者口中聽到這些憤怒男孩。暴戾男孩隨處可見：年輕的打手在公園裡痛毆其他孩子，龐克族對著過路行人大吼大叫，還有一些看起來沈靜、憂鬱的孩子，看起來像是一座隨時會爆發的火藥庫。

憤怒最強烈的表現方式是暴力，從報章雜誌的報導中，我們常常可以看到這種最壞的形式。沒有什麼比這些青少年暴力事件更讓人心痛，他們有的持槍、捆綁、刺殺或用其他的暴力手段讓別人受苦，受害者包括兒童、老師甚至是他們自己的父母。在阿肯色州郊區，兩個男孩子，一個十一歲、另一個十三歲，兩人持槍掃射校園，殺害許多同班同學；在芝加哥，同樣是兩個男孩，七歲與十一歲，兩人將一個五歲大的男孩由十四樓高的窗戶擲下，讓小男孩血濺四地、當場斃命。不管事件的場景在何處，每一次的事件都散播出訊息，建立男孩子成為暴力攻擊者的形象。

每一個人都自有一套理論，用來解釋孩子為何會傾向暴力。有一些歸咎於大眾傳播媒體對於暴力所加諸的光環、槍枝的易於取得、成長環境的不良或是雙薪家庭的增加，使得孩子在課後沒有受到妥善的保護與監督。誠然，這些因素都非常重要，犯罪學家與社會學家也都有相同的認知，認為這些因素確實容易使人們成為暴力犯。然而，這些知識仍無法有效協助我們做預知，我們仍無法知道一個特定的個人是否會、何時

會傷害他人或是損毀他人財物，也無法幫助我們了解年輕男性的暴力行為模式。

在過去幾章中，我們強調男女的差異，說明何謂對男孩的錯誤感情教育，並試著解釋它所帶來的傷害。相較於女孩，小學階段的男孩在學校比較可能遭遇或是製造問題，反抗紀律對於他們來說有強烈的吸引力。在步入青少年階段時，他們比較早開始接觸酒精，喝的比女生多，也更容易發生酒醉駕車的事情；青春期男孩的自殺率也高於女孩。男、女生之間的差異表現在許多方面，其中最極端的莫過於暴力行為（包括對他人身體或財物的傷害）。很明顯地，社會文化對男孩們所施以的情感教育讓他們落入失敗的境地，也讓整個社會付出代價。

許多統計資料都明確指出，男孩子比較會有侵略與暴力傾向。❶青少年謀殺罪刑中，約有九五％的犯行者為男性。近來，美國的青少年犯罪率有明顯上升的趨勢，犯罪的內容包括謀殺、惡性暴力以及強暴等，大部份的犯罪者都是男孩。這個問題不僅限於美國，在歐洲，此項罪行的青少年犯罪率同樣有上升的趨勢。❷我們經常在報紙上看到許多的悲劇上演，有時候事情也許不那麼嚴重，但所訴說的內容卻是相同的主題：憤怒的男孩傷害了他人的身體或是破壞了別人的財物。

當我們在探究一個暴力男孩的生命史時，有時候會挖掘出一些非常極端的例子，像是承受了多年無可告人的虐待。有些則是經歷被親近的人背叛的經驗；承受了一些難以說出的失落，可能是父母的離婚、親友的死亡、離去。有些深深為嚴厲、武斷的父母或師長所羞辱、傷害，有些被同儕的殘酷文化玩弄於股掌間，或是為了社交、運動或學業表現不

佳所迷惑。簡而言之，他們跟所有人一樣，因著生活所加諸於人的試煉
與苦難而深深受苦。同樣是遭受苦難，有些男孩子會轉以暴力的態度來
看待著個世界，有些則否，其中的差異就在於男孩本身是否有足夠的心
理資源，讓他能夠控制自己的情緒反應。

　　青少年暴力行為已經有了非常清楚的行為模式，值得重視，但即使
如此，只有嚴重的案例像是校園掃射事件發生後，這個問題才會引起公
眾的注目；在這之前，我們的社會仍傾向於輕忽青少年暴力問題。即便
嚴重的暴力事件發生，社會中仍瀰漫著否認的氣氛，所引起的不過至是
一些茶餘飯後的話題，對於探討青少年暴力問題並無實質的益處，只是
徒然讓整個社會對於暴力男孩的存在增添了更多無力感。有一位來自科
羅拉多的女士非常關心這個問題，她曾投書給《今日美國報》（USA
Today）的編輯，說明她對於暴力氾濫的擔憂，以及暴力對於她兒子的
影響：

　　如果我們曾經就暴力進行過有效的討論，就可以了解這個問題的重
要性，找到問題的根源；我親愛的朋友，目前暴力問題的源頭，在於這
個國家的男孩們無法控制自己的憤怒。我自己有一個十一歲的兒子，我
很關心他，也很關心目前日益嚴重的暴力問題；在阿肯色州與肯坦基州
的校園裡，以及在籃球場那些所謂職業球員的身上，我們一再目睹暴
力。……我們必須教導男孩們，告訴他們自我控制並不會使他們變得娘
娘腔，而是讓他們成為一個更有教養的人類。❸

　　我們需要做些什麼？有人反應說我們必須在管教男孩時採用更嚴厲的方法，對他們動輒吼叫、怒罵，就像是用死刑來對付日益升高的犯罪率，這些人主張治亂世用重典。但從實際的研究以及我們本身的治療經驗中可知，這種以暴制暴的方式行不通，只是讓男孩子更為墮落。

　　我們的工作讓我們得以走進男孩的內心，在那裡，男孩子們了解生命對待他們的方式，像是父母如何對待他，附近社區的環境、學校裡教給了他什麼、他的朋友們的行為舉止等等，之後，他們才對生活做出回應。只要深入探索男孩的內心世界，你就會了解為何有些男孩會採取暴力，而有些則否。

　　回到本書一開始關於該隱的聖經故事，在故事的情節中，我們找到許多與暴力行為相關的主題，可以藉此一窺那些用暴力男孩們的內在情緒世界。故事發生於創世紀時期，該隱的憤怒在於，他發現他極力去取悅天父，但天父所寵愛的卻是他的弟弟亞伯，對該隱置之不理。很自然地，該隱覺得很失望，而他對失望所採取的對策就是憤怒。

　　以下的一段話可以有多種解釋，但是不變的事實是，上帝因為該隱沉陷於自憐與憤怒的情緒中，而將他放逐以作為懲罰：

為什麼你如此挫折，

為何你的臉龐又如此地陰沈？

當然，只要你做對了，

你將得到救贖。

但如果你沒有選擇對的路，

罪惡就會悄悄降臨在你的心門外，

罪惡會以極快的速度逼近你，

但是你可以成為它的主宰。(《創世紀》第四章第六節)

　　我們不會試著分析天父話語中的意圖，但我們卻在這些話語中發現，該隱的挑戰其實在於他必須仔細檢視自己的憤怒情緒。雖然，想要將內心的憤怒化為實際行動的感覺是如此強烈，「但你可以成為它的主宰。」停下來，好好想一想，然後選擇做「對的事」。

　　但該隱聽不進去，說的更明白一些，他根本沒有聽見還有別的非暴力的選擇。他最後還是殺死了亞伯，而上帝的回應是盼他終其一生都必須活在他行為的陰影之下，在不毛之地上耕作，流放到海角天涯，變成一個永遠無法停駐腳步的流浪人。

　　該隱被深深折磨著──「我所受的刑罰遠遠超過我所能承受的！」他吶喊著。但一切都太遲了，暴行已經發生，傷害已無可避免。

　　該隱的故事跟許多男孩相似，都是由羞辱轉變成憤怒，而後憤怒又轉變成暴力。這些男孩所需要的，是更充分的感情資源，讓他們有能力應付可能是來自於老師的批評、父母的嚴厲指責、同學的嘲弄或是女孩的拒絕所引起的挫折。

　　身為父母與師長的我們，主要的挑戰就是要教導男孩子學會運用更多的感情語言，讓他們無須使用任何暴力報復的手段，就可以通過感情的試煉。

- 生命永遠是不公平的,你必須學著去面對。
- 當你覺得憤怒時,你不能傷害身邊的人。
- 你必須想想你的行為會對別人造成什麼後果。
- 不要去考慮那些實際上並不存在的威脅。
- 你一定要了解,控制自己的脾氣並不會讓你變得娘娘腔。

在我們所認識的許多具有暴力傾向的男孩身上,我們看到許許多多的該隱。那是一個失望的、自覺不被尊重的男孩,一個被羞辱、深深覺得挫折的男孩,他們的憤怒不斷地在滋長,最後終於爆發。就像該隱一樣,他並不會停下來想一想,不考慮它的行動將對自己、對他人產生什麼後果。在暴行之後很多男孩子都會深感悔恨,但傷害已經造成,再多的悔恨對任何人而言都於事無補。他們的暴力行為讓別人承受無可挽救的傷害,也讓關心他們的人傷心,男孩本身也因為自己的行為而難過。就像是斧頭砍樹最後也會鈍傷刀刃一樣,男孩子也會因為他們的暴力行為而受傷,必須承擔社會上以及心理上的惡果。

如果仔細看看體育世界所發生的事件,再看看這些事件凸顯出自我約束的重要性,我們就可以了解暴力行為的因與果。阿羅梭·莫寧(Alonzo Mourning)是邁阿密熱火隊(Miami Heat)的明星球員,身價百萬美金,他曾因為一次在球場裡的爭吵而接受詢問。在那一場球賽接近尾聲時發生衝突,憤怒的莫寧大力推撞了對方的球員賴利·強森(Larry Johnson),因為莫寧認為強森玩得太過火了。強森也不甘示弱,回敬了莫寧,兩個人因此被罰停止出賽兩場。對於莫寧而言,這個結果

是非常不幸的，因為在他停賽期間球隊剛好有一場非常重要的淘汰賽，結果他們輸了。如果莫寧可以出賽的話，他們很有可能贏球的，但邁阿密熱火隊最後還是輸了，球季也因此結束。因為一次判斷錯誤的行動，使得莫寧對整個球隊的貢獻付諸東流，也讓大批球迷深深失望。稍後莫寧自己也說，他實在不應該揮出那一拳；這一拳讓他的隊友失望，讓他自己覺得非常愚蠢。被攻擊的賴利・強森也被停賽，原因是他也還手了。強森說：「我應該對情況多做一些了解。我應該摸摸鼻子，走開就好。」

　　大部份的男孩子都不想承擔變成「膽小鬼」的風險——他們不會摸摸鼻子走開。常常，憤怒的感受與暴力行為之間缺乏足夠的緩衝時間，選擇出手揮拳或是聳肩走開只在一念之間。其實，只要多一點點的同理心，多一點點的自我控制；對當下的情況有較清楚的認知，少一點點憤怒，堅守動口不動手的原則，暴力的行為即可大為減少。真正成熟的男性會選擇離開現場，而不認為這樣的舉動是一種膽小的行為，如此一來，就可以使暴力行為大為減少。身為父母與教育者的我們，有責任教導男孩子們學會這些事。

　　以下三點說明了男孩對於眼前訊息的解讀方式，以及男孩子為何會用暴力方式來回應生活的原因，如果能夠針對這幾點深入了解，將有助於我們教導男孩學習面對與處理自己的情緒。

　　一、男孩子暴力行為背後的動機多半是防衛性，而非攻擊性或是掠奪性。 男孩子之所以會以暴力相向，多半是因為他們察覺到威脅的存在，或者是他們要對付挫折與失望。有暴力傾向的男孩並不像大家所想

的，是一群睪丸酮激素分泌過於旺盛的野獸，事實上他們非常脆弱，在
心理上非常需要關懷，他們只是用暴力來自我保護。

二、**如果男孩子先入為主地認為這是一個充滿威脅的世界，他會用
暴力的態度來回應周遭的威脅。**在男性文化中存在刻板印象，要求男孩
子達到傳統對男性的要求，一旦他們力有未逮，就很容易在這個文化陷
阱裡無法自拔，也很容易感受到被輕視。另外，因為經驗過殘酷文化，
讓男孩們對於任何的人際關係都存有敵意。最後，因為他們不善於表達
自己的情緒，同時也不善於察言觀色，在所有因素交互作用之下，使得
男孩傾向將中立的狀況誤解為帶有威脅性。

三、**男孩子通常不了解、也不願意承認讓他們憤怒的真正原因。**因
為感情教育的錯誤，使得男孩子無法了解本身憤怒的來源與強度，這使
得他們會在讓人措手不及的時候突然爆發怒氣，或是衝著毫不相干的
「中立」目標發怒，通常這個被波及的目標都不是讓男孩子感到憤怒的
真正原因。

●以暴力當作鎧甲

關於動物行為的研究已經有一段很長的歷史了，透過這些研究，我
們可以將憤怒加以分類，並試著找出大腦對於不同類型憤怒所產生的影
響。研究者發現，在不同的暴力行為中，神經傳導的路徑也有所不同。
❹舉例來說，動物的捕殺掠食與彰顯男性主導權都會產生暴力行為，在
這兩類暴力行為中，神經傳導的路徑有所差異。當然，關於動物的行為

研究只有一部份能應用在人的行為上，但其中最重要的一點，是我們學到可以將暴力行為分類，一種是掠奪性、攻擊性的爭鬥，而另一種則是防衛性、反應式的暴力行為。根據我們與「正常」男孩相處的經驗，我們覺得大部份的男孩行為都屬於反應式的暴力。這也就是說，男孩子之所以會使用暴力，是因為他感知到實質的或者是想像中的威脅，他像是一隻擔憂不已的動物，必須做出反擊；這類型的暴力是由於自我保護的需要所引發，或者是因為回應痛苦才引起。

因為要面對男性文化所交付的「不可能任務」，會使得男孩子特別容易覺得脆弱；他們必須保護自己的內心世界，隨時隨地維持著男性本色的自我形象。其中最容易引起問題的，是他們對於承受痛苦的能力都偏低。如果沒有發展健全的心理資源，男孩子就無法善加管理自己的情緒，一旦情緒上有所痛苦，他們很容易一蹶不振。他們沒有學會如何察覺及處理焦慮與痛苦，但親密的人際關係往往會伴隨著這些負面的情感，這使得男孩子們必須時時保持警覺，好好保護自己。當他們一旦感到傷痛時，往往已經是到了苦不堪言的時候，像是榔頭狠狠地槌在大拇指上；而極端的痛苦常會引來巨大的憤怒，最後的結果常是將怒氣發在一個最軟弱的目標身上。

許多情境都可能引發憤怒，其中最常見的是殘酷文化中所表現出來的「次級」感或是社交上的排斥。有一種廣為接受的說法，認為睪丸酮激素高的男孩子活動力高，較易有憤怒的傾向，同時也擁有較高的社會地位，但科學證據並不支持類似的說法。就我們自己的臨床經驗而言，也不認為生物性的因素具有如此決定性的力量。學校裡總有一些強壯的

學生領袖，他們不見得充滿蠻力，或者總是喜歡在下課後打架。暴力男孩通常是那些社群地位較低、自認是被拒絕、被羞辱的一群，他們會用暴力的方式表達出所承受的傷害。

依據醫學所提供的證據，我們認為那些基因有缺陷、患有克萊恩佛爾特氏症（Kleinfelter's syndrome）的男孩容易有暴力傾向。這種疾病是因為染色體變異所引起，這些男孩多了一條女性的染色體（XXY），因此會影響到男孩生殖器的大小，同時他們也缺乏睪丸酮（沒有生殖力）。臨床學家對病童研究多年後，發現這些男孩會比較怕羞，尤其在進入青春期之後更是明顯。因為他們必須在體育課後與其他男孩一同淋浴，陰莖的明顯偏小讓他們覺得自卑。這些男孩因常會因為打架而惹上麻煩，他們的暴力是一種防衛行為，讓自己免於羞辱，同時也在證明自己仍有男性氣概。

蒙特婁大學的理查‧張伯來（Richard Tremblay）曾主持一項研究計畫，對象是十三歲的正常男孩，實驗結果也證實那些經常被拒絕、不受歡迎的男孩是最暴力的。張伯來從男孩們還在讀幼稚園時即已展開觀察，他們發現，那些一直被老師或是同儕團體認定為具有暴力傾向的男孩，通常也會有學業成就低落或是不受歡迎的問題。張伯來的發現並非創新，其他相關的研究也都確認這項結論，但張伯來的研究另有一項非常值得重視的發現，就是這些暴力男孩的睪丸酮激素水準比起那些在校受歡迎、比較沒有暴力傾向的男孩還要低。❺

●丹與賴夫：圍著痛苦爭戰

　　賴夫曾是一個擁有全世界的男孩——他有一位充滿關愛的母親，家中的經濟環境小康，他所就讀的是一所聲譽良好的學校。他聰明，非常有天分，在體育方面的表現也不遑多讓，並且也有著一張俊秀的臉龐。他遺傳著母親的姣好外表，滿頭金髮，是典型的北歐美男子。在他八歲之前，從來沒有人覺得他會有一點點的不快樂；他有時也會打架，不過非常有限，大不了，只是跟比他小兩歲的弟弟在院子裡瞎鬧。

　　三年級的時候，賴夫班上轉來一位新同學。新來的傑夫瑞是個超級巨星，他非常非常聰明，一下子就變成了全班最優秀的孩子，讓賴夫相形失色不少。在遊樂場中，沒有誰可以比得上傑夫瑞。他跑得比誰都快，球丟得比誰都遠，在一對一的投籃中可以輕易地戰勝任何人；原本，這項冠軍頭銜一直都是屬於賴夫的。如果傑夫瑞肯留一些餘地，或許賴夫就能好好喘口氣，找到自己的出路，但他沒有這樣做。傑夫瑞希望加入三年級學會的領導中心，因為他有足夠的社交與政治手腕，他做到了。他組成了聯合內閣，用非常巧妙的手法驅逐了對手，並把自己知名度的程度更往前推一步。在三年級的男性領導者名單上，賴夫是傑夫瑞的主要對手，傑夫因此開始有意地將矛頭對準賴夫。如果賴夫吹捧小肯・葛瑞夫（Ken Griffey Jr.）最佳的棒球員，傑夫瑞就抬出森米・索沙（Sammy Sosa）。如果賴夫帶了一張非凡人物（Smashing Pumpkins）合唱團的CD到學校，傑夫瑞就會帶他最喜歡的樂團綠天（Green Day）到學校，因為綠天被認為比非凡人物更好。

　　賴夫氣瘋了，但他不成熟的反應對贏回他的知名度一點幫助也沒有。因為傑夫瑞的存在，賴夫現在一點都不酷了，他也開始反擊，說一

些傑夫瑞用來嘲弄他的話。賴夫開始失掉朋友，而他的憤怒隨之節節升高。他的母親之所以會帶他來見我，是因為賴夫開始不停地找他弟弟爭吵；當她看到自己的小孩躺在急診室裡，下唇縫了三針時，才驚覺賴夫已經忍耐到了最後極限。

　　賴夫的憤怒非常深刻，他充滿著防備，也明顯地承受著痛苦。因為失掉光環讓他充滿防衛心，也讓他難以接近。當他一開始來跟我會面時，他在家裡的情況已經變得更糟。他的父親一向甚少參與家庭活動——事實上，賴夫的父母從未有過正式的婚姻，他後來搬回賴夫所居住的城市，並認為如果要求他付孩子的教養費的話，相對地必須享有權力。因此，賴夫的父親要求享有共同監護權，讓賴夫跟他弟弟在週末時必須跟父親一起住。如果意圖是正當的，這種安排無疑對孩子會有所助益；但是賴夫告訴我，每當他跟弟弟住到父親那兒時，父親只是租錄影帶打發他們，大部份的時候他都只跟女朋友飲酒作樂。

　　因為很難讓賴夫說出自己的感受，我花了許多時間先跟賴夫談運動。他非常喜歡這個主題，但從另一方面來說，運動這個話題變成了另一個「緊急按鈕」，觸發了另一個問題。賴夫認為他所需要的只是讓自己比現在更好，因此他開始把注意力放在運動能力上，把這當作是讓他重新快樂起來的鑰匙。他言語背後的假設再清楚不過了：賴夫認為他只要在籃球場上勝過傑夫瑞，就會重新贏得尊重與歡迎。因為賴夫對於家庭與學校生活都深感無力，認為自己已經失去控制的力量，因此，他要更強壯。誰會比那些運動之神更有力量？賴夫開始編造一些神奇的故事，拚命地要我相信他的想像。比方說，他說在罰球線上就「幾乎」可

以灌籃。事實上，就他不到五呎的身高來看，這根本是一件不太可能發生的事。他非常渴望表現出強壯的一面，因此，他經常對我吹噓他的「戰功」，說他是如何「摧毀」了一些五、六年級的學生。當我們之間的對話開始有一些進展時，賴夫會減少他話裡誇張的成分，他在學校裡所招惹的麻煩也開始減少，而他的父親也就會將他帶離治療，直到下一次他出錯時再送過來。

五年級時，賴夫的父母決定將他轉到父親家附近的一所學校就讀，他們相信這對賴夫有所幫助，當然，較低廉的學費也是他們考慮的因素。但賴夫在新學校並沒有良好的表現，相反的，他的成績是每下愈況，同時也是班上最愛打架的學生之一。根據我的經驗，一個男孩子要完全融入新的班級約需要一年的時間，賴夫沒有蟄伏的耐性，他不能等。因為他心靈受傷嚴重，他不再想要去討好師長，也沒有用功讀書的欲望；因為他已經不再希望加入「好」孩子的行列，他開始跟著所謂的「壞」孩子為伍。賴夫曾對我說過他們的一些惡意舉動，像是用鑰匙在路邊的車子上刮出一條條長長的痕跡，或者是偷走車牌等等。他被抓過一次，必須賠償凱迪拉克車主的損害，但賴夫一點也不覺得抱歉。隨著年紀漸長，他的粗暴行為更是有過之而無不及。他告訴我他們如何用噴漆毀壞公共財產，也告訴我他從武器小盤商手中拿到一些槍以及火藥，正試著自己做塑膠炸彈。

後來賴夫的父親改變了他的醫療保險，加入了健康醫療團體（HMO）的醫療保險，賴夫也因此離開我的辦公室，轉入當地的醫療中心，但是他們所提供的治療機會少之又少。他的破壞性行為愈來愈惡

化，也就不難想像。

賴夫是一個很好的例子，許多男孩也像他一樣，經歷了一個男孩所能承受的最大苦痛，要面對朋友的拒絕，面對一個態度不一致、對他的生活基本上不聞不問的父親，也沒有足夠的機會與人分享他的痛苦。因為賴夫並不了解他自己內在的混亂起於何處，也無法在友誼與親情中找到慰藉，他的傷痛最後變成了憤怒，用暴力的方式表現出來，並在感情上與社交上不斷遭受挫折。

●當男孩子看到的世界充滿威脅

之前我們提過，男孩子所表現出的暴力大多是反應式的，而不是與生俱來的。這也就是說，男孩子因為感受到威脅，所以他們才展現出暴力，運用暴力將威脅拒於門外，或者是以暴力來回應傷害。如果要了解這是怎麼一回事，我們有必要先知道男孩子是如何發現威脅的，或者更確切地說，為何男孩子會經常不顧實際的狀況，而將他人視為一種具有威脅的存在？

在現代，男人之間已經不需靠決鬥來一決勝負，但是關於男子氣概的傳統信仰系統仍然存在，他們深信男人必須隨持保持強壯的形象，才能受人尊敬。為了榮譽，男孩子必須保衛自己，免於落入被否定的境地。

如果一個男孩子長期忍受殘酷文化的嘲弄或否定，他會很習慣地武裝自己，以面對不時的攻擊。就像是教科書上所說的心理制約一樣，男

孩們會把同儕關係與惡意的攻擊畫上等號，而這些攻擊可能包括口頭的
或是身體的。

　　史考特今年二十多歲，目前正在攻讀管理碩士，他尋求治療的目
的，是希望治療能幫助他解決職業與人際關係方面的問題。在我們談話
的過程中，他提到最近一次跟未婚妻一起參加一個派對，她發現一旦有
人靠近他時，他的身體就會不由自主地緊張起來。跟未婚妻討論這個現
象後，他記起在七年級時班上所有的男孩都喜歡玩一種粗魯的遊戲，大
家用球出其不意地砸人。他回憶到每天他都會帶一本硬皮的書，走過走
廊時用書護著腰帶以下的部位，但是這反而讓他變成更受歡迎的攻擊對
象。

　　除了學校裡的身體攻擊之外，史考特在家中從小就受兩個哥哥的欺
凌，一直到中學才停止。其中一個哥哥特別喜歡攻擊史考特，只要他走
進伸手可及的地方，哥哥一定向他的腹部出拳。後來，史考特發現，只
要有人從他身邊的走到經過或靠近他時，他的腹部就會不由自主地緊張
起來。「真是瘋了！」他說，「有點像是被虐症候群之類的，我真不敢
相信，都這麼多年了，我仍深受其害。」

　　不幸的是，史考特並非特例，殘酷文化所遺留的痕跡往往超乎想
像，讓男性的生命終其一生都會受到影響。

　　在殘酷文化與錯誤的情感教育雙重影響下，男孩子不僅為往日的陰
影所苦，也會看到一些實際並不存在的威脅。情感上的近視使感情線索
變得模糊，讓男孩子會誤解事物、他人行動或是言語的意義。麥可・何
力（Michael Holley）是《波士頓環球報》（Boston Globe）體育專欄作

家，他曾說了一個關於棒球明星亞伯特・貝勒（Albert Belle）的故事，貝勒有「全美最憤怒的男人」的惡名。有一天一名體育記者在採訪時跑到貝勒的跟前，並問他：「有什麼消息嗎？」而他所得到的回答是：「去你的。」❻許多人都像貝勒一樣，總是認為這個世界無處不是威脅，他們最後會用暴力的態度來對待這個世界並不難理解。

暴力行為研究者肯・道奇（Ken Dodge）與他的同事們進行了一項研究，說明有暴力傾向的男孩經常會誤解他人的意圖，看到事實上並不存在的敵意，在感到威脅後「以牙還牙」，用敵視的態度回應，並認為他們自己的暴力行為是非常符合公平正義的反應。❼

且讓我們將其中一個孩子稱為傑克，我們可以利用傑克來清楚說明當時的實驗。

傑克今年三年級，他與其他班上同學都在父母同意下參與這項計畫。實驗的時間是在放學後，這些孩子沒有在放學後就回到家裡看電視，而是在一名年輕人的陪伴之下進入小房間，小男孩在房裡所有的行動都會由研究者透過監視器監看。研究人員叫傑克看一捲錄影帶，影片中有幾個小男孩要一起完成某件工作，看完後傑克會被問幾個問題。

一開始，影片中有一個跟傑克年紀相仿的男孩坐在地板上，他正在用積木造一座高塔。研究員請傑克把自己想成是那個正在堆積木的孩子。之後，影片裡出現另一個男孩，小男孩走過積木堆旁，然後碰倒了快要堆好的塔。當我們在看這部影片時，其實很難判別第二個小男孩的行為到底是不小心還是故意的，但讓我們來聽聽傑克的答案：

「發生什麼事了？」

「那個想男孩踢倒了他的塔。」

「你可以再告訴我更多嗎？」

「嗯，這個小男孩走過了，然後把塔踢倒了。或許他不喜歡另一個小孩。」

「你是怎麼看出來發生什麼事的？」

「他就走進來，然後踢了那些積木，你可以看到他就是這樣嘛！」

「你怎麼知道他是故意踢倒的？」

「因為他不喜歡另一個小孩。」

「你怎麼知道？」

「因為他踢倒了他的積木。」

「那，另一個男孩子應該做什麼？」

「他不應該跟壞孩子玩，或者他也可以等下次壞孩子堆積木時把他的踢掉。」

並非所有觀看影片的孩子都會看到類似的惡意，有些會將事件解釋為意外，或者，即使他們懷疑第二個孩子可能是故意的，也不會強調要用暴力的手段加以反制；有暴力傾向的男孩容易將一個中立事件解讀為帶有敵意的威脅。

就像在這項研究中觀察到的，生活中有三個因素會使男孩子用暴力作為回應的手段。第一，就像在看錄影帶時一樣，有暴力傾向的男孩很少注意或利用相關的資訊來解讀他人的意圖，就像傑克一樣，他們很少會使用有用的資訊，而只是依賴他們自己的預期，不管相關的社會或情

感訊息，他們不會察覺到壞了事的男孩的面部表情或是音調的變化。第二，暴力男孩在曖昧不明的情況下較容易看到惡意。另一部影片講的是一個男孩子想要幫忙但最後卻弄巧成拙的故事——過程中有一些厄運發生，像是油漆潑灑到一件美術品之類的，但具有暴力傾向的男孩一般來說很難知道別人付出的正面努力，他們只看到最後的損傷，並認為來幫助他們的男孩一定帶有惡意。最後，這暴力男孩會對這些情形採取更多的惡意回應。他們很少考慮所謂「社會性合理的反應模式」（socially competent responses）——也就是先討論問題，之後達成一個共識或是更清楚的彼此了解，而通常都是準備好以充滿敵意的姿態，來對待周遭的人們。

從男孩子觀看錄影帶後的行為模式中可以進行預測，預估孩子們面對真實挑釁時的反應。如果一個男孩子已經預期他人的行動都充滿著敵意，總是看到他人的惡意時，他也會採取以暴制暴的激烈行為。在實驗中男孩所面對的只是近似現實的威脅，一旦他們面對更大的敵意時，可以預見他們的反應將更為暴力。

丹與塞斯：黑帶下的安全

塞斯個頭很高，臉型有稜有角，今年已經高二了。九月新學期開始，經過了一個暑假，我再次見到他時幾乎認不出來了。他長高了至少六吋，現在已經變成他們班上最高的學生了。在暑假裡他持續地練習舉重，因為學期一開始學校的足球隊就會有一連串的選秀活動，他想加

入。現在的塞斯看起來已經不太像男孩子，而比較像是個男人了。

從塞斯到這所學校來讀八年級時我就已經認識他了，在他父母決定分居時，我與塞斯進行了好幾個月的諮詢會談，但現在塞斯的父母又復合了。我後來很少在「正式」的場合見他，但我們經常會遇到，可能是一起在吃午餐時碰到，可能是看同一場比賽，或者是在課外活動中遇到。有時候，他會有一些額外的要求，塞斯會在我走出辦公室後直接拉住我，問我是否有空，如果不忙的話，我會跑進最近的一家咖啡店中喝杯咖啡提提神，順便邀他一起來。

在老師們的眼中，塞斯並非最受歡迎的一群，他很聰明，應該受到老師的喜愛，但實際上卻不是如此。塞斯像他成功的律師父親一樣伶牙利齒，他喜歡利用自己的天賦來做練習，常常在課堂上針對老師磨牙。有一位英文老師就常受到塞斯的奚落，有一天終於忍無可忍，順手抄起板擦向塞斯丟過去。校務會議對這位老師採取了申誡處分，還好因為沒有打中塞斯，老師所受的懲罰也不太嚴厲。學校允許這位老師繼續留下來教書，但他與塞斯之間的緊張氣氛仍節節升高。

塞斯有一些同學很高興地跑來我這裡幸災樂禍，他們覺得塞斯真是個討厭鬼。塞斯從小學二年級時就開始學跆拳道，他總是不停地吹噓自己的功夫有多好，這讓許多同學都覺得很受不了。這一天，我們找家餐廳坐下來，然後我問：「你心裡到底想些什麼？」

「沒什麼，真的。我只是希望暫時離開學校那個地獄一會兒就好。謝謝你請我喝咖啡，現在我正需要來一杯。昨晚我熬夜做功課做到一點多，都是史丹考斯基老師出的什麼關於政府的鬼報告。」

「主題是什麼？」

「移民，大概是要討論我們是否應該有移民限額之類的。史丹考斯基老師是一個自由主義者，他的觀點讓我覺得想吐。那些該死的外國人都已經要占領我們的國家了，他卻認為我們應該讓想要進入美國的人進來，並提供這些人他所希望擁有的一切。老兄，我們真正需要的是在墨西哥邊境建築一座高牆，並且在牆上架上一整排的機關槍，只要有誰想要越過邊境就毫不留情地掃射。每一次有誰試著要越過雷池一步，就只能倒下。」

「為什麼移民會讓你這麼生氣？」

「老兄，我們的國家都快被他們占領了耶！他們到這裡來，他們不是美國人，沒有錢，又不會說英語；他們只是搾乾我們的經濟，然後留下一群小孩。他們只是想到這裡來分享我們的生活！」

憤怒會以許多不同的形式表達，塞斯的種族主義就是非常明顯的徵兆，那些移民變成他們憤怒的攻擊目標。

「好了，今天我們對種族主義的討論已經夠多了，改變一下話題吧！這個星期你都做些什麼？」

「我到馬提家去參加舞會。」

「好玩嗎？」

「嗯。我在那裡碰到一個女孩，布蘭達，她對我很感興趣。我們沒做什麼，但我今晚可能會打個電話給她。她之前是比爾的女朋友，但現在已經不跟他說話了，因為比爾是個窩囊廢。布蘭達告訴我比爾現在還是會打電話給她，但她總是敷衍他，說一些「大概吧」、「隨便」之

類，兩三秒就掛電話了。如果比爾知道他現在跟我一起，他一定會受不了。他可能會氣瘋了，甚至殺了我也說不定。他一定會的，老兄，我知道的。」

說到這兒，塞斯變得愈來愈興奮，他站了起來，開始演一齣他跟比爾之間的假想劇。

「嘿，塞斯，我聽說你跟布蘭達在一起。」

「是啊，怎樣？滾一邊去。」

「然後他跑到我身邊來，之後，碰！」

塞斯表演了一記跆拳道的前踢，之後是兩次快速出拳；如果比爾真的在場的話，這足以讓他倒地不起。

所以，整個劇情都已經編好了。塞斯已經假定比爾是充滿惡意的，因此，他們之間能夠進行理性對話的機會幾乎只是微乎其微。塞斯完全忽略了現實，最後的結果，是事件的發展會被引導成他所預期的樣子。

塞斯像是一件被損毀的物品，他的生活經驗已經明顯地扭曲他的理解力，並使他持續地錯誤解讀訊息，認為一切都是帶有敵意的。塞斯對於周遭人事的憤怒無法因嚴厲的懲罰而獲得改善，他的生活對他而言已經夠嚴厲了。要疏導他的憤怒必須進行更「內部」的工作——幫助塞斯了解自己的憤怒感受，追溯憤怒的源頭，並讓他發展出更多的情緒資源，好讓塞斯能具備更多策略來面對與管理自己的感覺。

●觀照內心：閱讀自我的情緒

如果憤怒男孩無法準確地讀出他人所發出的感情信號,他也就無法了解自己的情緒。就如同我們之前所討論的,因為情感教育的錯誤,使得男孩子與自己的內心相隔千里;對他們而言,情感的領域彷彿就如月球的另一面一般黑暗,這讓男孩子在感受到瘋狂、悲傷或害怕時並不知道所為何來。他們可能會知道自己是很沮喪的,但卻無法認定到底自己的情緒是哪一類,更不要說是了解引發情緒的原因了。在面對類似情形時,我們應該先檢查當下的環境,找出可能的原因。憤怒的原因可能來自於老師、姊妹、教練或是女友不當的責備。如果案主本身已經不自覺地積壓了許多強烈的負面情緒時,任何來自他人的負面反應都會變得非常危險,因為負面情緒仍會繼續尋求宣洩的出口。

丹與戴爾:包裝下的憤怒

學校裡對於治療室的安排有點像是打游擊。心理諮詢顧問一個禮拜只需到學校一至二天,一般而言,學校並不會為我們安排一個固定的辦公場所,因為太划不來了。今天,我跟戴爾就必須在行政大樓後面一間很少人使用的房間裡會面。這間房間很小,裡面只有幾張舊家具,但我跟戴爾都覺得很舒服,就像在家裡一樣自在。最棒的是,房裡有三面都是落地窗,視野很好。學期已經快到尾聲了,正是天氣晴朗的季節,所以我們把能打開的窗戶都打開,準備好好享受一下陽光與清新的空氣。

戴爾快要完成最後一年的課程了,在這所競爭激烈的學校中,戴爾是顆閃耀的明星,幾乎是十項全能。除了西班牙語之外,戴爾在每一項

科目的表現都非常傑出。他跟教西班牙語的老師處不來，這位老師一向以要求學生完全服從而聞名全校。戴爾剛剛結束留校察看，他因為對這位老師惡言相向而受罰。他之所以要來見我，是因為這是條件的一部份：戴爾可以繼續留在學校，但他必須完成這些諮詢會談。

戴爾的父親是個出色的化學家，戴爾遺傳了父親的天分，在科學方面也展現出極大的興趣。但不幸的是，戴爾的父親並不想好好栽培這個兒子。當戴爾約六歲大的時候，他父母就離婚了，父親隨後再娶，並與新妻子艾琳娜育有兩個孩子。艾琳娜與戴爾一直合不來，她從不鼓勵丈夫在戴爾身上花任何的心血，經常用自己的孩子來隔開戴爾與父親之間的聯繫。

更糟的是，戴爾的母親後來也再婚，嫁給一個年紀比他大上十五歲的男人。戴爾的繼父之前沒有孩子，或者說，他根本也是不應該有孩子的人。他從不了解孩子，只期待戴爾與母親對他表現出無可懷疑的服從。戴爾的母親很服從，從戴爾的眼中看來，她的順從出自於害怕的成分居多。母親經常與繼父站在同一陣線上，一起對抗戴爾。而戴爾的父親是一個很容易發怒的人，他不希望家裡的安寧被戴爾的音樂或是他的朋友打擾；在戴爾小時候問題更是嚴重，因為小男孩經常會千方百計地想要引起別人的注意。戴爾的生活真是一場粗率的安排。戴爾對於生活中所發生的事其實感到非常痛苦與憤怒，但當我跟他談起時，他卻顯得一副不在乎的樣子。對於我的問題，他通常都是給一些簡短的回答，像是「隨便」之類的，表現出「沒什麼大不了」的樣子。有一次，我試著用一些引導性的問題來誘使他打開心房：

「哇！你的繼父聽起來都讓人做惡夢，你會怕嗎？」

（他笑了）

「也不會。」

「但他什麼事也不讓你做，就一直把你關在家裡。」

「隨便。」

「隨便什麼？」

「就隨便。」

當我們正在交談時，一隻大黃蜂飛了進來，戴爾看著牠然後說：「你知道嗎？我還小的時候，常常用髮膠和煤氣燈來烤黃蜂。你可以在它們飛的時候捉下來，然後燒牠們所排出的氣體，會有汽油彈的效果。」

「抱歉，戴爾，但我現在要打住你的話題，回到心理學去。心理學的訓練告訴我，有時候，有些事情看來毫不相干，但事實上是有關連的，就像我們剛剛在討論你的繼父，然後你想到關於折磨大黃蜂的記憶。這讓我想到，你可能實際上是在對你的繼父生氣，而只是把怒氣發在昆蟲身上。」

「隨便。」

我們的對談繼續進行，慢慢的，戴爾有點進展，開始脫離「隨便」，並會試著說出他的憤怒了。他仍然想辦法降低憤怒的力量，他必須如此，否則憤怒很可能淹沒他的感覺，讓他崩潰。但是，如果他要有進步，就必須誠實面對自己全部的感覺。有一天，我把他帶到附近一棟廢棄的維多利亞式建築去，我的行為就治療的眼光來看並非正統的方

法，但適用在這個例子。這棟房子已經被拆除得差不多了，只有一小部份還留著，未來將改建成一座小型的購物商場。牆上有一大塊玻璃，完整無缺，我答應戴爾可以用一切方式來發洩他的怒氣。我要他想想他的父親、他的繼父、還有他的母親，並叫他把所有的氣都出在房子上。一開始，他只是向窗戶丟了幾塊石頭，但沒有多久他的臉開始脹紅，表情也跟著改變。即使是現在，我仍清楚記得他的自制是如何地崩潰，戴爾的憤怒炸開來，非常直接地攻擊這棟舊房子。他撿起一枝粗大的樹枝，開始抽打著房子；他奮力地踢著牆壁，還用小刀狠狠地刺。我想我看到了淚光閃爍，但他始終控制得很好，沒讓淚流出來。過了一會兒他倦了，憤怒也開始消退。他丟下樹枝，輕輕嘆息，風輕拂過他的臉龐。

「好了，戴爾，你要不要試著冷靜一下。我們必須趕快趕回學校。」

他安靜地點點頭，對他自己剛剛的行為，他有一點點的驚訝。

「我想，你已經超越自己，得到一些你原本沒有的東西了。你也許一直都對它們覺得生氣吧！」

「看起來好像是喔！不過，也有可能我只是不喜歡這棟房子。」

一般說來，「超越自己」只是讓孩子表達出他的憤怒與敵意，但並非消除憤怒衝動的有效方法。對於戴爾，我的第一個目的是先讓他承認自己是憤怒的——這是他過去拚命否定的事實。為了達成這個目標，我必須先讓他「經歷」憤怒，讓他了解憤怒確實存在。只要時間夠長，他就能體認到憤怒真正的來源，並開始慢慢學著釋放。他後來比較不會對老師出氣了。

當然，戴爾的生命並未就此幸福快樂，但他的確達到了我所設定的

目標：他現在知道他到底為何生氣了。他還必須學習：憤怒不過是小問題，可以被體驗、被了解、被管理，他也不會因為憤怒而崩潰。許多男孩都有與戴爾相似的恐懼，這讓他們更是緊緊封住憤怒的感受。如果男孩子沒有學過如何處理強烈的情緒，他們只能試著去否定它或是壓抑它。在戴爾的案例中，至少現在的他更能意識到情緒，這讓憤怒對他所產生的力量逐漸減小。他終於可以在光天化日之下好好看看他自己的憤怒了。

●酒精：引線

　　在男孩身上如果再加上憤怒與酒精，通常就會形成暴力的結果，❽犯罪統計也很清楚地點出了酒精與暴力之間的關係。受虐婦女都十分清楚酒精經常會點燃亢奮的情緒，而導致身體的暴力。根據統計，在男人所犯下的謀殺罪行中，有一半都受酒精的催化；都會區的警察對於這個數據一點都不會感到訝異。同樣不會讓人覺得意外的是，酒精對於性別的影響有差異；對女性的影響相對較小，但一旦男性喝醉了，他們卻很容易介入爭吵、打架等事端中。舉例來說，同樣是喝了酒的十二年級學生，男生介入打架滋事事件的比率就比女生高出兩倍。至今我們仍不清楚，造成酒精與打架兩者密不可分的原因當中，先天的生理因素與後天的學習因素所占的比例究竟是如何。

　　我們有一些證據。有一些嚴重的酗酒者有特定的行為模式，他們會先大喝特喝，等到喝到爛醉就開始打架。有時這也被稱為是「男性專有」

的酗酒行為模式，因為這類行為幾乎都只出現在男性身上。此外，在針
對出現這種行為模式的酗酒男性所做的研究中，研究者發現基因是影響
因素之一。但我們之前也提過，生物遺傳因素絕對不是解釋行為的單一
因素，酒精與打架之間的關係非常複雜，很難分析完全。決定男孩子是
否會大打出手的原因有好幾項，像是：他對於酒醉後行為的預期，他對
於保持男性形象的堅持程度，最重要的，他是否被教導過如何控制自己
的憤怒；這些都與他是酒醉或清醒無關。

●策略與斷電器：教導男孩如何疏導憤怒

試著想像，在我們的文化裡，我們會常常聽到、看到母親或小學老
師對小男孩說：「用你自己的話說。」這個場景通常應該出現在衝突發
生時：小男孩開始被快速襲來的挫折、憤怒所淹沒，開始要用暴力的行
為來對待其他的孩子。這句提醒的話不僅讓他能用口語來表達、體認自
己的感受，同時也幫他按下了「停止鍵」，讓他暫時停止實際上的暴力
行為。

在犯罪研究中發現，犯罪的男孩多半是那些無法用語言來表達感受
的人，他們有較高的犯罪與暴力風險；這兩者之間的關係並非巧合。在
一般的心理學研究中也有相同的結論，證實口語能力／偏差行為兩者之
間密切相關。❾

為什麼呢？

最直接的解釋是，口語表達的過程為感覺與行動之間提供了緩衝時

間，讓衝動與暴力行為能及時煞車。如果我們能提高男孩表達思想的能力，並鼓勵他多多練習自我表述，一旦憤怒或其他負面衝動發生時，可以保護孩子，不因一時的情緒而傷己傷人。

就如同本書討論其他主題的觀點一樣，我們認為，如果用不同的觀點來看待男性暴力，可以讓我們更了解男孩的內心。當我們把破壞行為、暴力衝突看做是一種防衛式的反應，而非出於生物本能的掠奪性行為時，我們要做的是撫平男孩心中的恐懼。在許多憤怒、暴力的男性內心藏著傷害，可能源於多年前的恐懼，承受太多信任的毀滅，或者是在惡劣的環境生存太久了，這是我們有限的心理治療愛莫能助的。如果我們要保護男孩們，讓他們不致成為憤怒、暴力、充滿傷害的男人，我們不僅要移除惡劣的條件，更需打開男孩的心房，這樣他們才有機會學到如何避免暴力行為。

身為治療者，我們了解更有效的藥方是「用說的」：即使是一點點，也許也不太流暢，但談一談感覺將有助於釋放情緒的壓力，並降低憤怒與敵意的侵擾。如果你能讓一個男孩願意談談，有可能他會因為察覺到憤怒的存在而更憤怒；但一旦憤怒的情緒變得可知後，它的力量會漸漸減低。如果你能讓一個憤怒男孩找出怒氣真正的來源，那麼也是幫他找到一個開端，讓他可以學習改變充滿毀滅性的行為模式。

男孩的需要

正常的孩子是怎麼樣的？他是不是愉快地進食、健康地成長，然後幸福地微笑？不，他一定不是像這樣的。一個正常的孩子對父母親會充滿信賴，對生活會盡力而為。也許有一天，他也會困擾、毀滅、驚恐、磨損、浪費、投機取巧，甚至巧取豪奪而精疲力竭……在生命的開端，他的終極需求是生活在充滿愛與力量（伴隨著必然的寬容）的氛圍中，這樣的孩子才能無懼於自己的想法與想像，也才能在感情的發展上有所進步。──溫尼考特 Donald W. Winnicott，《孩子、家庭與外在世界》 *The child, the family, and the outside world*

我們最近跟一位媽媽在聊，她是個充滿溫暖、智慧的女人，非常熱愛他的丈夫以及四個孩子。她一直是個隨時陪在孩子身邊的母親，內心滿懷母愛，隨時準備好扮演一個傾聽者與值得信賴的朋友角色。她有一個今年十三歲的兒子，現在讀七年級，最近表現出叛逆的姿態——一開始是想要離開家，事實上也是因為學校的功課及課外活動把他的生活排得滿滿的，讓他總是在外面忙得不可開交，每天都幾乎要拖到很晚才回家。之後，是他想脫離與母親的關係。他們的母子關係曾經是如此溫馨、如此和諧，但今日卻變成有點讓人窒息，甚至可說是惡劣。現在，他們不再在飯桌前聊天了，這是過去他們非常享受的共有時光；男孩子寧願透過關著的房門跟媽媽對話。

「他愈長大，對我來說就愈難以承受。」她說，「我喜歡專家能告訴我這只是一個過度期，有一天，我們會再恢復往日的親密。我也希望，我為他所做的一切，包括教導他尊重、負責以及我對他的愛，能對他的生命發揮一些正面的效果。」

從研究與實際的治療經驗中，我們知道，父母與男孩生活周遭的成人都握有一股力量，能夠為孩子提供他所需要的感情基礎，讓他能面對這個世界。如果希望一個男孩發展出健全、有彈性的感情生活，長成一個富同理心、符合他對自己期待的樣子，那他需要什麼？

男孩需要什麼？這是最基本也是最重要的問題，我們要用不同於傳統的眼光來看待男性。不管是針對個人或是社會文化，我們都要揚棄一些扭曲了的男孩觀點，包括忽略或否定男孩子的感受能力，以及扭曲男

孩對於自我的理解，將男孩子的自我認知置於情緒生活之上，或根本將兩者抽離。我們必須了解，對男孩「要求太多或是要求不夠」都會造成傷害——在男孩還在發展的時候，我們不能要求他們的表現超出應有的發展階段，也不必要降低自我控制、同理心、情緒坦承與道德責任方面的標準。「男孩子就是男孩子」這是一個經常聽到的說法，充滿毀滅性或是令人失望的男孩行為經常因此而獲得原諒；當我們聽到這種藉口時，實在覺得怒不可遏。事實是，這樣的藉口——男孩子就是男孩子——讓我們無法進一步了解男孩子，無法明瞭男孩子正在經歷一種男性特有的掙扎，也無法體認到他們需要一些「對男孩友善」的成人提供愛與關懷，這個藉口不能引領他們發展出更多元的情緒反應模式，以面對生命的課題。他們並不需要藉口，來逃避面對成為好人的挑戰。我們希望，經由我們作為治療者的經驗分享，本書的讀者能用全新的眼光來看待男孩，並改變他們在心中早已根深蒂固的假設。

為人父母與為人師長者應該怎麼做？沒有標準答案，因為每一個男孩面對的環境與條件都是單一的、獨特的，每一個男孩的生理與情緒發展、家庭背景、學校、所生活的社區都不盡相同。這個男孩需要多運動嗎？他要不要多一點音樂調劑呢？那一個是不是應該少花一點時間在電腦上？還是應該提供不同的遊戲？介紹不同的朋友給他？多出一點富挑戰性的功課，訓練他成為一個好的學習者？或者，應該少一些作業，讓他多一點機會發展生活的多元性？應該多一些例行性的活動還是少一些規劃？我們知道，這些問題是為人父母、為人師長每天都要面臨的選擇，但你無法列出一張清單，上面清清楚楚寫明相關的規則，教你如何

管教出一個好男孩。條條大路通羅馬，好男孩之路也一樣；有一些路徑看起來像是直接通往目的地，而男孩還有其他許許多多選擇，讓自己的生命變得更充實而富足。

　　以下提出七點，提供你在培養、孕育男孩感情生活時參考。這些並非單行程式，投入與產出之間不一定存在必然的關係；如果硬要找出行為之間絕對的因果關係，其實是忽略了真實生活的複雜性。我們是心理學家，是治療者，我們相信情感的甦醒與成長絕非只是口號。每一個男孩的生命都是一段獨特的旅程，但如果以下面七種觀點來看，所有男孩的需求幾乎可以說是完全相同的；這些觀點是教養、引導與創造一個願意尊重、呵護男孩內在生活的文化社群的重要基礎：

一、允許男孩擁有自己的內在世界，完全認可人類的所有情緒，並協助男孩們發展出情感語言，讓他們能更了解自己，也更有效地與他人溝通。

　　這裡所想表達的是，不管男孩是否察覺到自己的內在世界，你必須時時刻刻提醒自己與他的內在對話。你必須尊重他的內心，考慮他的深層想法，提供必要的參考資料，並與男孩分享你自己的內在生命。你的行動如果表現得像是你兒子有自己的內心世界，久而久之，他也會意識到自己的內心世界。

　　不要說：「你可以再試一試今年的足球隊選秀，要不然也可以這一季都只在學校裡打球，你要選哪一個？」相反的，你可以說：「我知道

你對於去年沒有被選上足球隊覺得很失望，但你今年要不要冒個險，再試一次？我也知道你一直都很喜歡踢足球，但最近這兩個球季你已經開始表現出興趣不高的樣子。這個秋天你準備怎麼做？你想怎麼選擇呢？」在這個問題中，已經為男孩點出了痛苦、內在的衝突、風險、勇氣等情緒。

我們知道一所男校向來以體育方面的優異表現而聞名，學校裡面瀰漫著「勝利的傳統」。在上個球季一開始的時候，足球隊的教練站出來問他的隊員：「身為教練的任務是什麼？」男孩子給了許多答案，像是：技巧的教授、適當的激勵以及敦促他們努力練習等。等到他們說累了、停下來後，教練開口了：『很好，大概就是這些工作，但我現在要告訴你們我真正的任務是什麼。我的任務是要愛你們，不管球季裡會發生什麼事，我的工作都是要愛你們。』許多男孩在聽了這席話後有些不安的騷動，他們不知道應該怎麼回應。經歷一個驚險、刺激起伏的緊張球季，他們有些了不起的勝利，也曾遭遇充滿恥辱的失敗。季末的一場慶功宴中，兩個隊長站起來發表感言，他們鄭重地宣告，他們覺得這個球季棒透了，他們真心喜愛所有的隊員。有多少人能夠了解教練在其中所扮演的角色？透過他的語言與特有的領導風格，讓這些「硬漢」得以說出自己的感情；是這個教練讓他們得以勇敢地用這種方式說話。

一個充滿愛心的老師告訴我們：「如果你能提供一個安全的環境，男孩們會願意開放自己的感受。」

我們看到類似的情節不斷在教室裡上演，透過寫日記、作文、創作工藝品或精心安排的討論會，學生們探討關於感受的問題；所討論的可

以是自己的或是他人的感受，甚至是歷史人物或小說主角的感受。我們常常見到一些原本是「從不說出自己感受」、極力隱藏脆弱情緒的男孩，在這樣的談話過程中，能夠輕易地參與假想中男孩的感受，說出恐懼與脆弱。這類的談話是非常有價值的，男孩們可以藉此學習情感語言；他需要建立情緒字彙，才能了解並表達自己的感受。

　　維吉尼亞州的一所小學刊載出一篇文章，是一名八年級的學生凱斯·強森（Casey Johnson）的大作，內容是關於他身為一名守門員的甘苦談，題目為「身為守門員」（Being a Goalie）。這篇文章明顯反映出一個男孩處理情緒的過程——即使全世界的人都在喧囂，他還是必須守在球門前，不為所動：

　　大家都會說，射門得分不是守門員的錯，而是整個隊伍的錯；但我知道，事實上，大家都還是覺得守門員應該負責。我知道，如果別隊得分了，那就代表是我的錯。當瓦特福隊開球時，他們帶著球穿過大半個球場，我大吼，叫我的隊友小心防衛。瓦特福隊的球員帶著球，用小動作騙過了我方的防守員，跑了兩大步，然後射門。我臥倒，我聽滿場歡呼，我知道他們得分了。我翻過去，從球門後方看著球場，我讓我的球隊失望了。我站起來，拍拍手腳上的泥土，我的隊友對我說：「凱斯，那不是你的錯，是整個隊伍的責任。」但我知道他覺得是我的錯，不過我還是說了『謝謝。』

　　瓦特福隊一再得分，最後是一個再見射門得分，凱斯寫道：

　　我幾乎無法從地上站起來，我的臉上滿是淚水與泥漿，我的隊友們甚至不願意多看我一眼；他們看起來根本不想理我。唯一的安慰是，對方射門得分的球員自己說道：「射得好！」

　　老師為凱斯提供了一個安全的環境，讓他願意寫下這篇文章，學校也讓他覺得因寫了這篇作文而感到驕傲；同時，他也從其他學生與家長身上得到許多正面的回饋。第二次他變成了英雄：不僅因為他是一個出色的守門員，也因為他真誠而直接地寫下自己內心的經驗。

　　何謂「安全的環境」？為人父母者該如何創造一個安全的環境？在家中，例行性的儀式可以提供感情上的「安全」，因為它提供一個熟悉的、受到保護的時空環境，在無須擔心表現的壓力、被衡量的壓力，也沒有受批評的威脅。許多母親說她們會在臨睡前去看看兒子，給她搔搔背，或者是聊聊天，彼此分享一天的生活；尤其是男孩子在步入青春期之前，這種溫馨的場面經常發生。有的母親是藉著做早餐時溝通，有的是培養共同興趣，一起閱讀、聽音樂、運動或進行戶外活動。父親會告訴我們跟兒子一起在後院工作的情形，或者是一起去剪頭髮、釣魚、騎腳踏車或健行，甚至是一起做模型的時光。不論是父親或母親，你都可以送兒子去參加足球練習，去看看他的棒球比賽；你也可以在早晨跟他一起讀讀報紙的體育版，在午後一起玩玩填字遊戲。如果不能在這些共享的時光中以開放、接納與慈愛的態度來進行溝通，男孩子也會從中學習到人際關係的價值。

　　有許多人認為，如果要引起男孩子的興趣，就只能以提供他們刻板印象中的「男孩娛樂」或是典型的角色模範為手段，比方說，討論硬漢型的電影明星或是「鐵人型」的運動員。如果你希望男孩子在集會中或是宴會中凝神傾聽，請來一位職業運動員應該是最好的選擇，因為他們享有男孩們最多的尊崇。但，這意味著運動員是男孩唯一願意傾聽的人選嗎？如果要想捕捉男孩的內心，是否就必須創造出傳統所認定的男孩興趣？然而，這樣的假設大大低估了男孩在精神與智慧層面的潛力。

　　我們認識一位男校的校長，有一次，他邀請一位法國修道士到校演說。在集會開始之前，這位僧侶對校長說：「演說開始前我想先讓大家進行短暫的冥想，結束後我會留一些時間給大家問問題。」校長很婉轉地勸阻他打消這個念頭，因為校長擔心男孩們會沒有什麼反應。但是，男孩子喜歡新奇、冒險以及勇氣，而這位修道士很明顯地具備這些特質。

　　集會開始，僧侶站起來說：「在我開始演說前，我想先教大家冥想，請大家閉上眼睛，並把兩手放在膝上。」所有的男孩都照著做，讓這位修道士帶領著大家冥想。他的演說主題是關於一些重要的道德與精神課題。之後，他問：「你們有沒有問題？」演講廳裡靜了下來，沈默維持了好一段時間，校長覺得很不安，深怕沒有一個男孩子有反應，那會讓校方很難看；但法國修道士對這種場面卻是一派安然自得的樣子，他安安靜靜地站著，等著。最後，有一隻小手在人群中舉了起來，這個男孩坦誠的令人激賞，他問了一個可能是在場所有男孩心中的疑惑：「為什麼會有人想出家？」法國修道士以同樣坦承、直接的態度回答了

這個問題,之後,有十二隻手陸陸續續舉了起來;許多男孩都想知道出家人的心裡到底想些什麼。這些男孩可能都不會選擇類似靈修的生活方式,但很明顯地,他們表現出對人類內在世界的好奇。

身為父母,你最重要的工作是與男孩討論內在世界。你揭露自己經歷過的掙扎與想法,雖然男孩也可能不會有所反應,但他們會吸收這個經驗,並受其影響。內心分享的時刻常常是男孩子最深刻的記憶。男孩子會談到跟父親一起暢談紅襪隊(Red Sox)的眉飛色舞,或是多年後仍記得到球場看比賽的興奮。但在治療時,他們更常告訴我們的是父母卸下身段的時刻,是看到母親勇氣的時刻,是看到父親流露出溫柔或流淚的時刻,是父親與他們一同分享成長掙扎、讓他們懂得男人也會恐懼的時刻。

父母絕對無法用在大學裡奮鬥多年的故事來贏得男孩的心。青春期的男孩對自己的生命有太大的興趣,聽不下這麼長的故事。然而,父母親的故事可以在關鍵時刻發揮作用,彼此可藉此分享曾經經歷的道德或情感兩難。如果你十五歲的兒子當下表現出興趣缺缺的樣子,先別說下去,但千萬不要就此放棄,他的毫無興趣與冷嘲熱諷的態度不會永遠持續下去。就像男孩子急於面對技巧上或是體育的挑戰一般,他飢渴的心也希望、需要了解如何迎戰情感的課題。

二、承認並接納男孩的高活動力,提供一個安全的環境,讓他能釋放活力。

我們曾經拜訪位於明尼蘇達州明尼亞波利市的蒙特梭利學校（Montessori school），學校位於一所寬敞、老舊的公立學校建築內，天花板很高，大廳寬敞。每一間教室外面都有開闊的走廊，走廊地板上隨時放有一條跳繩。只要覺得自己靜不下來，每一個學生都可以走到外面去跳繩。

蒙特梭利教育法尊重每個個體，強調創意的表達，班級內的學生很少在同一時間做相同的事。因此，這個學校允許學生隨時離開教室去做活動，並將他當成是自我規範的一部份；男孩子非常喜歡這樣的安排。是否每一個學校都能採取相同的作法？幾乎是不可能。大部份的學校課程是以群體做為設計的基礎，強調集體指導與活動；傳統教育會考慮安全與監督的必要性，因而大部份的學校都排除了這項可行性。然而，讓男孩子在需要時就能活動的想法仍是一項非常有效的原則。賓州一所小型私校的校長告訴我們：「如果以戶外活動做為獎勵，男孩子所能完成的工作真是讓人感到不可思議！」

如果你問一個小男孩他最喜歡的科目是什麼，他們的回答通常會是：「你的意思是除了體育課之外嗎？」男孩子需要空間，讓他們盡情地跑跳，消耗精力、展現活力。在學校需要，在家裡也同樣需要。我們可以問一問，家裡的地下室可以當做是學校裡的體育館嗎？家裡是不是太乾淨、太古樸，太缺少自由活動的空間，讓男孩子深覺耐不住？

安·羅契·穆格瑞吉（Ann Roche Muggeridge）是位育有四個兒子的母親，她曾寫過一篇題為〈男孩子應該做男孩子〉（Boys Should Be Boys）的短文，她說：

千萬別給小男孩吃鎮定劑，許多舊時代的老師會這樣做；這會毀了他們。過去，每年冬天我先生都會在後院做一個溜冰場，附近所有男孩子都會到這兒來玩，不分日夜，他們會走進房子來，跑到浴室去，就穿著溜冰鞋到處跑。他們玩冰上曲棍球，還把自己的小妹妹當做球門。他們會在樓梯上跳來跳去，比賽誰可以跳過的階梯比較多，最後把我們的底樓地板都跳壞了。我真想念他們。他們後來都長成仁慈、自信、誠實、有趣、虔誠、自律、勇敢與慷慨的男人，我真想念他們！〔摘自羅司貝律拉丁學校通訊，羅司貝律，麻州（The Roxbury Latin School Newsletter, Roxbury , Massachusetts）〕

我們看到的是一個願意欣賞、信任男孩的人，許多男孩的父母都懷有同樣的態度，有些則否；許多老師喜愛男孩，有些不幸的，則完全相反。男孩對於成人的態度非常敏感，感受得到誰對他們的活力沒有合理的寬容；一旦他們感應到低度的忍耐，通常的反應是把這當成一種挑戰。

不僅是小男孩會有活動力高的問題，青春期的男孩也同樣愛跑跳衝撞。當學校安排我們跟一群男孩坐在一起時，經常會出現一些無可避免的混亂，有時甚至簡單如找個位置坐下來都有問題。如果現場有桌椅，這些桌椅一定是滿佈傷痕，到處是刀刻或碰撞的痕跡。如果有沙發，就會有短暫的騷動時刻，決定誰應該坐在那裡。如果是地板，我們會看到一些男孩疊在一起，另外一些則在他認定最好的地點上定住不動。我們

並不是在說男孩子總是要展現出身體的暴力，而是說他們習慣於使用活潑、主動的身體語言。他們會動不動就拍別人的頭，爬過房子裡的家具，大剌剌地占據餐桌或是房間地板的空間，占去的勢力範圍往往遠超過他們所需要的。有時候他們根本就不看路，而有時候他們就是喜歡到處逞威風。如果是你，兩年前的你重一百磅，而現在重一百七十五磅，你會有什麼感受？如果你是一個男孩子，能夠長大將會帶來無上的樂趣！

兩年前的冬天，在貝爾蒙特丘學校（Belmont Hill School）下了一場瑞雪，就在校長辦公室外形成了一座美麗的雪丘。校長把他兩個孩子的雪橇放在室外，學生們就想，為什麼不拿來滑雪呢？第一個孩子開始滑雪，然後又跑了一個，最後是三個孩子擠在一個雪橇上。這些孩子才不在乎今天穿得是法蘭絨長褲，是牛仔運動外套，外面的天氣只有華氏十度！他們脫掉外套，隨手丟在牆上，準備好要滑了。他們採取絕佳的角度，避過一路上擋路的樹木，然後其中一個叫另一個孩子直接跳下小丘。老師們嚇壞了！他們認為這個已經是高難度的動作，小男孩們應該不曾試過的（但，他們當然試過）。他們試過，他們現在還會再試，未來也還會繼續樂此不疲。男孩子必須學著如何控制自己的身體，不要對自己與他人造成傷害，但也不必為自己的充沛活力而感到抱歉或羞愧。

三、用男孩的語言跟他們交談，讚揚他們的自尊與男性特質。用直接的態度與男孩相待，將他們視為諮詢者與問題解決者。

　　因為教育錯誤，導致男孩們對強烈的情感與受傷深感恐懼，因此，在與男孩進行溝通時有一點非常重要，就是要讚揚他希望變得強壯的意願，並且不要羞辱他。直接的情感訴求對女孩子來說非常有效，但男孩子卻常常表現出一副受不了的樣子。身為治療者，我們在面對與男孩溝通的場合時，常要用不同於對待女孩的方式。

　　面對女孩時，我們的問題會像是：「你覺得怎樣？」大部份時候，她們都會說出自己的感受。

　　但面對男孩子的時候，我們就會將問題變得更明確一些，「對於被叫到我這裡來這件事，你到底有多生氣？」、「你覺得你為什麼會被叫到這裡來？」、「你的爸媽在擔心什麼？」、「你覺得你的問題讓你需要跟一個治療師談一談嗎？」

　　男孩子或許都不願意談論自己的感受，但他們都樂於充當解決問題的角色，喜歡被諮詢。我們曾經看過許多拒絕參與家庭治療的男孩，有一些甚至連下車、走進大樓裡來都不願意。不過有些辦法還挺有效，我們會走到停車場去對男孩說：「我知道你很不想到這兒來，我也知道你根本都不相信心理治療什麼的，但是我必須跟你的父母討論一下如何跟你相處，如果沒有你的參與，我會不知道怎麼辦才好。」男孩會因此走進治療室，但卻信誓旦旦地告訴我們他什麼也不想說，但是，如果你向他們提出問題，而且不要求他們擔負完全的討論義務，他們就會開口。從工作經驗中我們發現，跟男孩對話時必須先說出我們自己的感受，讓男孩子有選擇或修正的依據。比方說，當一個男孩子在描述一個可怕的情境或是親人逝去的傷痛時，我們會說：「我對你的了解不算太深入，

因此我很難完全明白你的感受，但就我看起來，當時你所面對的是一個讓人非常害怕的情況。如果我是你，我一定嚇壞了。」男孩子的回答總是：「不，不是這樣的。」他會樂意修正我們的錯誤印象，提供更多的訊息，讓我們挖掘出更多的想法。

不要對男孩說：「我相信你當時一定嚇死了。」如果男孩說出自己真實的情緒，「嗯，或許我也有一點點害怕吧！」此時，專業的治療師或是任何成人可以表現同理心，對他說：「我明白。」在經驗不斷重複之後，男孩子會了解他的感受是正當的、有效的，因為其他的成人與孩子都願意分享他的脆弱感受。

如果你希望更了解兒子的情緒反應模式，跟他談一談他的朋友，看看他在面對令人沮喪的狀況時有何感覺：

- 他會幫助朋友嗎？
- 他過去面對類似情況時有伸出援手嗎？
- 他認為成人會如何處理類似的情境？
- 如果你有能力改變情況，他希望你做什麼？
- 他認為男人與女人在面對相同情境時的處理方式有何不同？

男孩子喜歡研究男女之間的差異，女孩也一樣；他們也都喜歡探討哪一些特質是天生的性別差異，哪些又是後天的。男孩子喜歡討論哪些論點對他們自己來說是對的，哪些則否。我們從不曾遇過任何一個男孩對這類問題完全不感興趣。

男孩與成人之間的對話之所以會發生問題，主要原因是因為成人很容易被激怒，因為成人所預期的是完全不同的溝通方式。成人對青春期的男孩期望過大，因為這些孩子看起來早已是大人樣，也想爭取成人專有的權利；但是，他們之前沒有太多練習說話技巧的機會，也可能覺得談話不是「男人的方式」，使得彼此之間對溝通有認知上的差異。如果你因此貶低或對這些男孩失望，將不會有任何幫助，只是讓男孩對成人有更多的不信任。

將男孩視為諮詢者並非指給他一切他想得到的，絕對不是！這是意味著我們應該傾聽他的聲音。如果你從他小時候就開始這樣做，會對雙方都有益，因為你們藉由一起談話、傾聽與商量的分享過程中，你的兒子會了解什麼是好的判斷。如果你認真的把他的話聽進去，他也話把你所說的當一回事。

與男孩的溝通是件困難的事嗎？經常都是的。是一件不可能達成的任務嗎？通常不會；除非你所面對的是一個非常暴怒、非常傲慢、非常多疑的男孩，才會使得對話無法進行。只要你願意將自己真實的情緒說出來，願意以詢問的方式提出問題，不因為簡短的答案感到失望，就一定可以跟男孩們對談。還有，你必須傳遞訊息，表現出你願意尊重男孩的自我心理防禦，尊重他們想變得強壯的希望與需要；不要因為男孩子渴望變得能幹、亟欲想在他的同儕與內心變成備受崇敬的人而貶低他。如果你認同他的需求，他會了解無須為自己防衛，然後他會樂於與你溝通。

**四、教會男孩情感的勇氣也是一種勇氣，而勇氣與同理心是
生活中最真實的力量來源。**

　　如果你問男孩子什麼叫做勇氣，他很可能會在答案中屢屢提到「勇
敢」的字眼；如果你要求他舉例說明，他可能會想到一些有名的電影明
星，一些他在報紙上或學校中有具體英勇事蹟的英雄人物，或者是班上
站出來對抗小混混的同學。大眾電影提供男孩子的永遠只有一類：對抗
實質上更強大的敵人。對抗敵人的意願、愚弄巨大的恐龍、抵抗外星來
的怪獸或是迎戰持槍壞蛋兇狠的目光，這些都是螢幕上具體的勇氣表
現。

　　冒險與戰爭故事自古以來歷久不衰，男孩子對這些故事特別地著
迷。看看小男孩在玩的遊戲就知道，他們非常喜歡演出戰爭的情節。但
這並非男孩子所想看、想知道的一切，男孩與女孩都一樣，他們也渴望
聽聽關於情感勇氣的故事。

　　每年一月，學校通常都會安排關於馬丁・路德・金的生平介紹與討
論，在研究過這位遭暗殺的人權鬥士後，男孩女孩都為之深深感動。在
他振奮人心的著名演說中，在課本上或是紀錄片看到他領導非暴力遊行
來爭取公民權時，這些孩子看到了金的勇氣。不只是金，從當時許多
「凡夫俗子」身上，孩子們也見識到情感上的勇氣；不管是在日常生活
中或是所居住的市區中，這些人是如此百折不撓地對抗種族主義。學生
們有許多機會可以看到類似的道德勇氣，不管是在美國蓄奴史中，在討

論希特勒對猶太人的屠殺時，在了解美國人爭取投票權的過程中，或是近代的人權運動與環保運動人士身上，都可以看到平凡人所展現出的不平凡勇氣。

然而，我們很難過地發現，出了校門之外，我們很少在日常生活中為男孩提供情感勇氣的典範；特別是，在社會中很少有一個男人僅因展現出道德或情感勇氣而被稱揚。男人之所以能躍上新聞報導，多半是因為他們代表著力量、技術或是財富；即使是在娛樂節目中，男性的角色典範要不就是像阿諾・史瓦辛格（Arnold Schwarzenegger）那樣無畏無懼，要不就是像電視喜劇中的提姆・艾倫（Tim Allen）那樣，是一個天性善良的傻子，永遠生活在絕少談及情感勇氣的情境喜劇裡。

更重要的是，男孩子們需要在自己的生活裡看見真實的情感勇氣，而不只是在虛構的媒體形象中。我們必須為他們察覺並確認出情感勇氣，這種勇氣是存在男人與女人身上，存在家庭中，存在我們周遭的大人與孩子身上。不論是生活或是文學、藝術，我們要提供不同的角色典範，有別於滿是肌肉、自尊自大的單純英雄形象。很多成人會在工作上或是私人的生活中表現出無比的情感勇氣，但卻很少有機會讓孩子看到表現良知與勇氣的時刻，我們應該要大聲說出來，在看到周遭他人有類似的勇敢表現時，我們也有責任給予孩子機會教育——在班上發表演講、雖是肢體殘障仍非常活躍、學習外語、不願只是袖手旁觀要挺身而出。不管是自己的或是他人的，當我們清楚地描繪出情感勇氣的輪廓時，在孩子心中已經留下不可抹滅的印象，讓男孩們能夠面對真實勇氣的複雜性。

我們曾在第五章引述過馬克‧吐溫對於勇氣的定義，在此容許我們再重複一次：「勇氣足以對抗恐懼，是恐懼的剋星，而非只是讓恐懼輕易逃脫。」男孩子必須要學著了解，接受他人與自己的恐懼或是脆弱的情緒，也是情感勇氣的一種表現。

父親把他七歲大的兒子查理還有來過夜的傑夫帶上床，小查理目前正經歷一段艱難的時刻，他心中脆弱的感受一直在惡化：他怕很多事。查理的焦點主要在龍捲風，因為他聽到報導說田納西州發生嚴重的龍捲風，在當地造成非常大的災害，而查理家有許多親友都住在田納西。即使有外人傑夫在場，查理仍毫不遲疑地表現出他的恐懼：

「爹地，我想我沒辦法睡著，因為有龍捲風。」

「查理，我保證今晚龍捲風不會來。」

「但是，爹地，有龍捲風。」

「我知道，但波士頓不會有龍捲風。」

「爹地，我睡不著，我一定睡不著。」

傑夫聽到了所有的對話，他自己必定在更小的時候也經歷過相似的恐懼，所以熄燈後他安慰查理：「查理，剛剛是我不小心撞到了牆壁，你是不是因為這樣被嚇到了？」

「不，傑夫，不是那個，是龍捲風。」

查理肯定傑夫想要安頓他心情的努力，但傑夫的話並未給他帶來安慰；查理的恐懼並非來自於房裡想起的任何聲音，而是來自他內心的恐懼。他並不害怕那足以致命的颶風，他擔心親愛的朋友可能會遭受危險。

父親聽到了傑夫試著安慰小查理,同時也明白此時他無論說什麼都無法使查理安心,於是他問:「如果我躺下來抱著你,會有用嗎?」

「嗯,爹地。但你必須留下來陪我。」

這個父親在兒子身邊躺了下來,伸出手臂抱住兒子的肩膀,然後說:「我會留下來直到你睡著了為止,這樣好嗎?」

「好的。爹地,你能不能抱緊我?」

我們希望您從這本書已經了解男孩也有恐懼——不僅是對打雷與黑暗的恐懼,在他們成長路上,每天周遭生活中所發生的事都可能讓人害怕。男孩會恐懼,男孩有需求,他們很脆弱,他們也有能力承受強烈的內心感受。體認男孩的恐懼並不會讓他們變得懦弱,相反的,會讓他們得以從羞愧中釋放出來,最後變得更堅強。如果男孩必須否定事實,或者被要求要完全控制自己的感受,他們就會變成感覺的囚徒。當男人頑固地否定恐懼時,就無法成為一個健全的人。我們需要體察男孩的恐懼,以同理心來相待,也要教導男孩承認恐懼,並尊重別人的恐懼。就像查理的朋友傑夫一樣,每一個男孩都有能力展現出同理心;男孩子必須經歷被他人同情、同情他人與被要求展現同理心的經驗。

男孩子需要特殊訓練才能培養同理心嗎?我們不認為有任何特殊訓練的必要,但可以確定的是他們需要練習的機會。對大部份的男孩來說,他所需要的只是一些鼓勵,讓自己勇於表現與生俱來的同理心。看看那些遛狗或帶貓散步的男孩,看看那些照顧教室裡寵物箱的值日生,你會看到他們對寵物的需求有多注意。

　　有許多方法可以提供機會讓男孩學會同理。照顧寵物是其中一種，另外，還可以讓他們學到照料別人與關心社區。任何年紀的男孩都需要照顧他人的機會，對象可以是動物、嬰兒、老人、任何有所需要的人以及自然環境。我們看到，如果學校將社區服務當成例行性的課程活動，男孩會學得同理心；如果家裡有需要關心與照顧的兄弟姊妹，男孩也會學到同理心。

　　我們知道在芝加哥一所學校有特殊的安排，每年春天一到，高年級的學生必須走出校園，參與社區服務計畫。大部份學生都樂在其中，而且每次都有許多男孩被深深感動了，他們會在學校集會時分享自己的親身經歷，並說明這項經驗如何讓他們「從全新的觀點來看世界」。

　　「一開始，我恨死了必須照顧這個智障男孩，因為不管我說什麼他都不聽，我真的很沮喪。」一個男孩在最近一次的集會中這樣說。當他繼續把故事說下去，我們聽到的是智障男孩與他之間的關係愈來愈親密，當完成為期六週的服務時，智障男孩給了他一個擁抱。當他說著這個深情相擁的時刻，忍不住在全校同學面前啜泣起來。很明顯地，他為這個智障孩子的生活帶來了不同的色彩，這對他來說意義非凡。

　　有多少將從高中畢業的孩子曾經照顧過智障的孩子或是老人？我們大膽的假設，太少了。有過類似經驗的男孩將會更富有同理心；類似的經驗愈豐富，男孩也就更能同理。

　　因為文化的訓練，男孩子常常必須競爭，並且快速達成個人成就。一位足球教練談到，如果他的隊員中有任何人在比賽時批評或激怒其他隊友或對手，他就罰整個球隊跑操場。教練希望男孩們了解他對「為求

勝利不擇手段」這種心態的看法有多厭惡，他要不斷提醒他們，並讓他們分享這種負面的感受；他也希望透過同儕的壓力來軟化批評的態度。體育活動及團隊運動是很好的教育機會，在這類的情境中，男孩們都會有較高的學習意願來學習如何對他人產生同理心。任何懷疑男孩是否與生俱來就有同理心的人，應該去看看在團體運動中男孩所展現出的關懷、同袍情誼以及絕對的忠誠；不管所面對的是失敗傷害，抑或是光榮勝利，你都會清楚地看到這些特質。

五、利用管教來陶鑄男孩的人格與良知，但不要樹立敵人。

　　或早或晚，男孩都會惹上麻煩；麻煩的來源可能是因為他的衝動，可能是因為他的高活動力，也可能只單純因為他是個人。麻煩是成長必要的歷程。男孩子所接受到的管教方式，將會影響到他日後的行為道德基礎。我們相信男孩們所需要的是明確、一致的管教，而非粗暴的管教。最合宜的管教是建築在孩子對成人的愛與想取悅成人的基礎上，如果小孩的衝動受到尊重與教養，就更懂得愛與尊重。一旦孩子被懲罰過度，承受太多羞辱，或是接受來自於成人過多的憤怒，他會用叛逆的方式對抗權威，而不會想要變得更好。

　　如果在孩子小的時候已經接受過合宜的管教——我所指的是適當的引導，而非懲罰——當他們逐漸長大，他們所需要的外在管教會愈來愈少。在接觸「問題男孩」的經驗中，我們經常看到粗暴管教的惡果，不是引起更多的麻煩，就是讓情感上的傷痕久久難以平撫；相反的，如果

管教的內容包含著指導與同理心，即使是所謂最老練的「麻煩製造者」，都能在其中得到啟發。

讓我們聽聽亞力士怎麼說。他是個八年級的男孩，在班上對全班同學介紹他所畢業的小學，那是一所位於維吉尼亞州米德堡（Middleburg）的小型私校。小時候的亞力士很頑皮，是最常被叫進校長室的幾個學生之一；他總是橫衝直撞，常常打擾同學或是老師。

亞力士說：「以前的我，我猜你們會說是一個很『特別』的學生。我很不一樣：我喜歡玩些不一樣的遊戲，看些不一樣的電視節目，興趣跟別人也不太一樣。但這些都不成問題，因為我玩得很高興。」

他繼續補充：「曾經有一個非常了解我的人，他支持我所有與眾不同的興趣與想法。」他所指的就是小學裡的校長基爾佛德先生（Mr. Gilford）。對於這位校長，亞力士的說法是：「（他）跟一般我們看到的校長不一樣，他好像從我進學校之前就認識我了。」

亞力回憶起他一年級時被叫到校長室的情形：「當我穿過走廊，第一次要走到校長室時，我想我大概完了，一邊擔心著：『不知道校長會怎樣？』。我坐下來之後，他對我說的第一句話是：『哈囉，亞力士，你今天過得還好嗎？』」

「我很驚訝，第一是因為他的態度，是那麼冷靜，那麼溫和、友善；第二是因為他對我說的那些話。我本來以為他會像個瘋子對我大吼大叫！那天談話結束時，我們都覺得很輕鬆、很開心，沒有任何責備或是懲罰。」

這裡有一個對七年前所發生的事情仍記憶猶新的男孩，他記得當時

沒有被罵，沒有被罰。他告訴我們男孩子常常預期自己會被懲罰，此外這個案例也明顯指出理性對話對男孩的影響力有多大。

六、建立富含感情的男性形象

男孩子會模仿他們所見到的；如果他們看到的男性世界都是充滿情感距離、防衛與冷酷，長大後的男孩也會模仿這種行為。雖然在美國不多見，但在其他國家的文化中，男性在私下或公開場合中表露出身體的親密行為並非不常見。我們認識一位父親，他總是用擁抱的方式來歡迎他最好的朋友，即使當著兒子的面也一樣。我們要知道，許多影響並非是立即可見的。他的兒子跟大部份的男孩一樣，在青春期極力避開任何身體的接觸，不去碰到任何成人，也不想讓別人碰他，但在他現在二十多歲的時候，有一次他湊巧遇到了父親與父親的朋友，他給了這兩個男人一個擁抱。如果男孩子在生活中見不到男性的親密友誼，如果他們無法看到男人與配偶之外其他成人所建立的親密關係，男孩子要如何學會男人之間的情感表達？

在治療師生涯中，我們看到許多寂寞的男人從大學畢業後、有些甚至是離開高中後就一直渴望「男人的友誼」。許多男性不知如何開始或維持重要的友誼，他們根本不知道如何向其他男人敞開心房。我們有一個好朋友，他是一位精神科醫師，現在住在芝加哥。他最喜歡的就是四人對抗的高爾夫球賽，球友之間的情誼已經超過二十年。他跟隊友幾乎每個星期都見面，但彼此之間並沒有太多資訊的分享。有一天他回家

後、準備要到高爾夫俱樂部去時，他的太太告訴他：「傑夫剛剛打了電話來，說他今天可能不能去。」「為什麼？」精神科醫師問。「嗯，他在辦離婚，好像有一些財務問題，他說他可能無法負擔會費了。」我們那位朋友愣了一下，然後說：「他要離婚？我怎麼都不知道？」就像我們相信的，男性間的友誼是不能以兩人間到底有多親密來衡量的，但，如果無法對相處了二十多年的球伴說出你所面臨的婚姻難題，這真是讓人傷感！

我們必須告訴男孩成年男性的孤寂。我們必須鼓勵男孩子建立、維持一段友誼，並感受男性友誼所帶來的衝突，衝突的來源可包括體育技巧的競爭、嘲弄以及對女孩的競爭。男孩子常缺乏足夠的資源建立友誼，也沒有意願解決衝突或是維持友誼。

當我們跟許多母親以及其他女性討論，提出男孩需要一個充滿感情的男性形象模範，我們最常得到的反應是尷尬的乾笑。她們很想知道，到底充滿感情的男孩形象是怎麼樣的？而身為女人，她們又能提供什麼協助？

首先，女性可以鼓勵並支持男性的友誼，並且要體認、接納男性的友誼可能與你期待的方式不同，因為男人之間感情方式並非如此親密、如此可靠，也太容易受到競爭的破壞，與你習慣享受的女性友誼不盡相同。

我們有一位同事，過去一直相信女孩間的友誼比男孩更好，有一天她看到四個男孩在附近蓄水池釣魚的情景後，她開始質疑自己的想法。她一邊做日光浴，一邊觀察這些男孩，他們靜靜地站著，肩並肩，一釣

就是兩、三個鐘頭。他們彼此間很少交談，沒有什麼持續性的對話，但在觀察一段時間後，我們的同事發現在男孩之間有一種無比的親密在交流著，足以代替任何言語。她看到不須藉由交談，男人與男人就可以達到無比的親密；他們之間的沈默是彌足珍貴的。他們樂於陪伴在朋友的身邊，而這已經是非常足夠了。

許多男孩都很喜歡跟成年男子相處；他們喜歡看著自己的父親，喜歡跟爸爸在一起，喜歡父子同樂。但他們也需要跟成年男子之間有親密的對話，而對身為父親的人來說，這並不容易。我們聽過許多男人說，當他們還是孩子時，從未曾聽過父親說「愛」；所以，我們明瞭，說「愛」必須借重些小小的技巧與安排。

「爹地與我」是由學校、宗教團體與社區活動中心共同贊助的一項長期活動，這個活動提供了良好的示範。活動的內容廣泛，從最單純的幼稚園活動到需要細心安排的旅遊冒險、父子間的關係討論等都有。所有的活動都有相同的主軸：創造一段可供父子共同分享的時光。他們希望父親們放下老闆與上司的身份，真正成為兒子的夥伴，將父子這兩種角色放進相同的情境中。他們規劃了一些自由漫遊與探索的時間，也精心策畫了一些活動，希望拉近父子間的距離，用來取代兩個男人的競爭與摩擦。我們看著熱烈參與活動的父子檔，常會看到為人子的因為得到父親完全的、不帶批評的關注而感到雀躍，為人父者也對這類正式、規劃良好的活動十分激賞，因為他們藉此得到很好的機會與孩子共處。經過設計的活動並沒有降低情感的交流，它所提供的情感連結經驗非常真實，日後也會以最真實的方式影響男孩未來的行為。

七、告訴男孩，有許多方法都可以讓他們成為好男人。

　　我們曾在貝爾蒙特丘學校與聖希伯斯汀學校（Saint Sebastian's Scjool）兩所男校工作多年，看到許多男孩走進辦公室，坐下來，然後開口的第一句話就是：「我不是一個真的聖希伯斯汀（或是貝爾蒙特丘）人。」這些男孩深覺必須在談話一開始時就表明立場，宣告他是與眾不同的、是敏感的，或者是在運動方面笨手笨腳的，反正就是有別於傳統形象就是了。類似的宣言讓我們痛心，因為這表示男孩子自覺自己並不符合理想男性的標準。很少有男孩、男人是十全十美的：身材高大、英俊、有運動天分、對女性散發出致命的吸引力、絕對的強壯、而且無所恐懼。如果我們的文化就像《拯救奧菲莉亞》（Reviving Ophelia）的作者瑪麗・派佛（Mary Pipher）所說的一樣，對女性美的標準只提供單一的定義，驅使女孩子節食、飲食失調或是長期承受低度的自尊，這對女孩是有害的，我們必須重新檢視文化對女孩所傳輸的錯誤訊息。從過去二十五年來的研究中，在重新檢視文化所定義的女性形象上，已經有重大的成就；同樣的，男孩也因為「男性本色」的定義過於狹隘而受苦，需要花費時間重新省思。

　　一位慈祥、充滿愛心的老師透露：「在小時候，你必須擔心自己是否能成為一個真正的男人。一旦你長大後，下半輩子要擔心的是其他人是否真的認為你是一個男人。」面對不可能的任務，我們可以做得更好。

要貼近男孩的內心其實很簡單，最重要的關鍵，就是任何討論的主題都必須與他自己的利益與興趣相關。一位高中老師這樣告訴我們：「許多男孩子跑來告訴我說他們恨死了詩，他們一點也不想讀詩，更不想寫詩，但當我指出詩對我的人生有何意義後，有些男孩會開始想接近詩，甚至開始熱愛詩。」

這對每個人來說都有些意義。

我們必須讓男孩體認到，成為男人有許多不同的方法；不管是想要變得勇敢、想要成為好父親、想要去愛、想要變得強壯或成功，都有許多不同的道路可供選擇。我們要讚賞男孩與生俱來的創造力、冒險犯難的精神，要肯定他們的活力與直率。不管是藝術家或是影視明星，是傳教士或運動員，是士兵、男護士、雜貨店老闆、環遊世界的水手、老師或是企業總裁，我們應該給予相同的尊重。透過不同的途徑，男孩子都可以為這個社會貢獻一己的心力。

男孩子會長成不同的體型，擁有不同的技能，會從事完全不同的職業；不論他們的貢獻是什麼，我們絕不能有一絲一毫的輕侮，絕不能讓他覺得自己無足輕重。我們必須在精神上與道德上對他們提出要求，必須支持他們想要取悅他人的意念。如果他將取悅付諸行動，我們必須明白告訴他，不論結果如何，他都不會讓人失望。使人成長的唯一方式，是為男孩提供一個心靈上的安全感，讓他明白對我們而言，他有多重要；讓他明白，我們深愛他，也深信他會自然而然地長成一個好男人。

經驗的重複會使人類的個性與思想哲學逐漸成形，這也就是為何尋求心理治療的人們，通常需要長期的諮詢安排才有成效。羅馬並非一日

造成的，他們的問題也是長時間累積的結果。男孩的生活中充斥著訊息，告訴他們什麼才叫「做個男人」，在不斷地傾聽、觀察、回應這些訊息之後，對於自己應該如何表現、男性本色中應該包含哪些成分、自己是否是一個好男孩、好男人等問題，男孩心中自會得出一套結論。然而，他們所聽到、所看到的事物中有太多的苦痛與扭曲，他們的經驗讓男孩們預藏起真實的自我，只用最傳統、最廣為人接受的面貌來面對世界，以求不顛覆傳統文化，也保護自己不被社會所傷。

　　若想要使男孩們有不同的成長，唯一的方式是提供他們更多的機會，讓他們能勇敢地說出自己的內在世界，表達自己的心靈，讓他們了解，男孩子也可以擁有人類的全部情緒；這張許可證可以來自於父母、師長、叔叔伯伯或阿姨舅媽。告訴男孩們承認脆弱是再自然不過的人性，是被接受的，我們必須協助男孩子更勇於面對自己的內在。一旦你瞭解，不論是男性或是女性，只要是人類必定有脆弱的時候，如此便可以面對更真實的自我，進而變得勇敢、自信，為社會提供貢獻。你不需要逃避自身的懦弱，內心深處也不必為此感到恐懼或是脆弱。

　　從事心理治療多年以來，我們從未看過任何一個男孩不渴望父母的愛和他人的接納，也沒有男孩可以不需要愛與關懷而快樂地生活著。只有接納並肯定他們的人性，我們才能培育出身心健全的男孩。每天，當我們面對男孩時，我們都有機會為他盡一分心力，有機會對他說：「我了解你，你是一個男孩子，在你的心中充滿著生氣，充滿著夢想，同時也充滿著情感。」

註　釋

第一章　不該走的路

1.在這一點上，Carroll Izard與他的同仁們所做的研究對我們有相當的
影響力。他們提出許多關於情緒知識的重要發展，並說明如果缺乏這
些知識，將會擾亂正常社群關係的發展。例如，「如果在情緒表達或
情緒經驗上的認知有所缺失，會影響男孩日後社會行為的發展，甚至
導致偏差行為。」以上引自C. Izard, D. Schultz, and B. P. Ackerman,
"Emotion Knowledge, Social Competence, and Behavior Problems in
Disadvantaged Children"（發表於Society for Research on Child
Development雙年會議，華盛頓，1997年4月。

2.如果要更加了解男孩如何從嬰兒時期對情緒的積極反應，轉變至青少
年時期的不善於表達情緒，請參考L. R. Brody, "Gender, Emotional
Expression, and Parent-Child Boundaries" in *Emotion: Interdisciplinary*

Perspective, ed. R. D .Kavanaugh、B .Zimmerber and S. Fein（Mahwah, NJ：Lawrence Erlbaum，1996），139-170。舉例來說，研究員故意混淆受試嬰兒性別，再由受試成人判斷，但受試成人仍然認為男嬰比較會表達情緒。她寫道「隨著年紀漸長，男性較少運用面部表達自己的情緒，女性則有相反的發展趨勢……這是因為父母與同儕團體在情感社會化的過程中對男性與女性有不同的要求。」

3.這些作者非常關心同理心的發展，他們將同情（sympathy）與個人憂傷（personal distress）做了明確的區分，同情他人表示想要提供援助、想要安撫受傷的他人或是想平撫他人的沮喪，而個人憂傷則是一個人因為他人沮喪也跟著不愉快，因此想要逃離令人沮喪的情境。這些作者認為，一個人對他人的困境究竟會採取同情或是憂傷，決定於他本身對情緒的管理與控制。他們所提出的結果，正好為R. A. Fabes、N. Eisenberg、M. Karbon、D. Troyer and G. Switzer等人觀點提供佐證：「如果男孩子傾向用行動來逃避或是擺脫他人的煩惱，他本身也多半有煩惱的傾向……男孩子愈是無法控制情緒……愈會傾向於逃離哭鬧的嬰兒或是關閉擴音器……因此，與較無法控制情緒的男孩相比，比較能控制情緒的男孩傾向於去安撫那些哭鬧的嬰兒。」以上引自R. A. Fabes、N. Eisenberg、M. Karbon and G. Switzer, "The Relations of Children's Emotion Regulation to Their Vicarious Emotional Responses and Comforting Behavior," *Child Development* 65（1994）：1678-93.

4.有一項關於環境如何影響大腦的研究非常有趣，這項研究主要的目的

是要了解持續的壓力對大腦海馬（hippocampus）的影響。海馬是大腦組織的一部份，主管情緒控制與記憶。在一項關於中樞神經系統（central nervous system, CNS）內的腎上腺素（adrenal steroids）的破壞與保護作用的研究中，McEwen與他的同仁們指出：海馬與其他腦部組織不同，極易受到與壓力相關的腎上腺素所破壞，這是腦部組織中腎上腺皮質酮（corticosteroid，腎上腺皮質所分泌的類固醇）含量最高的區域。這種傷害所造成的結果之一，就是經由下視丘－腦垂腺－腎上腺（hypothalamic-pituitary-adrenal, HPA）軸降低海馬調節壓力的能力（B. S. McEwen, J. Angulo, H. Caneron, H. M. Chao, D. Danielset al., "Paradoxical Effects of Adrenal Steroids on the Brain: Protection versus Degeneration, "*Biological Psychiatry* 31[1992]:177-99）。如果老鼠的腦部海馬受到傷害，在一般程度的壓力下，牠的HPA軸會過度分泌腺素；在壓力過後，關閉HPA的功能也會失效〔見R. Sapolsky , L. Krey and B. S. McEwen, "The Neuroendocrinology of Stress and Aging: The Glucocorticoid Cascade Hypothesis," *Endocrinology Review* 7[1986]: 284-301〕。海馬若受到傷害，記憶功能失調是最典型的癥狀；研究人員發現，不管是視覺－空間或是語言記憶功能，都會出現缺失（見A. Diamond, "Rate of Maturation of the Hippocampus and the Developmental Progression of Children's Performance on the Delayed Non-Matching to Sample and Visual Paired Comparison Tasks," *Annuals of New York Academy of Sciences* 608[1990]:394-426；and R. P. Kesner, B. L. Bolland and M. Dakis,

"Memory for Spatial Locations, Motor Responses, and Objects: Triple Dissociation among the Hippocampus, Caudate Nucleus, and Extrastriate Visual Cortex," *Experimental Brain Research* 93[1993]:462-70）。在生活實例的研究中，在戰後退伍軍人身上，發現創傷後壓力失調、海馬傷害與記憶功能缺失之間有相關性（J. D. Bremmer, P. Randall, T. M. Scott, R. A. Bronen, J. P. Seibyl, et al., "MRI-Based Measurement of Hippocampal Volume in Patients with Combat-Related Post-traumatic Stress Disorder," *American Journal of Psychiatry* 152[1995]:973-81）。

5.關於這個主題有相當多的研究，其中大部分的靈感來自於Eleanor Maccoby與Carol Jaclin所著的*The Psychology of Sex Differences*（Stanford, CA:Stanford University Press, 1974）。另外，目前最常見的資料來源為：D. Blum, *Sex on the Brain: The Biological Differences Between Men and Women*（New York:Viking, 1997）and E.E. Maccoby, *The Two Sexes: Growing Apart, Coming Together*（Cambridge, MA: Belknap Press of Harvard University Press, 1998）。其他關於性別差異研究的參考資料可參照第二章的註釋。

6.引自J. Shibley , E. F. Hyde and S. J. Lamon, "Gender, Differences in mathematics Performance: A Metaanlysis," *Psychological Bulletin* 107（1990）:139-55。

7.引自R. E. Tremblay, B. Schaal, B. Boulerice, L. Arsebeault, R. Soissugnan, and D. Perusse, "Male Physical Aggression, Social Dominace and Testosterone Levels at Puberty: A Developmental

Perspective," *Biosocial Bases of Violence,* ed. A. Raine, P.A. Brennan, D. P. Farringtonm and A. S. Mednick（New York: Plenum Press, 1997）, 271-91, 274；同時見J. Archer, "The Influence of Testosterone on Human Aggression," *British Journal of Psychology* 82（1991）:1-28。他指出：「雖然目前普遍認為脊椎動物的睪丸酮激素與攻擊行為有關，但對靈長類來說，卻少有重要的證據足以證明這一點。」⑶進一步來說，「同時，針對利用老鼠與鴿子行為的研究也指出，動物先前戰鬥經驗會超越睪丸酮激素對動物的影響。在考慮睪丸酮激素對鳥類與齧齒類動物的攻擊行為產生的影響時，必須同時考慮動物的社群經驗。」⑵。最後，「因此，我們可以下個結論，在主張男性賀爾蒙會影響人類攻擊行為的有限證據中，大部份都是可以被否定的。」⑸

8.在布拉克司兒童精神科中心（Bronx Children's Psychiatric Center）中，有十八位前青春期少年向兒童部門坦承有暴力傾向或無法控制的情形。他們的高攻擊性與反抗行為已經持續超過六個月。大部份曾使用武器攻擊家庭成員或是同儕，有些甚至企圖傷害年幼的手足。在他們身上並未發現睪丸酮分泌有明顯的差異（沒有一個孩子的激素分泌超過正常範圍，也不高於控制組孩子的分泌水準），但研究者發現他們之中大部份都有受虐或被忽視的經驗。這些研究者寫道：「之前一直認為高睪丸酮激素可能引起青少年與成人的攻擊行為，但高睪丸酮分泌應該是攻擊行為後的結果，而非原因。」（1221），研究者也提到「當我們在解釋睪丸酮激素（或生物因素）與人類攻擊行為的因果關係時，必須非常謹慎。」（1222）。以上引自J. N. Constantino, D.

Grosz, P Saenger, D. W. Chandle, R. Nandi and J. Ealrs, "Testosterone and Aggression on Children," *Journal of the American Academy of Child and Adolescent Psychiatry* 32（1993）:1217-22。

9.關於文化對於暴烈行為的影響，有許多著作可供參考，其中對我們影響最深遠的有：J. L. Briggs, *Never in Anger: Portrait of an Eskimo Family*（Cambridge, MA: Harvard University Press, 1970）；D. P. Fry, "Intercommunity Differences in Aggression among Zapotec Children," *Child Development* 59（1988）:1008-19；R. K. Denton, "Surrendered Men:Peaceable Enclaves in the Post Enlightenment West," *The Anthropology of Peace and Nonviolence,* ed. L. E. Sponsel and T. Gregor（London: Lynne Rienner, 1994）, 69-108；C. A. Robarchek, "Ghosts and Witches:The Psychocultural Dynamics of Semoi Peacefulness," in The Anthropology of Peace and Nonviolence, ed. L. E. Sponsel and T. Gregor（London:Lynne Rienner,1994）, 183-96；C.M. Turnbull, "The Politics of Non-Aggression" in *Learning Non-Aggression: The Experience of Non-Literate Societies,* ed. A.Monagu（New York: Oxford University Press, 1978）, 161-221。

10.許多著作都以此項研究為基礎，其中對我們影響最深遠的是：J.H. Pleck, F. L. Sonenstein, L. C. Ku and L.C. Burbridge, *Individual, Family, and Community Factors Modifying Male Adolescent's Risk Behavior "Trajectory"*（Washington, DC: Urban Institute, 1996）；J.H. Pleck, F. L. Sonenstein and L. C. Ku, "Masculinity Ideology: Its Impact on

Adolescent Males' Heterosexual Relationships," *Journal of Social Issues* 49（1993）:11-29。其他著作請參閱都市協會（Urban Institute）網站:http://www.urban.org/。

11.請見M.E. Lamb, R. D. Ketterlinus and M. P. Fracasso, "Parent Child Relationships," in *Developmental Psychology: An Advanced Textbook*, 3d ed., ed. M. H. Bornstein and M.E. Lamb（Hillsdale, NJ:Lawrence Ealbaum, 1992）, 465-518。比方說，父母（尤其是父親）在描述兒子時會使用剛毅的、英俊的以及強壯的等字眼，而在描述女兒時則用高雅的、美麗的與脆弱的等字眼。

12.相關的文獻討論有：S. Denham, D. Zoller and E. A. Couchoud, "Socialization of Preschoolers' Emotion Understanding," *Developmental Psychology* 30（1994）:928-36；J. Dunn, J. R. Brown and M. Maguire, "The Development of Children's Moral Sensibility: Individual Differences and Emotion Understanding," *Developmental Psychology* 31（1995）: 649-59；J. Dunn , J. R. Brown and L. Beardsall, "Family Talk about Feeling States and Children's Later Understanding of Others' Emotions," *Developmental Psychology* 27（1991）:448-55。最近有一項整合分析，也就是將許多相關研究集合起來視為一項大型的研究，並對各分項研究的資料進行統計分析，其中有兩項非常有趣的發現：一是發現母親與女兒的交談次數多於兒子，且對女兒會使用較多支持性的字眼；此外，母親在於兒子交談時，會比較直接，在內容上也包含較多的訊息。請見C.Leaper, J. Anderson and P.Sanders, "Moderators of

Gender Effects of Parents' Talk with Their Children: A Meta-Analysis,"
Developmental Psychology 43（1998）:3-27。

13.引自C.A. Cervantes and M. A Callanan, "Labels and Explanations in Mother-Child Emotion Talk: Age and Gender Differentiation," *Developmental Psychology* 34（1998）:88-98。本項研究針對八十四組母子（女）舉辦一次講故事的活動，孩子的年紀分別為二、三與四歲。每一對母子（女）都有一個洋娃娃屋與一些塑膠人偶，研究者要求他們編出一個包含以下四段情節的故事：父母離家外出將孩子交給看護、父親跌倒受傷、小狗走失，而後父母親回到家。研究人員會統計每對母子（女）會使用多少情緒性的語言，這些情緒語言到底屬於「標籤性」（比方說：他很難過），或是「解釋性」（比方說：他很難過，因為他的狗走失了。）之前的研究指出，親子之間對話中情感語言的頻率與孩子日後對情緒的認知有直接關係。同時，研究也指出母親會對女兒使用較多的情緒標籤，對兒子使用較多的情緒解釋。這一點，研究人員解釋為男孩經過社會化之後，對情緒採取解決問題的態度或是被要求必須控制情緒（那個男孩很難過，因為他的小狗走丟了，讓我們去找牠）；反之，母親會對女兒強調情緒的狀態，鼓勵女兒注意情緒的本身，並引導她們進入高度情緒敏感的人際互動。本項研究的結果與之前的研究一致，不論年齡，母親會對兒子使用較多的情緒解釋字眼。以下是一個範例：

母親（母）與三歲大的兒子（子）

母：你覺得他們（父母）離家後，孩子有什麼感覺？

子：嗯，他很害怕。

母：他很害怕？怕什麼？

子：他不怕了。

母：他不怕了？他知道（父母離家時）山姆會好好照顧他嗎？

子：（點頭。）

注意，母親避免與兒子討論恐懼以及孩子的恐懼感受，她試著對他解釋，為他趕走恐懼。孩子是否多話、孩子的一般語言能力與孩子使用情感語言能力的優劣等因素都不能解釋這些結果。

14.故事見《聖經·創世紀》第四章（第二到第十六節），結尾是「於是該隱離開耶和華的面，去住在伊甸東邊諾得之地。」關於故事的細節討論，可參閱E. Weisel, "Cain and Abel : The First Genocide," in *Messengers of God: Biblical Portraits and Legends*（New York : Random House, 1976），37-68。

第二章　玫瑰叢中的尖刺

1.請見K.L. Alexander and D.R. Enywisle, "Achievement in the First 2 Years of School :Patterns and Processes," *Monographs of the Society for Research in Child Development* 53, 2（1988）, serial, 218。

2.Diane Halpern 在 "Sex Differences on Intelligence: Implications for

Education" 中有精闢的討論，此論文發表於*American Psychology* 52
（1997）:1091-1102。她重新檢視文獻，雖然也發現男、女之間在智
力上有所差異，但她並不加入「先天或後天」的論戰，而是利用一個
強調先天智力與後天環境因素之間交互作用的心理學模型。她在文中
寫道：「先天上學習能力較強的人主要原因在於先前的學習經驗；這
是一種神經化學作用，它會釋放神經傳導元，促使學習行為的發生以
及改變，以回應腦部某些區域在學習過程中因為變得活躍而產生的變
化。

3.相關的討論見J. Huttenlocher, W. Haight, A. Bryk, M. Seltzer, et al.,
"Early Vocabulary Growth: Relation To Language Input and Gender,"
Developmental Psychology 27（1991）:236-48；S. E. Shaywitz, B.A.
Shaywitz,J. M. Fletcher and M.D. Escobar, "Prevalence of Reading
Disability in Boys and Girls: Results of the Connecticut Longitudinal
Study," *Journal of the American Medical Association* 264（1990）:998-
1002。

4.活動力的性別差異相關討論可參閱G.A. Kohnstamm, "Temperament in
Childhood: Cross-cultural and Sex Differences," in Temperament in
Childhood, ed. G.A. Kohnstamm, J.E.Bates and M.K.Rothbart（New
York: Wiley, 1989）；E.E. Maccoby, *The Two Sexes: Growing Apart,
Coming Together*（Cambridge, MA,: Belknap Press of Harvard
University Press, 1998）。

5.最近有一項辯論，關於男孩是否真的比女孩更容易患上專注力缺失過

動症（ADHD），尤其是專注力缺失型的ADHD。但如果就衝動型—過動型（impulsive-hyperactive）的統計資料分析，男孩子是佔多數。相關討論可見：E. A. Acia and K. C. Connors, "Gender Differences in ADHD？" *Developmental and Behavioral Pediatrics* 19（1998）:77-83。最近在田納西也有一項流行病學研究：M. L. Wolraich, J. N. Hannah, T. Y. Oinnock, A. Baumgaertel and J. Brown, "Comparison of Diagnorstic Criteria for Attention-Deficit Hyperactive Disorder in a Country -Wide Sample," *Journal of American Academy of Child and Adolescent Psychiatry* 35（1996）:319-24。

6.請見J. Kagan and N. Snidman, "Infant Predictors of Inhibited and Unhibited Profiles," *Psychological Science* 2（1991）:40-44。

7.見J. M. Safer, W. Zito and L. Fine, "Increased Methylphenidate Usage for Attention Deficit Discord in the 1990's "*Pediatrics* 98（1996）:1084-88。

8.「正式」的ADHD診斷標準可見American Psychiatric Association, *Diagnostic and Statistical Manual of Mental Disorders*, 4th ed.（DSM-IV）（Washington DC: American Psychiatric Association, 1994）；也可見N. Hallowell and J. Ratey, *Driven to Distraction*（New York: Pantheon, 1994）。

第三章　斯巴達式教育的代價

1.在 *The Myth of Male Power: Why Men Are the Disposable Sex*（London: Fourth Estate, 1994）第十一章中，Warren Farrell提出他對於「制度保護女人」（the system protects women）的觀點，他引述了許多法律部門的統計資料，並指出在北加州，同樣是犯下二級謀殺罪，男性要在獄中多待十二‧六年；即使前科相似，男型所受的徒刑也較長。

2.摘自J. Austin, B. Krisberg, R. DeComo, S. Rudenstine and D. Del Rosario, "Juvenile Taken into Custody: Fiscal Year 1993"（Washington DC: Office of Juvenile Justice and Delinquency Prevention , 1995）。表中顯示，不管是哪一類的犯行，男孩被法庭拘留的比率都高於女孩。在與藥物相關的罪刑方面，有三十七％的男孩會被拘留，女孩則是二十六％（在所有的罪犯中，二十二％的男性會被拘留，女性則有十五％會被拘留。）。有趣的是，性別與種族之間的差異都非常明顯（二十二％的白人罪犯會被拘留，非白人罪犯則有二十六％會被拘留。）。

3.資料來源為美國教育局、民權局中小學民權承諾書（Office for Education, Office for Civil Rights , Elementary and Secondary School Civil Rights Compliance Reports）以及J. Gregory, "Three Strikes and They're Out: African-American Boys and American Schools' Responses to Misbehavior," *International Journal of Adolescence and Youth* 7 （1997）:25-34。

4.對懲罰行為攻擊最利的當推Murray Strauss，他極力批判懲罰所造成的傷害結果。在他一九九四年所著的 *Beating the Devil Out of Them: Corporal Punishment in American Family*（New York: Lexington Books）

一書中，Murray Strauss詳細列出因斥責或其他身體懲罰所引起的問題：包括提高憂鬱症與自殺的風險，導致犯罪、身體虐待，成年後也會出現性虐待的行為。書中Murray Strauss提出一九七五到一九八五年的國家家庭暴力調查（National Family Violence Survey）發現，本書中也引用此項調查的相關統計資料。另一篇論文請見M. A. Strauss, D. B. Sugerman and J. Giles-Sims, "Spanking by Parents and Subsequent Antisocial Behavior of Children," *Archives of Pediatrics and Adolescent Medicine* 151（1997）:761-67 。Strauss指出自一九五〇年以來體罰有減少的趨勢，但她認為體罰在現今的社會仍相當普遍。關於加拿大渥太華地區的居民統計資料請見H. L. MacMillan et al., "Prevalence of Child Physical and Sexual Abuse in the Community," *Journal of the American Medical Association* 278（1997）:131-35。

5. 摘自社會學家Phillip Davis的報告摘要，從一九八九年到一九九一年，P. W. Davis與他的研究生在購物中心製造出「自然發生的威脅」情境，並從事第一手觀察，觀察時間超過三百個小時。P. W. Davis, "Threats of Corporal Punishment as Verbal Aggression: a Naturalistic Study," *Child Abuse and Neglect* 20（1996）:289-304。

6. 取自P. K. Trickett and L. Kuczynski, "Children's Misbehaviors and Parental Discipline Strategies in Abusive and Nonabusive Families," *Developmental Psychology* 22（1986）:115-23。

7. 取自波士頓全球報（Boston Global）〈請問貝絲〉（Ask Beth）的讀者來函，原函刊登於一九九七年九月十二日（D15）。專欄作家為這位

母親提供了絕佳的意見，包括警告她對兒子大吼是無益的，且會造成有害的結果。

8.取自G. H. Elder, J. K. Liker and C. E. Cross, "Parent-child Behavior in the Great Depression: Life Course and Inter-generation Influences," *Life-Span Development and Behavior* 6（1984）:109-58。

9.在良知發展上，包括其在不同記憶過程中所扮演的角色，Grazyna Kochanska與Martin Hoffman的研究對我們影響很大。相關的討論見：M. L. Hoffman, "Discipline and Internalization," *Developmental Psychology* 30（1994）:26-28；G. Kochanska, "Toward a Synthesis of Parental Socialization and Child Temperament in the Development of Conscience," *Child Developmental* 64（1993）:325-47。

10.取自A. P. Goldstein, *Delinquents on Delinquency*（Champaign, IL:Research Press, 1990），38。

11.取自Z. Strassberg, K. A. Dodge, G. S. Petit and J. E. Bates, "Spanking in the Home and Children's Subsequent Aggression Toward Kindergarten Peers," *Development and Psychotherpy* 6（1994）:445-61。

第四章　殘酷文化

1.有越來越多的文獻討論到殘酷文化對男孩的嚴重影響，他們的討論重心在於那些被欺凌與被拒絕的男孩。不管在任何年紀，遭受欺凌或是拒絕都會引起偏差行為如攻擊或是憂鬱，尤其是在七年級或八年級

時，在那些屢遭同儕拒絕、又不加以反抗的男孩身上，可以明顯地感受到他們的落寞。這種情形之所以會發生，某程度上是來自於這個年齡所有男孩都有恐懼，害怕自己有一天會變成被拒絕的目標，這種恐懼讓所有男孩都深覺無力。請見D. Olweus, *Aggression in the Schools: Bullies and Whipping Boys*（New York: Wiley, 1978）；D. S. J. Hawker and M. J. Bolton, "Peer Victimisatin and Psychological Adjustment: Finding with a British Sample,"（發表於Society for Research on Child Development雙年會，華盛頓，1997年4月）；J. T. Pakhurst and S. R. Asher, "Peer Rejection in Middle School : Subgroup Differences in Behavior Loneliness and Interpersonal Concerns," *Developmental Psychology* 28（1992）:231-41。

2. 這方面相關討論見T. Alferi, D. N. Ruble and E. T. Higgins, "Gender Stereotypes during Adolescence : Development Changes and the Transition to Junior High School," *Developmental Psychology* 32（1996）:1129-37。這些作者指出，雖然青春期少年的認知發展已經成熟，足以讓他們用較有彈性的角度來思考性別角色，但因為此時期的他們也開始面臨吸引異性的壓力，反而使他們對性別角色的思考變得固執。此外剛進入中學必須適應新的環境，促使孩子們在性別角色上的思考更有彈性，但是這也表示他們必須面對那些較為年長、已開始約會的學長，這會使性別更加凸顯，使得中學裡的性別角色更趨呆板。

3. 取自D. Gilmore, Cultural Concepts of Masculinity（New Heaven : Yale

University Press, 1990）, 15。

4.如果正值青春期的同性戀少年想獲得更多資訊，我們推薦E. Bass and K. Kaufman, *Free Your Mind: The Book for Gay , Lesbian and Bisexual Youth and Their Allies*（New York : HaperCollins, 1996）；E. Marcus, *Is It a Choice? Answers to 300 of Most Frequently Asked Questions about Gays and Lesbian*（San Francisco: HaperCollins, 1993）。

5.完整內容請參閱M. Signorule, *Queer in America: Sex , Media, and the Closets of Power*（New York : Bantam Doubleday Dell, 1993）。他在書中的第二章中有討論到他的幫派經驗。

6.取自N. R. Kleinfile, "Friends, from Boys to Men," *New York Times,* June3, 1997, B1.

第五章　父與子：渴望與距離的延續

1.本文作者為Patricia Cohen，文章刊登於1998年7月11日的紐約時報，A1與A15。

2.一九九六年十月的父親參與會議（Conference on Father Involvement）是由國家兒童健康與人類發展學會（National Institute of Child Health and Human Development, NICHD）家庭與兒童福利網絡（Family and Child Well-Being Network）所贊助，時間為十月十日、十一日，地點在馬里蘭州（Maryland）的貝斯司達（Bethesda）。

3.會議論文為：G. J. Duncan , M. Hill, J. Yeung, "Fathers' Activities and

Child Attainments"（發表於1996年10月的父親參與會議）。想了解動態研究，請見M. Hill, *The Panel Study of Income Dynamics*（Newbury Park, CA: Russell Sage, 1992）。

4.完整引述請見：K. M. Harris, F. F. Furstenberg Jr. and J. K. Kramer, "Paternal Involvement with Adolescents in Intact Families: The Influence of Fathers over the Life Course," *Demography* 35（1998）:201-16。

5.這是接續一九五〇年代由Robert Sear與Eleanor Maccoby進行的兒童教養型態研究（Patterns of Child Rearing），近期相關的研究見：R. Koestner, C. Franz and J. Weinberger, "The Family Origins of Empathic Concern: A 26-Year Longitudinal Study," *Journal of Personality and Social Psychology* 25（1990）:709-17。

6.見K. M. Harris and S. P. Morgan, "Fathers, Sons and Daughters: Differential Paternal Involvement in Parenting," *Journal of Marriage and the Family* 53（1990）:531-44；K. M. Harris, F. F. Furstenber Jr. and J. M. Kramer, "Paternal Involvement with Adolescents in Intact Families: The Influence of Fathers over the Life Course," *Demography* 35（1998）:201-16。

7.這項關於父親對於教養孩子的參與度變化的資料取自於：J. H. Pleck, "Paternal Involvement : Levels, Sources, and Consequences," in *The Role of the Father in Child Development,* ed. M. E. Lamb（New York : Wiley, 1997）, 68-103。另外，可參考由Michael Lamb主編的論文集中Pleck所寫的文章以及R. D. Parke, *Fatherhood*（Cambridge, MA: Harvard

University Press, 1996）。

8.完整內容參閱：T. Delong and C. C. Delong, "Managers as Fathers:
Hope on the Homefront," *Human Resource Management* 32
（1992）:178。相關的討論也可參閱L. J. A. Levine and T. P. Pittinsky,
Working Fathers: New Strategies for Balancing Work and Family（New
Yprk: Addison -Ewesley, 1997），尤其是第六章。

9.資料摘要自E. Erikson, *Identity Youth and Crisis*（New York：W. W.
Norton, 1968）

10.取自R. Larson and M. Richards, *Divergent Realities: The Emotional
alaives of Mothers, Fathers, and Adolescents*（New York：Basic Books,
1994）。

11.取自J. Youniss and J. Smollar, *Adolescent Relations with Mothers,
Fathers and Friends*（Chicago：University of Chicago Press, 1985）。

第六章　母與子：連結與變遷的故事

1.有大批的文獻討論母子關係所對心理性格的影響與所造成的結果，許
多研究顯示，扭曲的情感關係（如不安全感或是混亂的母子聯繫）會
導致孩子日後的偏差行為，像是在學校出現干擾行為、憂鬱／焦慮或
是認知功能失調等。相關的研究有：K. Lyons-Ruth, M. A. Easterbroks
and C. D. Cibelli, "Infant Attachment Strategies, Infant Mental Lag, and
Maternal Depressive Symptoms: Predictors of Internalizing and

Externalizing Problems at Age 7," *Developmental Psychology* 33（1997）:681-92；E. A. Carslon, "A Prospective Longitudinal Study of Attachment Disorganization/ Disorientatin," *Child Development* 69（1998）:1107-28。

2.四十多年來，科學家已經了解，如果實驗室中的動物在初生期每天接受五分鐘的撫抱或觸摸，長大後會比較聰明，也較能承受壓力。最近的研究也指出，如果母鼠對幼鼠有較多的舔舐與安撫，幼鼠長大後會有較多的回應壓力行為（見D. Liu et al., "Maternal Care, Hippocampal Glucocorticoid Receptors and Hypothalamic-Pituitary-Adrenal Responses to Stress," *Science* 277[1997]: 1659-62）。Robert Sapolsky針對D. Liu等人的論文提出了評論，他認為這些研究發現與人類行為有直接關係：「雖然特殊的舔舐或是安撫的行為型態並不適用於人類，但重要的是它點出了早期經驗對人類成長的重要性。」（R. M. Sapolsky, "The Importance of a Well-Groomed Child," *Science* 277[1998]: 1620-21）。

第八章　男孩與沮喪、自殺的對抗

1.根據M. Rosenberg, J. Smith, L. Davdson, and J. Cohn, "The Emergence of Youth Suicide: An Epidemiological Analysis and Public Health Perspective,"（*Annual Review of Public Health* 8[1987]: 420），青少年（十五至二十歲歲）的自殺率由一九五○年的四％提高到一九八六年的十五％（請見R. F. Diekstra and N. Garnefski, "On the Nature,

Magnitude and Causality of Suicidal Behaviors: An International
Perspective," *Suicide and Life Threatening Behaviors* 25[1995]:36-57）。
自一九七九年到一九九一年間，十五歲到十九歲的年輕人自殺率上升
了三四・五％，而同期幼童（十歲到十歲）自殺率更遽升了七五％
（見C. W. Sells and R. W. Blum, "Morbidity and Mortality among U. S.
Adolescents: An Overview of Data and Trends," *American Journal of
Public Health* 86[1996]:213-19）。目前，十五歲到十九歲年輕人自殺
的比例以倍數成長，從一九六五年每十萬人中六人到一九九二年每十
萬人中有十七・八人。（見D. Shaffer, M. Gould, P. Fisher, et al.,
"Psychiatric Diagnosis in Child AND Adolescent Suicide," *Archives of
General Psychitry* 3[1996]: 339-48）。

2.取自B. Birmaher et al., "Children and Adolescent Depression : A Review
of the Past 10 Years. Part Ⅰ," *Journal of the American Academy of Child
and Adolescent Psychiatry* 35（1996）:1427-39。這些作家討論到輕鬱
症（dysthymic disorder, DD）與重鬱症（major depressive disorder,
MDD）的患病情形。研究發現，在某個特定的時點，孩童患重鬱症
的比率約為○・四％到二・五％，青少年則為○・四％到八・三％；
患輕鬱症的比率為：孩童有○・六％到一・七％，青少年則為一・
六％到八・○％。青少年（不論以前是否患有輕鬱症，但目前有此問
題的青少年）患有輕鬱症的頻率是一五％到二○十％。

3.取自National Center for Health Statistics, "Deaths for 72 Select Causes,
by 5 Year Age Groups, Race and Sex: United States 1979-1995, Trend B,"

Table 291A（1997）。

4.Gary Remafedi, *Death by Denial : Studies of Suicide in Gay and Lesbian Teenagers*（Boston: Alyson Publications, 1997）。

5.請見H. Z. Reinherz et al., "Early Psychological Risks for Adolescent Suicidal Ideation and Attempts," *Journal of the American Academy of Child and Adult Psychiatry* 34（1996）:1322-30。

第九章　烈酒與迷幻藥

1.取自J. A. Webb, P. E. Baer and R. S. McKelvey, "Development of a Risk Profile for Intentions to Use Alcohol among Fifth and Sixth Graders," *Journal of the American Academy of Child and Adolescent Psychiatry* 34（1995）:772-78。他們在研究中找到來自德州休士頓一三六名五年級與六年級的學生，其中五年級的學生中有八九％說他們在中學的時候不會想喝啤酒，六年級有相同答案的學生比率則較低。

2.統計資料來自於L. B. Johnston, J. Bachman and P. O'Malley, *Monitoring the Future: National High School Drug Use Survey*（Washington DC: National Institute on Drug Abuse），本書寫作時可用數據為一九七五年到一九九六年。

3.見M. D. Slater, D. Round, K. Murphy, F. Beauvais, J. VanLeuven, et al., "Male Adolescents Reactions to TV Beer Advertisements: The Effect of Sports Content and Programming Context," *Journal of Studies on Alcohol*

57（1996）:425-33。

4.關於酒精對於大腦所造成的影響，可參閱R. O. Pihl and J. B. Peterson, "Alcoholism : The Role of Different Motivational Systems," *Journal of Psychiatry and Neuroscience* 20（1995）:372-96。

5.完整內容請見：G. Canada, *Reaching up for Manhood: Transforming the Lives of Boys in America*（Boston : Beacon Press, 1998: 72。

6、 取自於一篇題為 "A Way of Life at College and One Drunken Death"，作者為William Glasberson，刊登於一九九七年十一月三日紐約時報，中西部版，A17。

7.請見L. P. Ellickson, K. A. McGuigan, V. Adams, R. M. Bell and R. D. Hays, "Teenagers and Alcohol Misuse in the United States: By Any Definition It's a Big Problem," *Addiction* 91（1996）:1489-1503。

8.相關資訊來源：關於酒醉駕車、酒後鬧事打鬥，請見L. P. Ellickson, K. A. McGuigan, V. Adams, R. M. Bell and R. D. Hays, "Teenagers and Alcohol Misuse in the United States: By Any Definition It's a Big Problem," *Addiction* 91（1996）:1489-1503。關於因酗酒而被捕的資料請見：H. N. Synder, "Juvenile Arrests for Driving Under the Influence, 1995," OJJDP Fact Sheet 67, Washington, DC: U. S. Department ofJustice, 1997。關於性行為相關資料請見L. L. Langer and j. g. Tiubman, "Risky Sexual Behavior among Substance-Abusing Adolescents Psychosocial and Contextual Factors," *American Journal of Orthopsychiatry* 67（1997）: 315-22。關於過早接觸酒精而引起的特

殊風險請見：E. Gruber, R. J. DiClemente, M .M . Anderson and M. Lodico, "Early Drinking Onset and Its Association with Alcohol Use and Problem Behavior in Late Adolescence," *Preventive Medicine : An International Journal Devoted to Practice and Theory* 25（1996）:293-300。

9.本節主要資料來源為：J. C. Froehlich, "Opiod Peptides," *Alcohol Health and Research World* 21（1997）:132-35；R. O. Pihl and J. B. Peterson, "Alcoholism : The Role of Different Motivational Systems," *Journal of Psychiatry and Neuroscience* 20（1995）:372-96。

第十章　與女孩們：從真心到無情

1.取自Bernard Lefkowitz, *Our Guys: The Glen Ridge Rape and the Secret Life of the Perfect Suburb*（Berkeley: University of California Press, 1997）, 145-47。

第十一章　憤怒與暴力

1.這些資料是取自the Office of Juvenile Justice and Delinquency Prevention: H. N. Synder and M. Sickmund, "Juvenile Offenders and Victims: A Focus on Violence," Pittsburgh, PA, National Center for Juvenile Justice, 1995；H.N.Synder, "Juvenile Arrests: 1996," OJJDP

Juvenile Justice Bulletin, Washington, DC, U. S. Department of Justice, November 1997。資料顯示，一九九六年有二、九〇〇名青少年因謀殺或是不經意的暴力行為被捕，其中九三％是男性。在一九九六年被捕的青少年罪犯中，有八五％是男性，所謂暴力罪刑包括謀殺、暴力強暴、搶劫以及惡性攻擊。

2.Alan Cowell, "Now, Teenagers Turn to Crime," *New York Times,* March 25, 1998, E1。

3.取自一九九八年三月二時七日刊載於美國今日報的讀者投書。

4.主要資訊來自於John Archer, The Behavioral Biology of Aggression（Cambridge University Press, 1988）。

5.摘自B. Schaal、R.E.Tremblay、R.Soussignan and E.J.Susman, "Male Testosterone Linked to High Social Dominance but Low Physical Aggression in Early Adolescence," *Journal of the American Academy of Child and Adolescent Psychiatry* 34（1996）:1322-30。

6.Michael Holley, column in *Boston Global,* November 26, 1998, E1。

7.道奇（Dodge）在這個領域有相當豐富的著作，我們主要引用的有：K.A.Dodge, G.S.Pettit, C.L.McClaskey and M.M.Brown, "Social Competence in Children," *Monographs of the Society for Research in Child Development,* serial 213, 51, no.2（1986）；K.A.Dodge and D.R. Somburg, "Hostile Attributional Bias among Aggressive Boys Are Exacerbated under Conditions of Threat to Self," *Child Development* 58（1987）: 213-24।

8.本節所使用關於飲酒與男性暴力的相關資料主要有三個來源：K.A. Miczek, E.M.Weerts, and J.F.DeBold, "Alcohol Aggression and Violence: Behavioral Determinants," *Alcohol and Interpersonal Violence: Fostering Multidisciplinary Perspectives,* ed.. S. E. Martin（NIAAA Research Monograph 24）, Rockville, MD: National Institute of Health, 1993, 83-119；R. O. Pihl and J. B. Peterson, "Alcohol, Serotonin, and Aggression," Special Issue: Alcohol, Aggression, and Injury, *Alcohol Health and Research World* 17（1993）: 113-16；C. R. Cloninger, S. Sigvardsson, T. R. Przybeck, and D. M. Svrakic, "Personality Antecedents of Alcoholism in a National Area Probability Sample," *European Archives of Psychiatry and Clinical Neuroscience* 245（1995）: 239-44.

9.關於這個主題的相關討論，可參閱 T. E. Moffitt, "The Neuropsychology of Juvenile Delinquency: A Critical Review of Research and Theory," *Crime and Justice: A Review of Research,* vol. 12, ed. M. Tonry and V. Morris（Chicago: University of Chicago Press, 1990）。

<u>參考書目</u>

　　本書中大部份的材料來自於我們身為男童治療師與學校顧問的經驗，同時，我們也廣泛使用了相當多的科學研究與學術資料。以下的書目與研究對我們的想法影響深遠：

第一章　不該走的路

1.Archer, J. "The Influence of Testosterone on Human Aggression." *British Journal of Psychology* 82（1991）: 1-28.

2.Beal, C.R. *Boys and Girls: The Development of Gender Roles.* New York: McGraw Hill, 1994.

3.Blum, D. *Sex on the Brain: The Biological Differences Between Men and Women.* New York: Viking, 1994.

4..Bremmer, J.D.,P. Randall, T.M. Scott, R.A. Bronen, J.P.Seibyl, et al. "MRI-Based Measurement of Hippocampal. Volume in Patients with

Combat-Ralated Posttraumatic Stress Disorder." *American Journal of Psychiatry* 152（1995）: 973-81.

5.Briggs, J.L. *Never in Anger: Portrait of an Eskimo Family.* Cambridge, MA: Harvard University Press, 1970.

6.Brody, L.R. "Gender, Emotional Expression, and Parent-Child Boundaries." In *Emotion: Interdisciplinary Perspectives,* ed. R.D. Kavanaugh, B.Zimmerberg, and S. Fein. Mahwah, NJ: Lawrence Erlbaum, 1996, 139-170.

7.Campbell, L., K.J. Anderson, and P. Sanders. "Moderators of Gender Effects on Parents' Talk to Their Children: A Mcta-Analysis." *Developmental Psychology* 34（1998）: 3-27.

8.Cervantes, C. A., and M. A. Callanan. "Labels and Explanations in Mother-Child Emotion Talk: Age and Gender Differentiation." *Developmental Psychology* 34（1998）: 88-98.

9.Constantion, J. N., D. Grosz, P. Saenger, D. W. Chandler, R. Nandi, and F. J. Earls. "Testosterone and Aggression in Children." *Journal of the American Academy of Child and Adolescent Psychiatry* 32（1993）: 1217-22.

10.Denham, S., D. Zoller, and E. A. Couchoud. "Socialization of Preschoolers' Emotion Understanding." *Developmental Psychology* 30（1994）: 928-36.

11.Denton, R. K. "Notes on Childhood in a Nonviolent Context." In

Learning Non-Aggression: The Experience of Non-Literature Societies, ed. A. Monagu. New York: Oxford University Press, 1978, 94-143.

12.——. "Surrendered Men: Peaceable Enclaves in the Post Enlightenment West." In *The Anthropology of Pacee and Nonviolence,* ed. L. E. Sponsel and T. Gregor. London: Lynne Rienner, 1994, 69-108.

13.Diamond, A. "Rate of Maturation of the Hippocampus and the Developmental Progression of Children's Performance on the Delayed Non-Matching to Sample and Visual Paired Comparison Tasks." *Annals of the New York Academy of Sciences* 608（1990）: 394-426.

14.DiGeorge, A. M. "Disorders of the Gonads." In *Textbook of Pediatrics,* 10th ed., ed. V. C. Vaughn III, R. J. McKay, and W. E. Nelson. Philadelphia: W.B.Saunders. 1975, 1347-54.

15.Dunn, J.,J.R. Brown, and L. Beardsall. "Family Talk about Feelingstates and Children's Later Understanding of Other's Emotions." *Developmental Psychology* 27（1991）: 448-55.

16.Dunn, J.,J.R. Brown, and M. Maguire. "The Development of Children' s Moral Sensibility: Individual Differences and Emotion Understanding." *Developmental Psychology* 31（1995）: 649-59.

17.Eron. L.D. "Gender Differences in Violence: Biology and/or Socialization?" In *Of Mice and Women: Aspects of Female Aggression,* ed. K. Bjorkqvist and P.Niemela. New York: Academic Press, 1992, 89-97.

18.Fabes, R. A., N. Eisenberg, and L. Eisenbud. "Behavioral and Physiological Correlates of Children's Reactions to Others in Distress." *Developmental Psychology* 29, no.4 （1993）: 655- 63.

19.Fabes, R. A., N. Eisenberg, M. Karbon, D. Troyer, and G. Switzer. "The Relations of Children's Emotion Regulation to Their Vicarious Emotional Responses and Comforting Behaviors." *Child Development* 65 （1994）: 1678-93.

20.Fivush, R. "Emotional Content of Parent-Child Conversations about the Past." In *Memory and Affection Development: The Minnesota Symposium on Child Psychology*, ed. C. A. Nelson. Hillsdale, NJ: Lawrence Erlbaum, 1993, vol. 26, 39-78.

21.Fry, D. P. "Intercommunity Differences in Aggression among Zapotec Children." *Child Development* 59 （1988）: 1008-19.

22.Hort, B.E.,B.I.Fagot, and M.D.Leinbach. "Are People's Notions of Maleness More Stereotypically Framed Than Their Notions of Femaleness?" *Sex Roles* 23 （1990）: 197-212.18.Izard, C., D. Schultz, and B. P. Ackerman. "Emotion Knowledge, Social Competence, and Behavior Problems in Disadvantaged Children." Paper presented at the biennial meeting of the Society for Research on Child Development, Washington, DC, April 1997, 4.

23.Kesner, R. P., B. L. Bolland, and M. Dakis. "Memory for Spatial Locations, Motor Responses, and Objects: Triple Dissociation among the

Hippocampus, Caudate Nucleus, and Extrastriate Visual Cortex."
Experimental Brain Research 93（1993）: 462-70.

24.Lamb, M. E., R. D. Ketterlinus, and M. P. Fracasso. "Parent Child
Relationships." *In Developmental Psychology: An Advanced Textbook,* 3d
ed., ed. M. H. Bornstein and M. E. Lamb. Hillsdale, NJ: Lawrence
Erlbaum, 1992, 465-518.

25.Leaper, C., J. Anderson, and P. Sanders. "Moderators of Gender Effects
of Parents Talk with Their Children: A Meta-Analysis." *Developmental
Psychology 43*（1998）: 3-27.

26.Maccoby, E. E. *The Two Sexes: Growing Up Apart, Coming Together.*
Cambridge, MA: Belknap Press of Harvard University Press, 1998.

27.Maccoby, Eleanor, and Carol Jacklin. *The Psychology of Sex Differences.*
Stanford, CA: Stanford University Press, 1974.

28.McEwen, B. S., J. Angulo, H. Cameron, H. M. Chao, D. Daniels, et al.
"Paradoxical Effects of Adrenal Steroids on the Brain: Protection versus
Degeneration." *Biological Psychology* 31（1992）: 177-99.

29.Oxford Study Edition of the New English Bible. New York: Oxford
University Press, 1976.

30.Pleck, J.H., F.L. Sonenstein, and L.C. Ku. "Masculinity Ideology: Its
Impact on Adolescent Males' Heterosexual Relationships." *Journal of
Social Issues* 49（1993）: 11-29.

31.Pleck, J.H., F.L. Sonenstein, L.C. Ku, and L.C. Burbridge. *Individual,*

Family, and Community Factors Modifying Male Adolescents' Risk Behavior "Trajectory." Washington, DC: The Urban Institute, 1996.

32.Robarchek, C. A. "Ghosts and Witches: The Psychocultural Dynamics of Semoi Peacefulness." In *The Anthropology of Peace and Nonviolence,* ed. L. E. Sponsel and T. Gregor. London: Lynne Rienner, 1994, 183-96.

33.Rosenblatt, N. H., and J. Horwitz. "Cain and Abel: Confronting the Beast of Rage Within." In *Wrestling with Angels,* ed. N. Rosenblatt and J. Horwitz. New York: Delacorte, 1995, 52-64.

34.Sapolsky, R., L. Krey, and B. S. McEwen. "The Neuroendocrinology of Stress and Aging: The Glucocorticoid Cascade Hypothesis." *Endocrinology Review* 7（1986）: 284-301.

35.Shibley, J., E.F. Hyde, and S.J. Lamon. "Gender Differences in Mathematics Performance: A Metaanalysis." *Psychological Bulletin* 107 （1990）: 139-55.

36.Tremblay, R. E., B. Schaal. B. Boulerice, L. Arseneault, R. Soussignan, and D. Perusse. "Male Physical Aggression, Social Dominance and Testosterone Levels at Puberty: A Developmental Perspective." In *Biosocial Bases of Violence*, ed. A. Raine, P.A. Brennan, D.P. Farrington, and A. S. Mednick, New York: Plenum Press, 1997, 271-91.

37.Turnbull, C.M. "The Politics of Non-Aggression." In *Learning Non-Aggression: The xperience of Non-Literate Societies,* ed. A. Monagu. New York: Oxford University Press, 1978, 161-221.

38.Weisel, E. "Cain and Abel: The First Genocide." In *Messengers of God: Biblical Portraits and Legends,* ed. E. Weisel. New York: Random House, 1976, 37-68.

39.Wintre, M. G., J. Polivy, and M. A. Murray. "Self-Predictions of Emotional Response Patterns: Age, Sex, and Situational Determinants." *Child Development* 61（1990）: 1124-33.

第二章　玫瑰叢中的尖刺

1.Acia, E.A., and K. C. Connors. "Gender Differences in ADHD?" *Developmental and Behavioral Pediatrics* 19（1998）: 77-83.

2.Alexander, K. L., and D. R. Entwisle. "Achievement in the First 2 Years of School: Patterns and Processes." *Monographs of the Society for Research in Child Development* 53（1988）: 2, serial 218.

3.American Psychiatric Association. *Diagnostic and Statistical Manual of Mental Disorders,* 4th ed. （DSM-IV）. Washington, DC: American Psychiatric Association, 1994.

4.Cantwell, D. P. "Attention Deficit Disorder: A Review of the Past 10 Years." *Journal of the American Academy of Child and Adolescent Psychiatry* 35（1996）: 978-87.

5.Hallowell, N., and J. Ratey. *Driven to Distraction.* New York: Pantheon, 1994.

6.Halpern, D. F. "Sex Differences in Intelligence: Implications for Education." *American Psychologist* 52（1997）: 1091-1102.

7.Huttenlocher, J., W. Haight, A. Bryk, M. Seltzer, et al. "Early Vocabulary Growth: Relation to Language Input and Gender." *Developmental Psychology* 27（1991）: 236-48.

8.Jackson, A. W., and D. W. Hornbeck. "Educating Young Adolescents: Why We Must Restructure Middle Grade Schools." *American Psychologist* 44（1989）: 831-36.

9.Kagan, J., and N. Snidman. "Infant Predictors of Inhibited and Uninhibited Profiles." *Psychological Science* 2（1991）: 40-44.

10.Kohnstamm, G.A. "Temperament in Childhood: Cross-cultural and Sex Differences." In *Temperament in Childhood,* ed. G. A. Kohnstamm, J.E. Bates, and M.K. Rothbart, New York: Wiley, 1989, 483-508.

11.Luria A.R. *The Role of Speech in the Regulation of Normal and Abnormal Behavior.* London: Pergamon Press, 1961.

12.Maccoby, E.E. *The Two Sexes: Growing Up Apart, Coming Together.* Cambridge, MA: Belknap Press of Harvard University Press, 1998.

13.Rothbart, M. K. "Temperament in Childhood: A Framework." In *Temperament in Childhood*, ed. G. Kohnstamm, J. Bates, and M. Rothbart. New York.: Wiley, 1989, 59-73.

14.Safer, J.W., W.Zito, and L. Fine. "Increased Methylphenidate Usage for Attention Deficit Disorder in the 1990's." *Pediatrics* 98（1996）: 1084-

88

15.Shaywitz, S.E., B.A. Shaywitz, J.M.Fletcher, and M.D.Escobar. "Prevalence of Reading Disability in Boys and Girls: Results of the Connecticut Longitudinal Study." *Journal of the American Medical Association* 264（1990）: 998-1002.

16.Wolraich, M. L., J. N. Hannah, T. Y. Pinnock, A. Baumgaertel, and J. Bown. "Comparison of Diagnostic Criteria for Attention-Deficit Hyperactivity Disorder in a County-Wide Sample." *Journal of the American Academy of Child and Adolescent Psychiatry* 35（1996）: 319-24.

第三章　斯巴達式教育的代價

1.Austin, J., B. Krisberg, R. DeComo, S. Rudenstine, and D. Del Rosario. "Juveniles Taken into Custody: Fiscal Year 1993." Washington, DC: Office of Juvenile Justice and Delinquency Prevention, 1995.

2.Chamberlin, P., and G. R. Patterson. "Discipline and Child Compliance in Parenting." In *Handbook of Parenting Applied and Practical Parenting,* vol.4, ed. Marc H. Bornstein. Mahwah, NJ: Lawrence Erlbaum Associates, 1995, 205-25.

3.Conger, R., X. Ge, G. H. Elder, F. O. Lorenz and R. L. Simons. "Economic Stress, Coercive Family Processes and Psychology Problems of Adolescents." *Child Development* 65（1994）: 541-61.

4.Davis, P.W. "Threats of Corporal Punishment as Verbal Aggression: A Naturalistic Study." *Child Abuse and Neglect* 20（1996）: 289-304.

5.Dishion, T.J., T.E. Duncan, M. Eddy, B.I. Fagot, and R. Fetrow. "The World of Parents and Peers Coercive Exchanges and Children's Social Adaptation." *Social Development* 3（1994）: 255-68.

6.Elder, G. H., J. K. Liker, and C. E. Cross. "Parent-Child Behavior in the Great Depression: Life Course and Intergenerational Influences." *Life-Span Development and Behavior* 6（1984）: 109-58.

7.Farrell, Warren. *The Myth of Male Power: Why Men Are the Disposable Sex.* London: Fourth Estate, 1994.

8.Goldstein, A. P. *Delinquents on Delinquency.* Champaign. IL: Research Press, 1990.

9.Gregory,J. "Tree Strikes and They's Out: African American Boys and American Schools' Responses to Misbehavior." *International Journal of Adolescence and Youth* 7（1997）: 25-34.

10.Hoffman, M.L. "Discipline and Internalization." *Developmental Psychology* 30（1994）: 26-28.

11.Hyman, I.A.*Reading Writing and the Hickory Stick.* Lexington, MA: Lexington Books, 1990.

12.Kochanska, G. "Children's Temperament, Mothers' Discipline, and Security of Attachment: Multiple Pathways to Emerging Internalization."

Child Development 66（1995）: 597-615.

13.——. "Toward a Synthesis of Parental Socialization and Child Temperament in the Early Development of Conscience." *Child Development* 64（1993）: 325-47.

14.MacMillan, H.L., et al. "Prevalence of Child Physical and Sexual Abuse in the Community." *Journal of the American Medical Association* 278（1997）: 131-35.

15.Patterson, G. R., B. D. DeBaryshe, and E. Ramsey. "A Developmental Perspective on Antisocial Behavior." *American Psychologist* 44（1989）: 329-35.

16.Schoen. C., K. Davis, C. DesRoches, and A. Shekhdar. *The Health of Adolescent Boys: Commonwealth Fund Survey Findings.* BOston, MA, June 1998.

17.Strassberg, Z., K.A. Dodge, G.S. Petit, and J.E. Bates. "Spanking in the Home and Children's Subsequent Aggression toward Kindergarten Peers." *Development and Psychopathology* 6（1994）: 445-61.

18.Straus, M.A. *Beating the Devil Out of Them: Corporal Punishment in American Families.* New York: Lexington Books, 1994.

19.Strauss, M.A., D.B, Sugerman, and J. Giles-Sims. "Spanking by Parents and Subsequent Antisocial Behavior of Children." *Archives of Pediatrics and Adolescent Medicine* 151（1997）: 761-67.

20.Trickett, P.K., and L. Kuczynski. "Children's Misbehaviors and Parental

Discipline Strategies in Abusive and Nonabusive Families."
Developmental Psychology 22（1986）: 115-23.

第四章　殘酷文化

1.Alferi. T., D.N. Ruble, and E. T. Higgins. "Gender Stereotypes during Adolescence: Developmental Changes and the Transition to Junior High School." *Developmental Psychology* 32（1996）: 1129-37.

2.Anthony, E. *American Manhood: Transformation in Masculinity from the Revolution to the Modern Era.* New York: Basic Books, 1993.

3.Faludi, Susan. "The Naked Citadel." *The New Yorker,* September 5, 1994. 62-81.

4.Gilmore, D. *The Making of Manhood: Cultural Concepts of Masculinity.* New Haven: Yale University Press, 1990.

5.Grossman, D. *On Killing: The Psychological Cost of Learning to Kill in War and Society.* Boston: Little, Brown, 1995.

6.Hawker, D. S. J., and M. J. Bolton. "Peer Victimisation and Psychosocial Adjustment: Findings with a British Sample." Paper presented at the biennial meeting of the Society for Research on Child Development, Washington, DC, April 3, 1997.

7.Olweus, D. *Aggression in the Schools: Bullies and Whipping Boys.* New York: Wiley, 1978.

8.Parkhurst, J. T., and S. R. Asher. "Peer Rejection in Middle School: Subgroup Differences in Behavior Loneliness and Interpersonal Concerns." *Developmental Psychology* 28（1992）: 231-41.

9.Signorile, M. *Queer in America: Sex, Media, and the Closets of Power.* New York: Bantam Doubleday Dell, 1993.

10.Stapley, J. C., and J.M. Haviland. "Beyond Depression: Gender Differences in Normal Adolescents' Emotional Experiences." *Sex Roles* 20（1989）: 295-308.

11.Wolff, Tobias. *This Boy's Life: A Memoir.* New York: Harper & Row, 1989.

第五章　父與子：渴望與距離的延伸

1.DeLong, T., and C.C. DeLong. "Managers as Fathers: Hope on the Homefront." *Human Resource Management* 32（1992）: 178.

2.Duncan, G. J., M. Hill, and J. Yeung. "Fathers' Activities and Child Attainments." Paper presented at the NICHD Family and Child Well-Being Network's Conference on Father Involvement, Washington, DC, October 10-11, 1996.

3.Erikson, E. *Identity Youth and Crisis.* New York: W.W.Norton, 1968.

4.Harris, K. M., and S.P. Morgan. "Fathers, Sons and Daughters: Differential Paternal Involvement in Parenting." *Journal of Marriage and the Family* 53（1991）: 531-44.

5.Harris, K. M., F.F. Furstenberg Jr., and J. K. Kramer. "Paternal Involvement with Adolescents in Intact Families: The Influence of Fathers Over the Life Course." *Demography* 35（1998）: 201- 16.

6.Hill, M. *The Panel Study of Income Dynamics.* Newbury Park, CA: Russell Sage, 1992.

7.Koestner, R., C. Franz, and J. Weinberger. "The Family Origins of Empathic Concern: A 26-Year Longitudinal Study." *Journal of Personality and Social Psychology* 58（1990）: 709-17.

8.LaRossa, R. *The Modernization of Fatherhood: A Socid and Political History.* CHicago: niversity of Chicago Press, 1997.

9.Larson, R., and M. Richards. *Divergent Realities: The Emotional Lves of Mothers, Fathers, and Adolescents.* New York: Basic Books, 1994.

10.Levine, J. A., and T. L. Pittinsky. *Working Fathers: New Strategies for Balancing Work and Family.* New York: Addison-Wesley, 1997.

11.Osherson, S. *Finding Our Fathers: The Unfinished Business of Manhood.* New York: Free Press, 1986.

12.Parke, R. D. *Fatherhood.* Cambridge, MA: Harvard University Press, 1996.

13.——. "Father Involvement: A Developmental Psychological Perspective." Paper presented at the NICHD Family and Child Well-Being Network's Conference on Father Involvement, Washington, DC, October 10-11,

1996.

14.Pleck, J.H. "Paternal Involvement: Levels, Sources, and Consequences." In *The Role of the Father in Child Development,* ed. M. E. Lamb. New York: Wiley, 1997, 68-103.

15.Yogman, M. W., and D. Kindlon. "Pediatric Opportunities with Fathers and Children." *Pediatric Annals* 27（1998）: 16-22.

16.Yogman, M. W., D. Kindlon, and F. Earls. "Father Involvement and Cognitive/Behavioral Outcomes of Premature Infants." *Journal of the American Academy of Child and Adolescent Psychiatry* 34（1995）: 58-66.

17.Youniss, J., and J. Smollar. *Adolescent Relations with Mothers, Fathers and Friends.* Chicago: University of Chicago Press, 1985.

第六章　母與子：連結與變遷的故事

1.Carslon, E.A. "A Prospective Longitudinal Study of Attachment Disorganization/Disorientation." *Child Development* 69（1998）: 1107-28.

2.Elium, D., and J. Elium. Raising a Son: *Parents and the Making of a Healthy Man.* Berkeley, CA: Celestial Arts, 1994.

3.Fagot, B. I., and M. Gauvin. "Mother-Child Problem Solving: Continuity through the Early Childhood Years." *Developmental Psychology* 33

（1997）: 480-88.

4.Liu, D., et al. "Maternal Care, Hippocampal Glucocorticoid Receptors and Hypothalamic- Pituitary-Adrenal Responses to Stress." *Science* 277（1997）: 1659-62.

5.Lyons-Ruth, K., M. A. Easterbroks, and C. D. Cibelli. "Infant Attachment Strategies, Infant Mental Lag, and Maternal Depressive Symptoms: Predictors of Internalizing and Externalizing Problems at Age 7." *Developmental Psychology* 33（1997）: 681-92.

6.Resnick, M. D., et al. "Protecting Adolescents from Harm: Finding from the National Longitudinal Study on Adolescent Health." *Journal of the American Medical Association* 278（1997）: 823-32.

7.Ross, J.M. *What Men Want: Mothers, Fathers and Manhood.* Cambridge, MA: Harvard University Press, 1994.

8.Sapolsky, R. M. "The Importance of a Well-groomed Child." *Science* 277（1998）: 1620-21.

9.Silverstein. O., and B. Rashbaum. *The Courage to Raise Good Men.* New York: Penguin Books, 1994.

第七章　在孤獨的城堡中

1.Askew, S., and C. Ross. Boys Don't Cry: *Boys and Sexism In Education.* Philadelphia: Open University Press, Milton Keynes, 1988.

2.Cole, P.M., C. Zahn-Waxler, and K. D. Smith. "Expressive Control during a Disappointment: Variations Related to Preschoolers' Behavior Problems." *Developmental Psychology* 30（1988）: 835-46.

3.Davis, T.L. "Gender Differences in Masking Negative Emotions: Ability or Motivation?" *Developmental Psychology* 31（1995）: 660-67.

4.Gjerde, P.F. "Alternate Pathways to Chronic Depressive Symptoms in Young Adults: Gender Differences in Developmental Trajectories." *Child Development* 66（1995）: 1277-1300.

第八章　男孩與沮喪、自殺的對抗

1.American Psychiatric Association. *Diagnostic and Statistical Manual of Mental Disorders,* 4th ed.（DSM-IV）. Washington, DC: American Psychiatric Association, 1994.

2.Anderson, R. N., K. D. Kochanek, and S. L. Murphy. "Report of Final Mortality Statistics." *Centers for Disease Control and Prevention/ National Center for Health Statistics,* vol. 45, June 12, 1997.

3.Birmaher, B., et al. "Childhood and Adolescent Depression: A Review of the Past 10 Years. Part Ⅰ." *Journal of the American Academy of Child and Adolescent Psychiarty* 35（1996）: 1427- 39.

4.Birmaher, B., et al. "Childhood and Adolescent Depression: A Review of the Past 10 Years. Part Ⅱ." *Journal of the American Academy of Child and Adolescent Psychiarty* 35（1996）: 1575- 83.

5.Centers for Disease Control and Prevention, National Center for Injury Prevention and Control. "Suicide in the United States 1980-1992." Violence Surveillance Summary Series, No. 1, 1995.

6.Diekstra, R. F, and N. Garnefski. "On the Nature, Magnitude and Causality of Suicidal ehaviois: An International Perspective." *Suicide and Life Threatening Behaviors* 25（1995）: 36-57.

7.Fleming, J. E., and D. R. Offord. "Epidemiology of Childhood Depressive Disorders: A Critical Review." *Journal of the American Academy of Child and Adolescent Psychiatry* 29（1990）: 571-80.

8.Moscicki, E. K. "Epidemiology of Suicidal Behavior." *Suicide and Life Threatening Behavior* 25（1995）: 22-35.

9.National Center for Health Statistics. "Deaths for 72 Selected Causes, by 5 Year Age Groups, Race and Sex: United States 1979-1995, Trend B." Table 291A（1997）.

10.Remafedi, Gary. *Death by Denial: Studies of Suicide in Gay and Lesbian Teenagers*. Boston: Alyson Publications, 1997.

11.Reinherz, H. Z., et al. "Early Psychosocial Risks for Adolescent Suicidal Ideation and Attempts." *Journal of the American Academy of Child and Adolescent Psychiatry* 34（1995）: 599-611.

12.Rosenberg, M., J. Smith. L. Davidson, and J. Cohn. "The Emergence of Youth Suicide: An Epidemiologic Analysis and Public Health

Perspective." *Annual Review of Public Health* 8（1987）: 420.

13.Sells, C. W., and R. W. Blum. "Morbidity and Mortality among U.S. Adolescents: An Overview of Data and Trends." *American Journal of Public Health* 86（1996）: 513-19.

14.Shaffer, D., M. Gould, P. Fisher, et al. "Psychiatric Diagnosis in Child and Adolescent Suicide." *Archives of General Psychiarty* 53（1996）: 339-48.

第九章　烈酒與迷幻藥

1.Barros, H. M. T., and K. A. Miczek. "Neurobiological Characteristics of Alcohol-Heightened Aggression." In *Aggression and Violence: Genetic Neurobehavioral and Biosocial Perspectives,* ed. D.M. Stoff and R.B. Cairns. Mahwah, NJ: Lawrence Erlbaum, 1996, 237-63.

2.Canada, G. *Reaching up for Manhood:Transforming the Lives of Boys in America.* Boston: Beacon Press, 1998.

3.Cloninger, C. R., S. Sigvardsson, T.R. Przybeck, and D. M. Svrakic. "Personality Antecedents of Alcoholism in a National Area Probability Sample." *European Archives of Psychiatry and Clinical Neuroscience* 245（1995）: 239-44.

4.Cloninger, R.C. "Neurogenetic Adaptive Mechanisms in Alcoholism." *Science* 236（1987）: 410- 16.

5.Ellickson, L. P., K. A. McGuigan, V. Adams, R. M. Bell, and R. D. Hays. "Teenagers and Alcohol Misuse in the United States: By Any Definition It's a Big Problem." *Addiction* 91（1996）: 1489-1503.

6.Froehlich, J. C. "Opioid peptides." *Alcohol Health and Research World* 21（1997）: 132-35.

7.Gruber. E., R.J. DiClemente, M.M. Anderson, and M. Lodico. "Early Drinking Onset and Its Association with Alcohol Use and Problem Behavior in Late Adolescence." *Preventive Medicine: An International Journal Devoted to Practice and Theory* 25（1996）: 293-300.

8.Johnston, L. B., J. Bachman, and P. O' Malley. "Monitoring the Future: National High School Drug Use Survey." Washington, DC: National Institute on Drug Abuse, 1995.

9.Langer, L. L., and J. G. Tubman. "Risky Sexual Behavior among Substance-Abusing Adolescents: Psychosocial and Contextual Factors." *American Journal of Orthopsychiatry* 67（1997）: 315- 22.

10.Liu, X., and H. B. Kaplan. " Gender-Related Differences in Circumstances Surrounding Initation and Escalation of Alcohol and Other Substance Use/Abuse." *Deviant Behavior: An Interdisciplinary Journal* 17（1996）: 71-106.

11.Masse, L. C., and R. E. Tremblay. "Behavior of Boys in Kindergarten and the Onset of Substance Use during Adolescence." *Archives of General Psychiatry* 54（1997）: 62-68.

12.Pihl, R. O., and J. B. Peterson. "Alcoholism: The Role of Different Motivational Systems." *Journal of Psychiatry and Neuroscience* 20（1995）: 372-96.

13.——. "Alcohol, Serotonin, and Aggression." Special Issue: Alcohol, Aggression, and Injury. *Alcohol Health and Research World* 17（1993）: 113-16.

14.Slater, M. D., D. Rouner, K. Murphy, F. Beauvais, J. Van Leuven, et al. "Male Adolescents' Reactions to TV Beer Advertisements: The Effect of Sports Content and Programming Context." *Journal of Studies on Alcohol* 57（1996）: 425-33.

15.Synder, H.N. "Juvenile Arrests for Driving Under the Influence, 1995." OJJDP Fact Sheet 67. Washington, DC: U.S. Department of Justice, 1997.

16.Webb, J.A., P.E. Baer, and R. S. McKelvey. "Development of a Risk Profile for Intentions to Use Alcohol among Fifth and Sixth Graders." *Jounal of the American Academy of Child and Adolescent Psychiatry* 34（1995）: 772-78.

第十章　與女孩們：從真心到無情

1.Brooks, G. *The Centerfold Syndrome.* San Francisco: Jossey-Bass, 1995.

2.Camarena, P. M., P. A. Saragiani, and A. C. Petersen. "Gender-Specific Pathways to Intimacy in Early Adolescence." *Journal of Youth and*

Adolescence 19（1990）: 19-31.

3.Brooks, G. R., and R. Levant. *Men and Sex.* New York: Wiley, 1997.

4.Osherson, S. *Wrestling with Love: How Men Struggle with Intimacy.* New York: Fawcett Columbine, 1992.

5.Lefkowitz, B. *Our Guys: The Glen Ridge Rape and the Secret Life of the Perfect Suburb.* Berkeley: University of California Press, 1997.

6.Simon, W., and J. Gagnon. "On Psychosexual Development." In *Handbook of Socialization Theory and Research,* ed. D. A. Goslin. Chicago: Rand McNally, 1969.

第十一章　憤怒與暴力

1.Archer, John. *The Behavioral Biology of Aggression.* Cambridge: Cambridge University Press, 1988.

2.Cloninger, C. R., S. Sigvardsson, T. R. Przybeck, and D. M. Svrakic. "Personality Antecedents of Alcoholism in a National Area Probability Sample." *European Archives of Psychiatry and Clinical Neuroscience* 245（1995）: 239-44.

3.Dodge, K. A., G. S. Pettit, C. L. McClaskey, and M. M. Brown. "Social Competence in Children." *Monographs of the Society for Research in Child Development* 51, no. 2, serial 213（1986）.

4.Dodge, K. A., and D. R. Somberg. "Hostile Attributional Bias among

Aggressive Boys Are Exacerbated under Conditions of Threat to Self."
Child Development 58（1987）: 213-24.

5.Miczek, K. A., E. M. Weerts, and J. F. DeBold. "Alcohol Aggression and
Violence: Biobehavioral Determinants." In *Alcohol and Interpersonal
Violence: Fostering Multidisciplinary Perspectives,* ed. S. E. Martin
（Research Monograph 24）. Rockville, MD: National Institutes of Health,
1993, 83-119.

6.Moffitt, T. E. "The Neuropsychology of Juvenile Delinquency: A Critical
Review of Research and Theory." In *Crime and Justice: A Review of
Research,* vol. 12, ed. M. Tonry and N. Morris. Chicago: University of
Chicago Press, 1990, 99-169.

7.Pihl, R. O., and J. B. Peterson. "Alcohol, Serotonin, and Aggression."
Special Issue: Alcohol, Aggression, and Injury. *Alcohol Health and
Research World* 17（1993）: 113-16.

8.Schaal, B., R. E. Tremblay, R. Soussignan, and E. J. Susman. "Male
Testosterone Linked to High Social Dominance but Low Physical
Aggression in Early Adolescence." *Journal of the American Academy of
and Adolescent Psychiarty* 34（1996）: 1322-30.

9.Sickmund, M., H. N. Synder, and E. Poe-Yamagata. "Juvenile Offenders
and VIctims: 1997 Update on Violence." Pittsburgh, PA: National Center
for Juvenile Justice, 1997.

10.Synder, H.N. "Juvenile Arrests: 1996." OJJDP Juvenile Justic Bulletin.

Washington, DC: U.S. Department of Justice, November, 1997.

11.Synder, H.N., and M. Sickmund. "Juvenile Offenders and Victims: A Focus on Violence." Pittsburgh, PA: National Center for Juvenile Justice, 1995.

國家圖書館出版品預行編目資料

該隱的封印
丹·金德倫（Dan Kindlon）、麥可·湯普森（Michael Thompson）
著；吳書榆 譯
台北市：商周出版：家庭傳媒城邦公司發行；
2009.05　面：公分
譯自 Raising Cain: Protecting the Emotional Life of Boys
1.兒童問題　2.兒童心理學　3.青少年心理　4.青春期
15.性別角色　6.男性氣概

ISBN 978-986-6472-71-8（平裝）

544.61　　　　　　　　　　　　　　　　98006937

該隱的封印

原 著 書 名／Raising Cain: Protecting the Emotional Life of Boys
作　　　者／丹·金德倫（Dan Kindlon）、麥可·湯普森（Michael Thompson）
譯　　　者／吳書榆
責 任 編 輯／陳玳妮

版　　　權／林易萱
行 銷 業 務／周丹蘋、賴正祐
總　編　輯／楊如玉
總　經　理／彭之琬
事業群總經理／黃淑貞
發　行　人／何飛鵬
法 律 顧 問／元禾法律事務所 王子文律師
出　　　版／商周出版　城邦文化事業股份有限公司
　　　　　　台北市中山區民生東路二段141號4樓
　　　　　　電話：(02) 25007008　傳眞：(02)25007759
　　　　　　E-mail：bwp.service@cite.com.tw
　　　　　　Blog：http://bwp25007008.pixnet.net/blog
發　　　行／英屬蓋曼群島商家庭傳媒股份有限公司城邦分公司
　　　　　　台北市中山區民生東路二段141號2樓
　　　　　　書虫客服服務專線：(02)25007718；(02)25007719
　　　　　　服務時間：週一至週五上午09:30-12:00；下午13:30-17:00
　　　　　　24小時傳眞專線：(02)25001990；(02)25001991
　　　　　　劃撥帳號：19863813；戶名：書虫股份有限公司
　　　　　　讀者服務信箱：service@readingclub.com.tw
　　　　　　歡迎光臨城邦讀書花園　網址：www.cite.com.tw
香港發行所／城邦（香港）出版集團有限公司
　　　　　　香港九龍九龍城土瓜灣道86號順聯工業大廈6樓A室
　　　　　　E-mail：hkcite@biznetvigator.com
　　　　　　電話：(852) 25086231　傳眞：(852) 25789337
馬新發行所／城邦（馬新）出版集團【Cite (M) Sdn. Bhd.】
　　　　　　41, Jalan Radin Anum, Bandar Baru Sri Petaling,
　　　　　　57000 Kuala Lumpur, Malaysia.
　　　　　　Tel: (603) 90578822　Fax: (603) 90576622
　　　　　　Email: cite@cite.com.my

封 面 設 計／李東記
排　　　版／新鑫電腦排版工作室
印　　　刷／韋懋印刷事業有限公司
經　　　銷　商／聯合發行股份有限公司
　　　　　　電話：(02) 2917-8022　Fax: (02) 2911-0053
　　　　　　地址：新北市231新店區寶橋路235巷6弄6號2樓

■2015年12月29日三版
■2023年12月10日三版四刷
定價380元　　　　　　　　　　　　　　　　　Printed in Taiwan

城邦讀書花園
www.cite.com.tw